구상문학총서
제9권 에세이

침언부어 沈言浮語

구상문학총서
제9권 에세이

침언부어 沈言浮語

글쓴이 구상
펴낸이 정애주

편집 송승호 이현주 한미영 김기민 김준표 오은숙 유진실
미술 김진성 문정인 송하현 최혜영
제작 홍순흥 윤태웅
영업 오민택 차길환 국효숙 이진영 오형탁
관리 이남진 안기현
총무 정희자 마명진 김은오

펴낸날 2010. 2. 5. 초판 1쇄 인쇄
      2010. 2. 19. 초판 1쇄 발행
펴낸곳 주식회사 홍성사
      1977. 8. 1. 등록 / 제 1-499호
      121-883 서울시 마포구 합정동 196-1
      TEL.02)333-5161 FAX.02)333-5165
      http://www.hsbooks.com E-mail: hsbooks@hsbooks.com

ⓒ 구상, 2010

ISBN 978-89-365-0815-9

값 17,000원 ※잘못된 책은 바꿔 드립니다.

제9권 에세이

침언부어 沈言浮語

홍성사

차례

책머리에 7

제1부 어느 잡기장

나의 꼬라지 11
어느 부끄러움 13
망자와 더불어 15
어느 잡기장 19
천려점점록 27
와담삼제 31
나의 인생 행각기 34
명정자화상 초 41
무영 선생 가다 49
예술 정혼의 환기 51
선의의 동공을 위하여 55
현대에 대한 인식 58
데카당스에 대하여 62
문필맹목 65
맹목의 암울 67
아인슈타인 박사의 영면 70
신라 설화의 인간상 72
혁명 이후의 새로운 문화적 입장 80

제2부 문사생활

관수재 단상 초 93
참담한 이해 98
가문 자랑 100
내 고향 원산 자랑 103
기차 통학 111
무등병 행각기 113
젊은 세대 논란 118
생활의 정감 122
진혼의 길 125
문사생활 128
세사 기일국 133
기적과의 여행 141
신문의 공정 143
전우라는 것 146
여성에게 보내는 세 통의 편지 148
문화예술인의 자세 158

제3부 인정 이야기

인정 이야기 163
취미 이야기 166
하와이 통신 169
전후 일본 견문기 177
내가 본 일본 여성 187
나의 인생 회포 195
한국의 현대시, 시인 200
이중섭 이야기 203
포대령 이기련의 진문 209
소설가에게 요망한다 212
한국민의 실존감정 218
한국 지식인의 당면 문제의식 222
박 대통령 재취임식 참관기 237

제4부 전승문화 산고

한국의 해학 243
한국의 여속 262
의례와 세시풍속 274
국악과 전승무용 290
건국신화 308

저작 연보 322
일반 경력 326

일러두기

1. 이 책에 실린 글의 주요 출처는 다음과 같다. 제1부 《침언부어》(1961, 민중서관), 제2부와 제3부 《영원 속의 오늘》(1975, 중앙출판공사), 제4부 《우주인과 하모니카》(1977, 경미문화사)이다. 해당 부에 속한 글의 출처가 이와 다를 경우, 그 출처와 간행 연대를 해당 글의 끝 부분에 밝혔다.
2. 원문에서 한자로만 표기된 글자는 한글과 병기하였고, 의미 전달에 문제가 없는 부분은 한글로 바꾸었다.
3. 한글 맞춤법과 외래어 표기법에 맞지 않는 부분은, 저자의 의도를 최대한 살리는 데 원칙을 두되 일부 수정을 거쳤다.
4. 저자가 생전에 수정하기를 원하였던 부분은 저자의 의도를 따랐으며 당시 기록상의 착오 혹은 출판상의 오·탈자라고 판단되는 부분은 확인을 거쳐 수정하였다.

책머리에

명색 시인치고서 나처럼 이런 잡동사니 글에 쫓기고 있는 사람도 드물 것이다. 어떤 때 자신을 돌아보면 본업인 시보다 이런 글에 대부분의 시간과 정력을 바치고 있는 몰골이라 내심 한심한 생각마저 들 적이 있다.

이것은 내가 유달리 저널리즘을 타기 좋아하고 그 명리(名利)를 탐해서가 아니라 저 영국의 작가 존 보웬의 말대로 "그(작가)가 휴머니스트라면 이 시대에 함께 사는 모든 사람들이 좀더 넓은 인생상(人生像)을 획득하기 위하여 그들의 의문을 풀어 가는 데 도움을 주고 자신이 지니고 있는 의문을 그들과 함께 나누며 그리고 인간 서로를 만나게 하려는 소망을 의식하든 안 하든 가지고" 있기 때문이라 하겠다.

이런 취의(趣意)에서 나는 그 청탁이 수필이든 사회평론이든 한두 장짜리 앙케트의 답장이든 별로 개의치 않고 오직 인간이나 자연이나 세상살이의 참되고 평화스러운 모습을 함께 추구한다는 다짐으로 이 글들을 쓰려고 했지만 이제 다시 뒤져 보니 통념(通念)의 메시지를 캡슐에 넣어 파는 잡문(雜文)들과 다를 바 없어 부끄러울 뿐이다.

(1977년에 출간된 《우주인과 하모니카》의 '서(序)'를 재수록한 것임 – 편집자)

제1부
어느 잡기장

나의 꼬라지
어느 부끄러움
망자와 더불어
어느 잡기장
천려점점록
와담삼제
나의 인생 행각기
명정자화상 초
무영 선생 가다
예술 정혼의 환기
선의의 동공을 위하여
현대에 대한 인식
데카당스에 대하여
문필맹목
맹목의 암울
아인슈타인 박사의 영면
신라 설화의 인간상
혁명 이후의 새로운 문화적 입장

나의 꼬라지

내가 노상 훈도(訓陶)에 목욕하는 '조찐야(트眞也)' 선생이 구랍(舊臘) 동경(東京)―경주를 선생은 그렇게 칭한다―에서 한양(漢陽) 입성을 하셨다.

작반(作伴)도, 명콤비인 노성악가 권태호(權泰浩) 선생이셨다. 습속대로 우리는 주막을 찾았고, 대음대성(大飮大聲) 방가방곡(放歌放哭) 끝에 수인사도 없이 헤어졌다.

그 이튿날 취기미진(醉氣未盡)인 채 호주머니에 담배를 뒤지니 꽁초마저 없는데, 흰 종이쪽에 쓴 다음과 같은 글발이 튀어나왔다.

> 천주님!
> 당신의 친구 대접이
> 겨우 이 꼬라지란 말입니까?
> 그래서 당신에겐
> 친구가 그렇듯
> 적단 말이에요.

나는 두세 번 거듭 읽는 동안, 그제서야 아슬푸레 간밤 그 기주석(奇酒席)에서 조찐야 선생으로부터 아빌라의 성녀(聖女) 데레사 일화를 들은 기억이 소생되었다.

저 봉쇄수도원 가르멜의 개혁자 데레사께서 늙은 나귀 수레에 앉아 순력(巡歷)을 떠나셨다.

시골 두메 자갈길은 험했다. 터덜거리며 가다가 개천을 건넌다.

나귀가 한 발을 미끄러뜨려 껑충 뛰어오른다. 그 바람에 당대절색(當代絕色)이요 이 거룩한 동정녀(童貞女)는 공중제비가 되어 개천 도랑 한복판에 나동그라진다. 엉망진창이 되어 일어나며 혼자 기껏 중얼대는 소리가 만고 걸작이다.

"천주님,
당신의 친구 대접이
겨우 이 꼬라지란 말입니까?"

신(神)과 그 섭리에 향한 이 뜨거운 확신, 사랑에 넘쳐흐르는 교담(交談)과 교환(交驩)!
가슴이 저려 오는 무구(無垢)의 원정(怨情)!
그 성녀 계셔 그 말이 있다고나 할까.
나와 더불은 수많은 현대인은 사욕편정(邪慾偏情)에 싸여 생각이 천주(天主)에 미치면, 우선 두렵고 답답하고 깜깜해지고, 정말 어찌 '이 꼬라지'란 말인가!

천주여! 우리를 긍휼히 여기소서.

어느 부끄러움

아직 공비(共匪)들이 출몰할 무렵 지리산지구엘 간 적이 있다. 이곳저곳 돌아 함양(咸陽) 전투경찰대에선가 귀순한 여공비를 만났다.

산에서는 빨치산의 선전서기(宣傳書記) 짓을 하였다나.

그제 갓 스물 난 소녀였다.

우리 문인 일행은 호기심과 약간의 풍정도 섞여,

"그래, 산생활이 어떻던가?"

"산생활이 더 낭만적이었을 텐데?"

"아가씨 귀순 동기는 애정관계지?"

실없을 만큼 연달아 물어 댔으나 그 소녀는 얼굴만 점점 다홍빛으로 물들며 고개를 숙인 채 대답이 없었다.

그래서 나도 한마디 건넨다는 게,

"산에서도 그렇게 부끄러워했나?"

이렇게 똥겼더니 의외에도 그녀는,

"산에서야 부끄러움이 있나요!"

아픔에 찼다고 형용할 수밖에 없는 목소리를 내는 것이었다.

그래, 나도 일행도 그만 말문이 막혀 돌아섰다. 그러나 그 소녀의 저 외마디만은 나의 가슴 한구석에 전령(電鈴)을 매단 듯이 노상 울리곤 한다.

실상 그 소녀의 표백(表白)대로 공산당, 더욱이나 짐승 같은 빨치산 생활에서야 수치심이 있을 턱이 없다.

부끄러움을 모른다는 것은 양심이 잔다는 증표요, 이와 반대로 부끄러움을 안다는 것은 양심이 깨어남이요, 곧 인간으로서의 회복을 의미한다.

지리산 속의 어느 여공비는 저렇듯 참된 인간 귀순을 하였고 잔비(殘匪)는 모조리 소탕되었다.

그러나 우리의 인간림(人間林) 도처의 법비(法匪)(?)들은 온갖 난동을 다 치고도 날로 기승해만 가며 귀순도 소탕도 안 된다.

지금 나는 서창(書窓)에 기대어, 이 다사로운 봄볕인 듯이 축복받았을 저 귀순 소녀가 어디서 우리들을 보고, 손짓하여 부르는 소리를 듣는다.

"어서어서들, 부끄러운 줄 알고, 양심의 눈을 뜨고, 인간에 돌아오라"는 저 눈물겨운 소리를 말이다.

이 소문(小文)은 4·19혁명 당일 〈동아일보〉 석간에 실렸다.

망자와 더불어

구랍 어느 날 〈나는 살고 싶다〉라는 영화를 보고 생명에 향한 긴장감 속에 싸여 거리를 허청이는데 조각가 차근호(車根鎬) 공의 음독(飮毒)의 보(報)를 접했다.

병원엘 달려가니 차 공은 이미 산소호흡기를 문 채 나가자빠져 있었고 매씨(妹氏)는 빈 약지(藥紙) 40봉(封)을 내보이며 울고 덤볐다. 요, 독종아! 그저 살아만 다고, 나는 내심 욕하며, 달래며, 울며, 바랐으나 그는 주위의 애간장만을 태우며, 녹이다 닷새 만에 그예 갔다.

유족들이 뒤지니 그는 종잇조각에 "4월 혁명의 대의를 보아서도 나같이 박명(薄命)한 인간은 사양한다 하여도 마땅하다 할 것이다. 그러므로 내가 스스로의 죽음을 택하게 된 원인은 인간으로서의 신념과 예술가로서의 의지의 상실을 슬퍼함에 있는 것이니, 어디까지나 객관적인 조건이 개재(介在)치 않는 개체의 문제인 것을 여기에 명백하게 말해 두는 것이다"고 적어 놓았더란다.

홍제동 불아궁이에 처넣고 돌아오다 나는 시인(詩人) 일초(一超) 스님과 목욕탕엘 들러 고약한 심정을 억눌렀다.

이렇듯 참된 한 예술가의 치명(致命)이 호소무처(呼訴無處)다.

정초(正初)를 왜관소굴(倭館巢窟)서 보내다 귀경(歸京)하려고 차비를 하는데 대구서 전인(傳人)이 왔다.

가톨릭시보사 김용태(金龍泰) 형의 임종이 경각이란다.

노순(路順)을 급변시켜 읍차(邑車)를 몰아가니 그는 내 손을 꼭 붙잡고 주위를 꺼리며 일어(日語)로 한다는 소리,

"상(常)! 나는 간다. 너에게 유족의 부담을 줄지도 모른다. 그것은 미안하이. 내가 이제 돌이켜 보니 인생이란 희비(喜悲)의 경계를 넘나드는 것이었구나! 오직 이 속에서 신앙적 열락(悅樂)만이 참되었고 또 있는 것이리라. 나는 오늘 밤 떠난다. 나의 가슴에 찰 훈장은 없느냐."

고산(故山)의 형제요, 수의(修衣) 없는 수도사, 그는 그의 말과 같이 그 밤으로 운명했다.

나는 평신도로서 사도직에 종신봉공(終身奉公)한 그에게 채워 보냈어야 할 훈장의 마련은커녕 유족에게 조위문(吊慰文) 한 장도 안 보내고 그렁성 산다.

서울엘 왔다. 모처럼 우리 일족(一族) 낭객(浪客)들의 거리사랑인 거창(居昌) 집엘 점심 요기하러 들렀더니 이건 또 웬 말인가! 우한룡(禹漢龍) 선생의 급고(急故)다.

반도호텔에서 사회당 통합회의인가 하다가 졸도를 했다는 게다.

병원 시체실로, 집으로 하여 찾아가서 덮은 홑이불을 벗겨 보니 그 순하디순한 얼굴만 말짱하지 않은가!

이건 유서나 유언 한마디도 없다. 평생을 민족과 무산계급(無産階級)과 나아가서는 인류 '해방'에 '아나키스트'로의 그 이념, 방법이야 어떻든 혼신해 온 그, 나와는 이(李)독재의 희생물로서 영어(囹圄)생활을 같이한 그, 그는 어느 영웅보다도 피 묻은 사연이 많건만 이렇듯 공연(空然)하게 가 버리고 말았다.

그날 밤 나는 허탈에 차서 빈소도 버리고 돌아오니 집에는 또다

시 부보(訃報) 한 장이 날아와 있었다.

부산 자유민보사 편집국장 조계흠(趙桂欽) 형이었다.

그나 나나 살뜰한 교정(交情)은 안 가졌으나 의기(意氣)의 동지로서 또는 옥석(玉石) 같은 그 인품을 나는 못내 흠모해 오던 바다.

그 이튿날 노석(奴石) 박영환(朴永煥) 형 음신(音信)에는 최후도 장례도 너무 허전했으니 추도회라도 우리 족속들이 다시 가져야겠다는 충정이었다.

나는 이러구러 송구영신(送舊迎新)을 우애로나 지기(志氣)로나 결코 무심할 수 없는 망자(亡者)들 속에 싸여 보내고 있다.

화가 중섭우(仲燮友)나 소설가 무영(無影) 선생이 작고했을 때엔 울기도 많이 했는데, 혼자라도 시원스레 한번 울어 보면 싶어도 눈물도 안 나온다.

유족들에겐 인사치례조차도 숫제 고통스럽다.

생전 망자 각 개인의 그만이 지니던 천재적인 격정, 독신자(篤信者)의 성실, 혁명자의 기우(氣宇), 시민적 온유(溫柔)가 얼어드는 이 밤, 시방도 나의 가슴을 훈훈하게 데우고 있건만, 아니 그들의 분노와 희열과 비애와 소망과 낙망이 나의 머리를 뒤흔들고 있건만, 나는 그들의 혼백을 위로할 노래 한마디 없이 이 고절(孤絕)을 견딘다는 게 참으로 신기스러울 뿐이다.

일전 나에게 오셨던 척파(尺坡) 송전도(宋銓度) 옹은 이렇게 독백하셨다.

"모두들 그렇게 사라지는 것을 보면 낳은 것도 없어."

불도자(佛道者)인 그는 생(生)을 환(幻)이라고 나에게 타이르시는 것이리라.

오늘 문전(門前)에 와서 10분만 전도구걸을 청해 온 '예수그리스도교회' 미국 젊은이 둘은 마태오복음 5장 8절을 읽어 주며 서투른 한글로 "사람은 온전하게 될 수 있다"라고 메모지에 굳이 써 주고 갔다.

저분네들은 참말로 무엇이 보이며 깨닫고 있을 겐가?

이 설월(雪月) 삼경(三更)! 은은(殷殷) 속에 나는 이름 모를 짐승 되어 컹컹 울부짖는다.

저 망자를 어쩌란 말이냐!
이 생자(生者)를 어쩌란 말이냐!
나는 나를 어쩌란 말이냐!

어느 잡기장

인생 기백

지난 신춘문예 〈한국일보〉 당선작에 〈수난이대〉라는 단편이 있었다. 기억이 작자의 성명도 잊었으니 그 줄거리가 자상치는 못하다.
―일제 시 탄광으로 징용 갔다가 팔 하나를 잃고 온 촌민(村民)이 이번엔 동란(動亂)이 멎자 그 아들이 제대 귀환한다기에 터질 듯한 기쁨을 안고 정거장에 마중을 나갔더니 열차에서 내린 용사의 양 옆구리엔 지팡이를 찼더라―는 이야기가 여기까지면 기만 차겠는데 그 병신 부자(父子)가 논두렁 귀로(歸路)를 암울 속에 덮여 걷다가 개천을 건너게 되자, 아버지가 등을 내 대는 것이다.
업힌 아들로부터 첫 말문이 터지기를,
"이 주제로 돌아올 바엔 죽는 것이 나았어예."
부(父) "아니, 나 봐라. 팔뚝 하나 없어도 잘만 안 사나, 남 봄에 좀 덜 좋아서 그렇지 살기사 왜 못 살아."
"차라리 아버지같이 팔 하나 없는 편이 낫겠어예."
부 "야, 안 그렇다. 걸어만 댕김 뭐하노, 손을 제대로 놀려야 일이 뜻대로 되지."
"그럴까예."
부 "그렇다니, 그러니까 집에 앉아서 할 일은 네가 하고, 나댕기며 할 일은 내가 하고, 그러면 안 되겠나, 그제."

위 대화는 내가 하도 실감이 나서 잡기첩(雜記帖) 어느 장에 베껴 놓았던 그 소설의 마감 장면이다.

우리가 노상 곤란이니 비애니 고민이니 하며 불행이나 비극이라고 이름 지어 자기를 소란케 하고 남마저 소동케 하는 사정이라는 것을 전기(前記) 부자 대화에 비추어 볼 때 무색해지지 않는가!

신문, 잡지, 방송 등의 인생문답란을 보고 들을 때 투서(投書)와 조작(造作)의 분량을 헤아리진 못하나 그 '딱하고 답답한 사정'이란 게 어쩌면 그렇게도 치기(稚氣)와 감상과…… 투성인지 구토를 일으키며, 또 이 낯간지러운 일을 상식에 맞춰 해명이라고 하고 있는 작가의 고역, 차라리 식이위천(食而爲天)이어서 불쌍타.

"아니, 나 봐라. 팔뚝 하나 없어도 잘만 안 사나. 남 봄에 좀 덜 좋아서 그렇지 살기사 왜 못 살아."

그렇다! 인생이 기백(氣魄)이다.

우리의 사변

이거 무슨 사사(私事) 광고 같지만 내 시방 소굴(巢窟)은 경부선 왜관(倭館)으로, 낙동강변 나루터에다 아내가 판자막 진료소를 차리고 있다.

어느 날 저녁상에서 지껄이는 아내의 이야기를 종잡아 보면,

"낮에 강 건너 마을 육순 노파가 독만 한 병든 손자 놈을 업고 나룻배 삯 10환을 아껴 인도교(人道橋)로 돌아 15리 길을 오셨는데, 기진맥진이기에 치료비를 받고 그중에서 20환을 돌려 드리며 배를 타고 곧장 가시랬더니 치사(致謝)하고 가는 이 노인의 향방은 도로 인도교 쪽 15리더라."

떠 넣던 이 밥숟갈이 송구스러워 멈춰지는 삽화였다.

여기다가 얼토당토않고 입에 올리기도 께끔한 이야기를 하나 덧붙인다면, 소위 가짜 이강석(李康石) 사건 때 몇 신문 가십에도 나다시피,

"이 사건은 국민보건 향상에 기여하였다. 왜냐하면 모두들 어찌나 많이 잘 웃었던지 소화불량증이 다 자연 치료되었기 때문이다."
라는 야유가 항간에 유행되었다. 글쎄, 얕게[輕] 알고 옅게[淺] 보고 짧게[短] 생각해도 유분수지 한편으로는 연방 거품을 물어 절량농가(絕糧農家)가 4백만이니 떠들어 대면서들 소화불량증은 무어며 웃어서 나았다는 건 무어며, 여기다 국민보건 향상은 무어 말라죽은 귀신의 수작일까!

말이 이렇게 상스럽게까지 나왔으니 할 말은 간단해진다.

오늘의 우리 정사자(政事者)나 경제인이나 문장가의 사변(思辨) 방식이라는 것이 체험과 실정(實情)과 진실과 얼마나 거리가 멀며 동떨어져 있느냐는 것이다.

또한 우리들 사고방식 역시 도시중심적이요, 성층권(成層圈) 내에서만 방황하고 있는 것이다.

"민생을 도탄에서 구하자."

"자립경제와 긴축재정."

"민족문화 향상을 위하여."

모두 옳은 말씀이다. 그러나 죄다 인공위성 같아서 공전하다가 떨어질 것만 같다.

소의 · 소아 · 소리

펜대회로 일본엘 갔다가 교토에 들른 날은 마침 추석이어서 그곳 교포들과 저녁을 먹으며 정회(情懷)를 풀었다.

그 좌담회에서 어떤 중년신사 한 분이 일어나더니 "우리 민족은 한 사람 한 사람 떼서 내 놓으면 모두가 우수한 실력을 발휘하는데, 합쳐 놓으면 서로 싸움질만 하고 일을 쳐내지 못하니 어인 민족 특성이며 결함은 어디 있는지 문학자로서의 솔직한 소견을 토해 달라"는 엄청난 질문이 들어왔다.

그때 싫으나 좋으나 내가 말을 할 차례여서 직각(直刻)에 주워섬긴 해답이라는 것을 요약해 놓으면 다음과 같다.

연전(年前)에 UN한위(韓委) 초대(初代) 의장 메논 씨가 총회에 보고하는 그의 연설 중에서 일본에 진주(進駐)한 맥아더 장군은 그 이튿날부터 천황과 대치(代置)되어 일본 국민의 숭앙(崇仰)의 적(的)이 되었으나 한국에 진주한 하지 중장(中將)은 그날부터 한국민의 시비(是非)의 초점이 되었다.

이것으로 미루어 보아 한국민은 일본 국민보다 민주주의적인 국민이요, 한국의 민주주의 토대는 일본보다 앞섰느니라고 말하였다.

우리는 이 국제 정치가의 함축 있는 언사를 액면 그대로 받아들일 수는 없으나 하여간 우리 국민은 시비에 밝은 국민임엔 틀림없다 하겠으며 이러한 시비정신이 민족의 특성이 되어 있는 걸로 나는 생각한다.

그런데 문제는 이 시비정신의 발동이 왕왕 소의(小義)와 소아(小我)와 소리(小利)에 너무나 치우쳐 대의(大義), 대아(大我), 대리(大利)에 눈이 어두워졌음을 알 수 있다.

저 조선의 사색당쟁(四色黨爭) 역시도 어느 한편 일면적인 진리를 안 가진 바 없으며, 또 이러한 사회적 논의가 잘 쓰면 유익하나 소국(小局) 속에서 대국(大局)을 그르치는 바 있었던 것이다.

그래서 우리의 예리한 양심은 항상 남을 저울질하는 데 더 많이 사용됨으로써 복음 말씀대로 남의 눈의 티끌은 잘 보면서 자기 눈의 대들보를 못 보는 결과를 나타낸다.

이런 의미에서 우리의 지도자 되기란 참말 힘들며 시방도 대통령에게 그가 정치기술자이기보다 국민의 도덕적 의표(儀表)이기를 바라는 심정에서 국부(國父)라고까지 호칭한다.

각설하고, 우리의 민족 특성인 시비정신을 살리는 길은 단 하나, 소의와 소아, 소리를 대의와 대아, 대리에 순(殉)하게 하는 것뿐이다.

오리 아버지들

'오리 아버지'라는 애칭의 향우(鄕友)가 있다. 일전 그가 《양압연구(養鴨研究)》라는 저서 한 권을 보내왔는데 뒤적이니 자서(自序) 머리에 "사람이 세상에 태어났다가 빛나는 o'상과 하도 많은 생업 가운데서 나는 하필 오리 사육의 뜻을 둔 지 10년 운운(云云)" 하고 적혀 있었다.

나는 이 글을 읽으며 "흥! 오리 아버지가 건방진 수작을 다하였구나" 하면서도 가슴 어느 한구석이 찡! 함을 느꼈다.

부산 피난 때, 올해 서울시 문화상을 받은 인형연구가 이준례(李俊禮) 여사의 수필 한 토막을 어느 신문에서 읽었다.

"어느 길모퉁이 이층에다가 인형연구소라는 간판을 대롱대롱 매달았더니 길 가던 양창녀(洋娼女)들이—먹기도 바쁜 세상에 인형연구는 다 뭐야—침을 탁 뱉으며 지나치더라"는 내용의 통정(通情)이었다.

경주엘 가서 생화(生花)를 한다는 분하고 통성명도 확연치 않은 채 선술집엘 가 진탕 마신 일이 있다. 나는 취중(醉中)에도 그의 고적(孤寂)을 위로한답시고,

"형장(兄丈), 고생문이 훤히 열렸소" 하였더니,

"자기 신명에서 하는 노릇, 고생은 무슨 고생이오."

흔연즉답(欣然卽答)이었다. 도(道)가 여기에 이르면 기입실지경(其入室之境)이어서 세속적인 이해나 동정은 부질없는 일이렷다.

> 하늘 땅이야 꺼진다손
> 제사 나를 어쩔 것이냐
> —졸시 1절

이 각박한 세고(世苦) 속에서도 자기의 예도(藝道)와 분업에 일념정진(一念精進)하고 순도(殉道)하는 모습들을 볼 때마다 나도 자세가 가다듬어지며 또 한편 흥겹기도 하다.

오늘날 각 생업이 그렇겠지만 특히 문화나 예술이나 학구(學究)에 종사하는 이 나라 이 사회 사람들의 그 생활 양상을 두드려 보면 '처절(凄切)!' 한마디로 형용될 것이다.

물론 우리는 "밥을 달라, 나무를 달라"는 것은 아니다.

화가가 실버화이트 채색 하나를 구하기에 일본 여행자의 힘을 빌려야 하며, 화지(畵紙)는 미국 문화단체서 의손(義損)받아야 하며, 피아노를 못 가진 작곡가가 허다하다.

한마디로 문화의 토양을 정부가 시비(施肥)하여 주어야 한다는 이야기다.

아니, 이런 물질적인 것은 안 되더라도 정신적 엄호(掩護)만이라도…….

국론통일

내가 아는 지식에서 비유를 들면, 일본 학자 난바라 시게루[南原

繁]라는 분은 도쿄대학 총장시(總長時)이고 시미즈 기타로[淸水幾太郞]라는 가두(街頭) 철학자는 가쿠슈인[學習院] 문리대학장(文理大學長)으로서 당시 일본 정부의 당위정책인 단독강화(單獨講和)와 재무장(再武裝)을 반대하고 나선 주창자로서 선봉장들이었다.

일본의 국가 운명을 좌우하는 가장 필연적이요 당위적인 정책에도 이들은 민족 이상과 학자적 양심에서 이틀 거부하고 나섰던 것이요, 일본의 정치가들 역시 이 총(銃) 안 쥐고 양(兩) 세계 틈에서 자존(自存)하려는 비현실적이요 반(反)역사적인 학자들의 주창이나 행동을 치지도외(置之度外)하면서도 그들을 투옥하기는커녕 면직(免職)도 안 시켰다.

말하자면 그들은 학자들의 양심과 창조력과 이상을 민족영기(民族英氣)로서 옹호 육성함으로 정신적 부력(富力)을 세계에 계량(計量)시키고 있다 하겠다.

요사이 걸핏하면 소위 '국시(國是)'가 강조되고 이적(利敵)이니 내통(內通)이니 하여 주위가 어수선하고 불안스럽다.

나는 물론 평화통일론자도 아니요 협상 찬성자도 아니다. 속담에 "한 어미 자식도 아롱다롱"이라는데 2천만 중에 어느 누가 일본 가서 '게다짝 소리'가 그립다면 친일반역자요, 인도(印度)를 예찬하면 중립주의요, 평화통일을 논하면 용공(容共)이 된대서야 어디 민주세상에 사는 본의(本義)가 있겠느냐는 말이다.

지금은 모르겠지만 얼마 전까지도 대구서 경산(慶山) 가는 도중 어느 파출소에는 '국론통일(國論統一)'이라는 간판이 붙어 있었다. 그래 파출소 문전에다 '국론통일'이라는 패말뚝을 써 붙이고 2천만 모두가 정부가 '하늘 천(天)' 할 것을 '구름 천(天)' 해도 그냥 '구름 천' 하고 따라가서야 민주국가가 건설되느냐 말이다.

나는 알기를 민주주의의 기저(基底)란 자유와 개성과 인도(人道)

에 있다고 본다.

　중공(中共) 문자를 빌린다면 백가쟁명(百家爭鳴)이더라니 민족의 폐활량을 넓히기 위해서라도 그야말로 헌법이 보장하는바 의견과 소신을 토로(吐露)케 하라! 거기서 정사자(政事者)들은 민족국가의 역사적 당위성과 자주성을 찾아보라.

　국민의 의기(意氣)가 저상(沮喪)된다는 것은 곧 민족사회의 위축과 독립을 초래한다.

　또한 지성인들의 태업(怠業)을 파장(波長)한다.

　현대판 두문동(杜門洞) 현사(賢士)가 없어야 한다.

천려점점록(淺慮點點錄)

정욕

상고(詳考)치는 못하나 신라 때 대응(大應)이라는 고승(高僧)이 있었다. 그는 명문 출신으로 일찍 소시(少時)에 입산수도(入山修道)케 되었는데 인간 욕정이 가시지 않아 때마다 도성(都城)으로 출분(出奔)하여 기루(妓樓)와 청사(靑肆)에 입몰(入沒)하므로 이를 눈치 챈 그의 자당(慈堂)은 어떤 날 비녀(婢女)를 시켜 집에다가 그의 욕정을 풀게 한 후 불러 앉히고 훈도하여 가로되,

"그래, 너의 욕정을 충족시키니 흡족하냐?"

"네, 황감하도소이다."

"음, 그러나 그 욕정을 어느 여인에게나 언제까지나 풀어도 그게 그것이다. 별유신미(別有新味)가 있는 것은 아니야."

이에 대각(大覺)한 대응은 대오일번(大悟一番)하여 열심수덕(熱心修德)으로 대덕(大德)이 되었다 한다.

이 이야기는 어떤 선배가 민의원(民議員) R군에게 그의 명리(名利) 도모와 집착을 경계하는 비유였다.

부귀

전 농림장관 모씨는 지방 순시 중에 해면(解免)되었다. 전신(電

信)이 미통(未通)인 각 지방과 시읍(市邑)에서는 융숭한 송영(送迎) 속에서 귀경하였는데 열차가 대전역에 다다르니 전송객의 그림자도 없더라는 것이다.

화무십일홍(花無十日紅)! 석 3년 가는 권세도 없고 3대(三代) 누리는 재물도 없다.

더욱이나 우리 목전엔 이러한 실례(實例)가 그득하다.

어떤 빈궁(貧窮) 가정에는 만금(萬金)의 복권이 당첨되었는데 이 길보(吉報)를 그 가장이 아침에 장작 패다가 듣고 그만 손에 든 도끼를 들고 방으로 뛰어 들어가 잠자는 처자식들을 "복권 맞았으니 일어나라"며 도끼질을 하였다는 웃지 못할 이야기가 있다.

'영(榮)과 욕(辱)', '궁(窮)과 달(達)'은 백지 한 장을 가로 덮고 있다.

생사

생명이란 지극히 소중한 것이다. 그러나 생(生)과 사(死)의 계량 역시 소중한 것이다.

덮어놓고 산다든가 생사의 비중을 잘못 계산하면 죽느니만 같지 못하다.

역적 이완용(李完用)도 만일 자기 목숨이나 자기 가문이 이 꼴로 망할 줄 알았더라면 합병문서에 조인은 안 했으리라.

일신의 구명(苟命)과 일가의 성세(盛勢)를 위하여 나라와 동포를 팔고도 견디리라는 오산이 그를 망치고 나라를 망쳤다.

위대한 성현에게는 비극적인 최후가 많다.

그리스도, 소크라테스, 충무공(忠武公) 모두 초개(草芥)같이 생명을 버렸다. 나 하나를 죽임으로써 더 큰 나를 얻기 위함에서다.

오늘날 우리 사회엔 금리(金利)와 산통(算通)엔 밝은데 생사의 계량엔 모두 다 우둔한 것 같다.

'죽어서 살고 살아서 죽는 이' 진리는 고등수학이라 할까.

지족

소허(小虛) 서동진(徐東辰) 선생과 문총(文總) 일로 경주엘 갔다. 그런데 소허 선생은 매사매시(每事每時)에 일거일동을 성(誠)과 열(悅)로 임하신다.

그래 내가 그 비결을 문의한즉 소답(笑答)하시기를,

"사람이 세상을 살아가는 데 두 가지 방법이 있으니, 자기 마음 가지기 나름으로 천당으로 살 수도 있고 또 하나는 지옥으로 살 수도 있다"는 말씀이었다.

무거운 짐도 즐겁게 지면 가볍고 가벼운 짐도 짜증을 내면 무거운 격으로 세사범백(世事凡百)에 지족(知足)의 묘(妙)와 안분(安分)의 낙(樂)을 얻으면 이게 바로 천당살이요, 그렇지 못하고 역순(逆順)과 과욕은 자기를 지옥살이로 몰아넣을 뿐 아니라 이 세상을 또한 지옥화한다는 이야기다.

회향

P화백의 자형은 아직도 장년(壯年)으로 얼마 전 타세(他世)하였다.

그는 생전 풍류인으로서 좀 탕유(蕩遊)를 한 편인 모양이다. 그래서 그 임종 시에 P화백이 "자형! 평소에 술 좀 그만 자셨더라면 이런 병질(病疾)도 안 생겼을 것을—지금 소회가 어떠시오?"
하고 힐문하였더니 가족들을 돌아보며,

"이번 회생(回生)하면 집 뒤뜰에다 화초 가꾸고 앞뜰에 배추 상추 심어 먹으며 단란하게 살게" 하더란다.

늦었다! 그러나 이 한마디의 순결에의 회향(懷鄕)이 그의 칠죄(七罪)의 연못 속에서 더럽힌 전 생애를 구제하고도 남았으리라.

이녕

이녕(泥濘)의 시인 하나는 독주(獨酒)를 마시기만 하면 혼자 중얼거린다.

"나는 이제 오늘까지의 모든 과오와 악행을 청산하고도 남을 선행 한 가지를 고르고 있다. 여기에 내 생명과 전 혼령(魂靈)을 걸고 있는 것이다."

나도 그가 선택할 자기보속(自己補贖)이 그 무엇일지를 모른다.

그러나 이렇게 자기를 우는 자 또 자기를 기워 깊는 자들이 이 양심의 동결(凍結) 속에서 자꾸만 솟아지기를 희구한다.

"나를 울지 말고 너의 죄를 울라!"

성자(聖者)의 지언(至言)이다.

와담삼제(臥譚三題)

생사교향악

나의 병실에 오직 하나인 서창(西窓) 앞은 서문(西門) 시장이다. 병원 현관에서 백 미터가 안 되니 이층에서 내려다보면 창 앞이라고 표현할 수밖에 없다.

침대에 누워서도 빗나가는 흥정은 세목(細目)까지 알아들으리만큼 장마당의 요란이 통째로 병실 속을 종일 뒤덮고 있다.

여기다가 낭하(廊下) 쪽 방문으로는 맞은편 수술실과 각 병실에서 들려오는 중환자들의 비명과 신음소리를 들어야 한다. 그야말로 생과 사의 포악성(暴惡聲)이 교차하고 있다. 아니, 표현에 화장을 한다면 '생사교향악(生死交響樂)'을 들으며 나는 누워 있다.

이런 병실 속에서 절대 정전(定全)을 명(命)받고 있는 나는 '고무줄 신경'이 되어야 한다.

'죽은 듯이 사는 공부', 나는 이제 이런 것을 생각하여 본다. 폐병을 썩 잘만 앓는다면 와선(臥禪)이 되리라.

와선

나는 소년 시절부터도 눕기를 좋아했다.

그래서 어머니에게 "저 애는 허리가 길어서"라고 때마다 핀잔을 받았다.

　학창(學窓)과 방랑 생활에서 이 눕는 버릇은 점점 길어져만 갔으니 하숙에 돌아와 벌떡 드러누워서 이리 뒹굴 저리 뒹굴 하며 책이나 읽는 것이 나의 유일한 취미였다.

　이러다가 왜제(倭帝) 말기에는 스스로 폐인이 되어 방 밖과의 접촉을 완전 차단하여 버리니 그야말로 대와(大臥) 동물이 되었다. 이래서 나의 청춘의 10여 년은 누워서 보냈고 나의 꿈이나 지각(知覺)도 누워서 자랐다.

　8·15후부터 겨우 기동을 시작해 소위 세상 출입이랍시고 하게 되었으나 그래도 집 안에만 들면 여전히 눕는 것이 고질이 되었다.

　누워서 생각하고 엎디어 쓰고 나의 이제까지의 문필행적이란 대부분이 대와 소산(所産)이다.

　그래서 집안에서는 나의 이 와상(臥床) 상태를 와선이라고 이렇게 고급하게 명명하고 소대상 모양 쿨쿨 낮잠을 자고서도 와담삼매(臥譚三昧)에 들었다고 허울 좋은 핑계를 삼아 왔다. 이런 나에게 폐병이라는 고질이 붙어 있는 것은 자업자득이라 할까.

　연전에 초기 폐침윤(肺浸潤) 정도일 때는 당시 정신 상태나 환경으로 보아 한 해에 한두 달 어느 산장이나 바다나 온천장을 찾아다니며 누워 있는 것이 일종의 호사(豪奢)요 낭만이기도 하였고, 또 그다지 생명의 집착이 강렬치 못한 나는 '무슨 핑계 김에 죽어 주어도 무방하다'는 이런 퇴영(退嬰)적 배포마저 간직하고 있었던 것이다.

　그런데 이 판국이 시세(時勢)에 피난처에서 발병하여 와상삼삭(臥床三朔)여에 이르고 나니 그 즐겁던 와선이 이제는 고역일 수밖에 없다. 지금 조금만 움직여도 열이 나고 병세는 역행이다. 하루 이틀에 끝장이 날 병도 아니다. 그저 '숨 쉬는 시체'처럼 가만히 누워 있어야 한다. 등에서는 좀이 쑤셔 오고 마치 가시방석 위에 드러누운 심정이다. 이제야말로 참말 와선공부를 톡톡하게 하게끔 되었나 보다.

불구(不具)의 천사

진부(眞否)는 모르나 이 병원에 간호원장이라는 외인(外人) 노파는 간호원이 의사와 근접하여 담화를 하여도 "매우 유감스럽습니다"라고 경고를 발한다는 이야기다.

나를 이 병원에 인도하다시피 한 M양은 정간호원인데도 나의 시중드는 것을 마치 범죄하듯 하니 견습 간호생들의 자기 조심이란 부자연을 넘어 애처로울 정도다.

출입하는 간호생에게 내가 무슨 말을 걸라치면 그들은 움찍하고 놀라서 표정을 굳힌 다음—이렇게 방어태세를 취한 다음에야—안심하고 이야기를 마저 듣는다.

이것이 모두 20 안팎, 감정 표현이 풍부 만발해야 할 묘령(妙齡)들이다.

이렇게 자연 감정의 억제 속에서 훈련된 노간호원들의 환자 응대란 조화(造花) 같은 표정이어서 인정(人情) 체온이 감각되지 않는다.

기독병원에 정숙한 풍기(風紀)를 유지하기에는 엄격한 감시가 필요할 것이나 이 백의(白衣)의 천사들이 감정의 불구자가 되어서는 정말 '매우 유감스러운' 일이다.

또한 충일(充溢)한 감정의 자연 발로 없이 어찌 병자의 벗이며 위로가 될 것이냐.

나의 인생 행각기(行脚記)

인생을 결론부터 출발했다가 실패하였다는 것은 탕아(蕩兒)의 비극 '끊임없는 방황'을 운명과 약속함이나 다름없을 것이다.

내 일찍 열다섯에 가톨릭 수도원에 입산하였다가 3년 만에 환속해 버리고 나니 당시 나의 인생지능지수란 어린애를 배꼽으로 낳는다는 정도여서, 그 외에 아는 것이란 라틴어로 기도문 몇 절을 암송할 뿐이었다.

이러한 내가 제2의 인생 방법으로 대치시킨 것이 문학이요 시(詩)였다.

그래서 나의 시란 머무르고 휘지 못한 나의 정신이 각박한 나의 인생 도정(道程) 속에서 운명과 대결하는 포효요, 그 불꽃이요, 또 객혈(喀血)이기도 하다.

그러므로 나의 청춘의 열띤 생명은 불운과 오뇌 속에서만 성장해 왔다.

여기에는 당시 망맹(亡氓)으로서의 반항과 자학(自虐)의식이 가미되어 나는 역행의 경사(傾斜)를 막 구을렸던 것이다.

교문(校門)이라곤 들어서는 데마다 퇴학이요 유치장 신세가 일쑤고 하니 향리(鄕里)에선 서울집 아무개는 '주의자(主義者)'가 되었다—이 말은 그 사람 버렸다는 말과 동의어다—고 손가락질을 받게끔 되었다.

이래서 갓 스무 살 난 나는 어느새 모범소년으로부터 교회에선 이단아요, 향리에서는 불량자요, 가문에서는 불효자로 전락하고 말았다.

죄 없는 죄인! 정신적 범죄자로서 사회 낙인이 찍혀지고 만 것이다. 이쯤 되고 보니 나는 정말 몸 둘 곳이 없어졌다.

여기에서 나는 역의(逆意)에 찬 탈출과 방랑이 시작되었으니 출가도주(出家逃走)하여 노동판 인부도 되어 보았다가, 어느 야학당 지도도 하여 보다가 또는 부청(府廳) 임시 고읰(雇員)도 되어 보았다가, 이러다가 마침내는 일본 도쿄로 밀항(密航)에 성공하였다.

도쿄행—이것은 나에게 북간도(北間島)행이나 동일한 것이어서 향학(向學)이 목적이라기보다 유랑이었으며 일종의 '정신적' 범죄자가 치외법권(治外法權) 지대로의 은피(隱避)를 의미하는 것이었고 그로써 나에게 향해진 사회의 모든 악의에 찬 눈초리와 등지면 그만이었던 것이다.

이와 같은 것은 나뿐만 아니라 나 같은 경우의 당시 청년들의 공통된 방법이었으니 시방도 나는(우리는) 기적(汽笛)만 들으면 저 열차는 북간도행이려니 하는 착각과 더불어 이를 모를 노스탤지어에 잠기곤 한다.

도쿄 생활은 한마디로 말하면 음울과 고독 속에서 보냈다. 며칠 동안은 어느 누구와도 대화 한마디 없이 보니기가 일쑤였다. 이래서 표박자(漂泊者)로서의 감상과 고독에 도취하는 시각(時刻)도 있었다.

처음 몇 달 동안은 생활비를 얻기에 연필공장 직공으로 또는 일급(日給) 노동도 하였으나 학적(學籍)을 두게 된 다음부터는 가형(家兄)과 타협이 되어 학자(學資)가 송금되었다. 학적이란 니혼[日本]대학 종교과인데 학생은 현직 승려나 전직 목사가 대부분이었다.

예서부터 나는 학문의 삼림(森林) 속을 헤치기 시작하였다. 나는 수많은 위대한 정신의 거목(巨木)과 교목(矯木)들 앞에 무릎을 꿇었다. 또한 무수한 조류(鳥類)의 지저귐과 금수(禽獸)의 포효에 황홀하고 공포하고 전율도 하였다. 더욱이나 나를 허덕이게 한 것은 근대정신이 낳은 칡줄들에 감기어 버린 것이다.

범백(凡百)의 난독(亂讀)! 이것이었다.

거기다가 나는 또한 근대정신의 모든 열병을 치러야만 했다. 내가 당시 자살을 못한 이유의 하나로는 나에게 깊이 박힌 신앙의 인호(印號), '나는 뱃내의 천주교 신자'였다. 나를 이 열병에서 지탱시킨 것도 내가 성장한 소년기의 가톨릭적 교육이었다고 나는 시방도 아슬한 생각과 더불어 이를 감사한다. 이 동안 나의 시작업(詩作業)이란 거의 중단되어 있었다. 단상(斷想) 노트만이 늘어 가고 있었다.

이 시대 나에게 청춘이 가지는 또 하나의 열병 연애란 놈을 치르기에는 나의 정신의 고역이 너무나 폭심(暴甚)하였다.

그렇다기보다 나에게는 행(幸)인지 불행인지 감정을 교류할 그런 여성과 인사 교환마저 한 번도 없었다.

또 있었댔자 사계절을 검은 중절모에 검은 코르덴 양복을 걸치고 병정(兵丁)구두를 신은 장장발(長長髮)의 이 그로테스크한 청년에게 아무리 호기심이 많은 도쿄 여성들이라도 백안시(白眼視)할 것은 무리가 아니었을 것이며, 나도 막연하나마 나의 종신처(終身處)는 수도원밖에 없으려니 하고 '여인은 마물(魔物)이다'라는 이런 금선(禁線)을 가지고 살았던 것이다.

이러는 중에 학창생활도 끝나 버리고 말았다. 그렇다고 환향(還鄉)할 아무 이유를 발견치 못하였으나 부친이 작고하시고 사제위

(司祭位)에 오른 신부(神父) 형은 흥남교회 주임으로 전임되니 육십 노모가 홀로 집에 남으시게 되어, 묘소를 지킬 망주석처럼 불리워 나왔던 것이다. 나올 때 가지고 나온 고리짝 몇 개의 책과 2년 가까운 망연자실의 생활이 전개된 것이다.

나는 이런 무위(無爲) 속에서 오히려 어느 정도 정사(靜思)와 관조(觀照)를 얻고 미칠 듯이 시작업에 정진하였다. 이 외엔 생명을 유지할 의의(意義)가 없었기 때문이다.

방 밖을 나서면 서울집 아무개는 주의(主義)를 하다 정신이상이 걸렸다는 것이어서 나를 폐인 대접했다.

이런 자연적인 유폐생활은 오히려 지금 생각하면 내심 다행하기까지 하다.

여기에다 폐(肺)의 발병이 겸했으니 아주 안성맞춤이었다.

그러나 일제 발악이 최고조에 달하니 이 폐인에게도 순사들의 방문이 잦았고 호출이 잦아지니 노모의 초려(焦慮)란 비할 데가 없었다.

보국대(報國隊) 동원, 징집 등 나도 이제 병신 행세만으로 카무플라주가 안 되었다. 나는 홀연 결의하고 아버지와 교의(交誼)가 있던 일인(日人) 수렵노(狩獵老)의 소개로 〈북선매일(北朝每日)〉 기자가 된 것이다. 이도 얼마 안 가 신부 형이 경영하는 교회 학원을 맡아도 보고, 폐환(肺患)으로 교회 산장(山莊) 같은 데 전지요양(轉地療養)도 하는 사이에 8·15해방을 만났다.

이때에 특기(特記)할 내 신상 변동이 있었으니, 당시 나의 신부 형이 경영하는 교회 병원에 온 여의(女醫)와 결혼을 한 것이다.

중매도 신부 형이요, 주례도 신부 형, 신랑은 폐병환자요, 신부는 여의였던 것이다.

어찌 보면 언뜻 달가운 감정 왕래를 상상할 것이나 너무나도 우리는 중매결혼의 전형이었다.

 을유(乙酉) 해방! 민족적 감격이나 이런 것은 제외해 놓고 나의 인생에 어처구니없이 많은 선물과 수난을 가져왔다.
 먼저, 이제까지 나에게 붙여졌던 낙인은 일시에 벗겨졌다. 한마디로 말하면 주의자 구상(具常), 폐인 구상은 선견자(先見者)였던 것이요, 일종의 혁명가였다는, 이런 편리하고 분수에 넘친 인간 대접을 받게 되었다.
 그러기에 나는 인민투표에 향리에서 최고득점자로 되었던 것이요, 신생 조국의 역군으로서 추대도 받아 본 것이었다.
 우습기도 한 일이나 나는 나대로 유폐에서 의욕적 행동에 나가기도 하였고 역군으로서 자부(自負)도 하였던 것이다.
 이것은 아마 누구나 다 그러했으리라고 나는 믿는다.
 그러나 이것도 잠깐 사이였으니, 소련군이 진주한 북한은 공산당의 붉은 장막이 천지를 뒤덮고 말았다.
 나는 또다시 '반동(反動) 인텔리겐치아'라고 등에 명패가 붙은 채 두문(杜門)의 생활이 계속되었다. 이러는 중에 동인(同人)들과 발간한 시집 《응향(凝香)》이 필화(筆禍)를 입게 되었으니, 동인 중의 홀로 비당원(非黨員)인 나는—공산당원에게는 자기비판이라는 속죄부가 있다—신변이 위험케 되었다.
 기어코 나는 남하(南下)를 결의하고 고향을 떠났으나 경계선에서 붙들리고 말았다. 그래도 섭리의 신은 나에게 감옥 탈출이라는 엄청난 초성적(超性的) 용력(勇力)을 주시어 1947년 2월 초순에 서울에 떨어졌던 것이다(나 같은 느리광이가 감옥 탈출이니 밀항이니 하면 친구들은 곧이 안 듣는다).

서울에 와서 나는 문학행위란 염두에도 두지 않았다. 나는 다시 학구의 길을 결의하고 교회를 통하여 북경(北京) 보인대학(輔仁大學) 연구원에 소개를 받아 '임정(臨政)' 안경근(安敬根) 선생의 주선으로 장도(壯途)에 오르기로 선편(船便)까지 약속했지만, 그 일주일 전에 중공에게 청도(靑島)의 함락을 당하였다.

동서종교사상의 비교연구, 이런 엄청난 과제를 나는 설정했다.

북경행에 실패한 이 실의(失意) 중의 나를 문단에 입참(入參)시킨 것은 소설가 최태응(崔泰應) 형이다. 당시 나를 유도하려고 동창인 소위 문맹(文盟)의 전위(前衛)소설가 박태민(朴泰珉) 군과 전위화가 오지삼(吳智三) 군을 통한 문맹의 가입을 거부하자 동(同) 기관지는 소련의 레닌그라드 사건과 북한의 '응향' 사건의 결정서 및 동(同) 비판문을 대서특기 게재하였고, 이에 대하여 김동리(金東里) 씨가 반박문을 발표했고, 나는 그 경위를 공표하고, 이래서 한국 문단의 초입생이 되었다.

그동안 나는 생활방편으로 이 신문 저 신문으로 전전하다가 군정보국 요청으로 군속(軍屬)이 되었다. 대북(對北) 지하신문 북한특보 CIC정보수(情報手) 등 의무감과 적개심에서 출발한 나는 공산당의 대역(大逆)질은 모조리 골라서 해 왔으며, 사변(事變) 후는 정훈국(政訓局)으로 전속(轉屬)되어 대적선전(對敵宣傳), 군기관지(軍機關紙) 등에 복무하여 지난달 8월까지에 이르렀다.

그동안 소위 사고도 많이 내고 기합도 많이 받았으나 나 스스로 용케도 감수해 왔다고 생각한다.

여기에는 나의 오직 하나인 신부 형이 3년 전에 공산당에 납치되어 간 것과 홀어머니의 생사불명이 나의 용력을 유지시켰을 것이다.

이제 오래인 군속생활을 이 전란 중에 털어 버렸다는 것은 나에게 그동안 축적되었던 정신적 허기와 피로에서였다. 기진맥진한 자기를 구출키 위함인 것이다.

  나는 이제 겨우 반생을 살았다.
  어느 친구의 얘기대로 천사를 끼고 지옥을 거니는 이런 모험과 폭행을 마구 감행해 왔다.
  이제 나는 칠죄(七罪)의 연못 속에서 죽지를 상(傷)하고 있다.
  고향도 갈 길도 하나같이 안 보인다.
  그러나 나는 운명도 넘은 손에 매달려 있음을 믿고 또 알고 있다.

      뜻한 곳 저절로
      이를 양이면

      그제사 숨 한 번
      크게 쉬고

      끝없는 쉼의
      그늘로 들라
      ―졸시 〈나그네〉 1절

―1952. 3.

명정자화상 초(抄)

"닌겐[人間] 히토[人]오 바카니 시야가루."
"야로[野郎]노 곳쵸[骨頂]다."
씨(氏)의 입에서 이런 말이 연발될라치면 그의 주기(酒氣)는 이미 인사불성 상태렷다.

이 막 주워다 붙인 일본 말은 언제 어디서 발명한 것인지 사용하는 선생 자신도 모르는 모양이나, 그의 친구들의 기억을 종합해 볼라치면 벌써 10여 년 전 도쿄 시절부터 '구상(具常) 씨의 명정신호(酩酊信號)'가 되어 있다 한다.

"인간이라는 복수(複數)가 그(구상)를, 단수(單數)를 괄시하는구나. 이 못나고 덜돼 먹기 짝이 없는 자들아."

그 어구들의 의미를 연결시키면 대강 이런 뜻인데 단적으로 표현하자면 "세상이 못마땅하고 또 자기 인생이 억울하다"는 수작(酬酌)으로서 왜제(倭帝)에 의장(擬裝)된 폐인생활에서 온 정신적인 울분의 표백이 취중에 반추되는 모양이다.

저간 정상(情狀)을 좀더 조사해 볼라치면 씨의 시 〈수난(受難)의 장(章)〉에,

> 우 몰려온다. 돌팔매가 날아온다.
> 머슴애들은 수수깡에 쇠똥을 꿰매달고
> 어른들은 곡괭이를 휘저으며 마구 쫓아오는데

돌아서서 눈물을 찔금 흘리고
　　선지피 쏟아지는 이마를 감싸쥐고서
　　어머니 얼굴도 떠오르지 않는데
　　나는 이제 어디메로 달려야 하는가.
　　　(하략)

　이렇게 비통하게 상징되어 있음을 볼 때 씨의 핏속까지 저민 이 정신적인 멍은 때마다 강렬한 역정(逆情)으로 꿈틀거리는 것도 무리가 아니라고 알고 보면 수긍도 되는 바 있다.
　이러한 씨에게 술자리가 생소한 사람들이 재수 없이 걸려 불시봉욕(不時逢辱)을 당하게 되면, 그 상대가 문학청년이었다든가 혹시는 제자들이었든가 이런 소심한 상대고 보면 자기가 씨에게 무슨 불쾌를 범한 줄 오인하고 공중(空中)사과를 하기도 하고, 또 상대가 만약 씨의 장상(長上)이라든가 권세가나 금만가(金滿家)이었을 경우는 그의 무례를 괘씸히 여기고 후일까지도 "구상이란 자 술잔이나 들어가면 안하무인이더라"는 레테르가 붙기가 일쑤다.
　그러나 씨의 술 행패 중에서 이 정도는 약과요, 또 어찌 곱게 보면 보기에 따라서는 일종의 애교로도 쳐 줄 수 있으련만, 그의 쥐꼬리만 한 인격 보전상 치명적인 것은 씨가 취기가 돌라치면 그 술자리에 임석한 여성은 그가 유부녀든 영양(令孃)이든 업태부(業態婦)든 숙녀와 작부(酌婦)가 미분변(未分辨)으로 다짜고짜 붙들고 "자자!"라는 고약망측한 입버릇을 행사하는 데 있다.
　이로 인하여 한국 다섯째 밖(독일 속언[俗諺]에 등외[等外]라는 뜻)의 시인이요, 삼류 저널리스트요, 여자대학 강사요, 더욱이 천주교의 태중(胎中) 신자인 그는 그를 아는 여성들로부터 인격 불신을 받고 주위로부터는 탕객(蕩客)으로 지목받고, 심지어는 작부들에게까지 호색한 취급을 당하여 경원되고 있는 것이다.

그런데 씨는 이 자기 손실을 아는 듯 모르는 듯 더욱이 가관인 것은 취기 방농(方濃)하여 흥겨울 양이면 그저 "자자!"고만 하는 것이 아니라 이건 어린애처럼 막 매달리며 보채는데 고소(苦笑)를 금치 못할 난센스가 연출되곤 한다.

재작년인가 3월 3일 대구 시조시인 이호우(李鎬雨) 씨 댁에서는 개춘연(開春宴)이 열렸다.

이름 있는 날에 술 좋고 안주 좋고 거기다 벗 좋으니 구상 제가 신명이 안 날 수 없지! 다른 주객(酒客)들보다 먼저 한 잔 얼근하게 된 씨는 그러잖아도 없는 재주라도 피울 지경인데, 여기다 멍석 펴는 격으로 M다방 마담 R여사가 때마침 만참(晩參) 출현을 하였던 것이다.

초면에 수인사는 하였는지 안 하였는지 냉큼 "자자!"를 연발하며 매달리는 그를 피하는 R여사에게 구상 씨 하는 꼴 좀 보소. 이번엔 아주 흥정을 붙이는 모양이어서 주머니에서 일금 삼십만 원 뭉치를 꺼내 놓고 이래도 못 자겠느냐고 호령하였으니 참석일동의 아연(啞然)은 둘째로 하고 이 봉욕을 당한 R마담의 분노와 실색(失色)이야 독자의 상상에 맡길 수밖에…….

그 익일(翌日) 천연스럽게 기침(起寢)을 하신 씨는 작야(昨夜)의 실태(失態)를 듣고는 그만 경악하여, 여류작가 장덕조(張德祚) 여사 등을 앞다리를 놓아 백방으로 사과한 결과 겨우 후환을 면하였다.

이건 씨가 설화(舌禍)를 입은 극단적인 예요, 그런가 하면 상대 여성의 응수 여하에 따라서는 피해는커녕 그저 씨를 자기 낭만에 도취케 하여 아주 씨가 흐뭇해하는 삽화도 있다.

씨의 시집이 출간되었을 때 청구출판사 주(主) 이형우(李亨雨) 씨는 대구의 미기(美妓) 취송(翠松) 집에다 축연을 베풀었다.

이날 배빈(陪賓)으로는 공초(空超) 오상순(吳相淳) 선생, 김소운(金素雲) 씨, 최정희(崔貞熙) 여사 이렇게 조용한 자리인 데다가 각 선생들이 진정의 축배를 들어 주니 신명이 날 대로 난 씨에게 이씨(李氏)의 사전지시가 있는지라, 취송 역시 그저 "자자!"면 "자자!"고 장단을 맞추니 씨는 환희가 절정에 올라 전후좌우를 구별치 못하고 그만 취송 무릎에 곯아떨어져 버렸던 모양이다.

일이 이쯤 되니 배빈들은 "구상이 자자던 평생 소원 오늘 밤 풀게 놔두어 보자"고 총퇴각(總退却)을 하였더란다.

그 이튿날 소위 미기와 '잔' 여문(餘聞)을 들어 보니 머리를 주적이면서 "허허, 아침에 눈을 떠 보니 비단금침에 누워 있었지! 사방을 둘러보니 머리맡에 문갑이 있는데 그 위에 여인의 버선 두 짝만이 놓여 있겠지, 그래서 나는 오일도(吳一島)의—빈 바구니만 꽃가지에 걸어 놓고 나의 소녀는 어디로 갔느뇨—라는 시가 문득 떠오르더군.— 문갑 위에 버선만 벗어 놓고 나의 여인은 어디로 갔느뇨—가 아니겠나. 하하하."

기후(其後)도 씨는 종종 이 취송가(翠松家) 일박(一泊)을 크게 자랑으로 삼고 있는 걸 보면 설된 오입쟁이인 셈이다.

이렇게 그가 '자자!' 설화(舌禍)와 그 일화를 적어 나가자면 부지기수인지라 이쯤만 해 두고, 그의 자는 정체를 탐지해 볼라치면 씨가 6·25 전까지 4, 5년래 단골로 다닌 미향(美香), 백일홍 등을 경영하던 동수(東秀) 엄마란 피난빈대떡집엘 가 보면, 이승만 대통령 초상 대신에 군사, 외교평론가 박기준(朴琦俊) 씨의 여기(餘技)인 구상 화상(畵像)이 붙어 있는데 그 동수 엄마의 이야기로는 "구 선생이야 양반이지. 자자는 거야 말뿐이지! 여자가 정말 가차이 와 보지, 무서워서 실실 꽁무니를 빼는걸요!" 하고 절대부정의 증언이 있는가 하면, 씨와 일본 배우의 야지[彌次], 기타[喜多]처럼 콤비가 되어 붙어 다니는 최독견(崔獨鵑) 선생의 험구(險口)를 들어 보면 "그자 병신 같더니 한번 정분나니까 무섭데" 하는 증언과 또 정말 통문(通聞)을 놓은 대구 명숙(明淑)이란 작부와의 정분 사건 등으로 미루어 보아 그의 행실이 백옥 같은 정남(貞男)이라거나 도덕군자가 아닌 것만은 사실이요, 또한 그의 고약한 앞버릇에 비하는 호색한이나 엽색가가 또 아닌 것만도 사실이리라.

언젠가 씨에게 충고를 하는 주붕(酒朋)이 있어 그의 변백(辨白)을 들어 보니,

"취한(醉漢)들의 기녀교제란 성명, 연령, 본적, 주소, 가정환경, 동기 등을 물어 가지고 여기에 안가(安價)한 동정(同情)을 보내고 이래서 밟아 오르는 수속이 마침내 당도하는 곳은 '자자!' 두 마디에 그치니 그런 귀찮고 쑥스러운 수속만을 생략하여 '자자!' 한 마디로 고쳐 보는 것인데 성명을 물으면 점잖다고, 그리고 '자자'고 그러면 아주 질색들 하는 꼴이 우습고 재미나서 그저 심심하여 그래 보는 거지."

하는 대구(對句)라 시인이란 본시 언어를 압축하는 버릇이 있고 또 그렇게 들으면 "자자"란 시적이기도 하나 얼마나 신용해야 할는지는 모르겠지만 때에 따라서 정말 야심(野心)이 섞인다 해도 "자자"는 용어 그 자체만은 연령을 묻는 정도 기분으로서 구상 씨가 사용한다는 것을 여러 가지로 미루어 단언할 수 있다.

여기에 대한 더 심각한 진상은 그의 애정행상연구로 미루기로 하고, 씨의 이러한 취경(醉境)이 도를 지나면 그 앉은 자리가 술집이든 한데든 어디든 그야말로 꼬꾸라져 자 버리는 버릇과 어린애처럼 오줌을 가끔 싸는 버릇 등이 있다.

그래서 별 아래 천지를 침구(寢具) 삼기가 일쑤로, 해방 전엔 아

침에 방공호 속에서 기어 나오더라는 게 고향에선 유명하고 월여(月餘) 전만 하여도 장덕조 여사 댁 침대 위에다 세계지도(?)를 그려 놓았다고 전문(傳聞)했다.

그러기에 그의 장남인 올해 다섯 살 난 홍아(鴻兒)란 놈은 밤에 요 위에 오줌을 싸 놓고 저희 엄마가 꾸짖을라치면 "아버지는 왜 싸아"라고 항의를 발하여 씨의 부부를 무색케 하는데, 그래도 씨의 뱃심은 여전하여 "우리 집 여편네는 내가 술 먹고 가끔 오줌 싸 주는 그런 재미에 살 거야, 말하자면 적선(積善)이지. 허허" 하고 큰 소리만 탕탕 치고 있다.

이러한 씨의 실태는 아직까지 술만 마시면 나오는 그렇게 중증은 아니어서 씨의 말을 빌리면 안주 삼아 알맞게 있어서 그의 무사양(無辭讓) 주량과 더불어 주객으로 상당한 평가를 받고 있는 셈이다.

"아재, 아재가 남선(南鮮)에 와서 이름 낸 일이란 모주꾼이란 것이더군요. 그저 만나는 사람마다 아재 얘기가 나오면 술타령부터 알려 주더군요."

이것은 거년(去年) 12월 철수(撤收) 때 남하한 씨의 처제가 형부 집을 찾아와서의 첫 번 술회다.

이즈음 폐병의 재발로 대구 동산(東山)병원에 입원 가료(加療) 중인 씨를 방문하는 위문객마다 "그렇게 술을 퍼 먹고야 본병(本病)이 없는 사람도 탈이 날 텐데 황차(況且) 구(具) 형같이 고질이 있는 사람이 견디어 낼 것인가."

이구동성의 문병사(間病辭)로서 당자(當者)는 속으로 "이제 나는 죽어도 술 때문에 죽었다고들 하겠구나" 하고 불평을 갖고 있으나 빗나간 이야기도 아니고 보니 대꾸할 여지가 없는 것이다.

그의 주량은 그저 넉넉잡아 막걸리라면 석 되, 일주(日酒)라면 두 되, 소주라면 반 되, 맥주 다섯 병, 이 정도요 썩 상심(傷心)이 있다든가 악이음(樂而飮)인 경우에는 무량주(無量酒)로서 이런 때 '빠가니 시야가루'가 터지는 것이다.

　주석(酒席) 끝장 보기에 있어서는 지훈(芝薰), 덕진(德珍) 시인과 더불어 주붕들 사이에서도 신망이 높고 주머니가 비어도 술은 어디서 어느 때든지 먹는 것이라는 신념을 갖고 있으며, 남이 한 번 앞장을 서면 자기도 한 번 앞장을 선다는 기질로서 술집 인기는 만점이고, 맞돈이 없으면 없이 먹고도 다른 신용은 없어도 술집 신용만은 지극히 존중해야 한다는 기특한 씨류(流)의 주장을 가지고 있다.

　이제 우리는 이쯤에서 씨에게 그렇게 추태를 부리고 실성하고 망신하며 "술은 왜 먹느냐"고 묻는다면 씨는 서슴지 않고 "어쩔 수 없이 먹느니라"고 대답하리라.

　어쩔 수 없이 되면 술 먹고 실성하고 집도 어린것도 잊어버리고······.

　씨의 《시여담(詩餘談)》이란 작품의 첫 구절인데, 이로써 보면 씨의 이 '어쩔 수 없이'는 실존의 불가항력을 의미하는 모양으로 씨의 '어쩔 수도 없는' 시간의 연속은 또한 그의 인생이기도 하다. 이러한 씨가 그의 고질 폐병의 재발로 이즈음 술은커녕 담배마저 끊기에 이르렀으니 하늘의 무심인지! 공평인지! 적막강산! 이것이 아마 오늘 술도 없는 씨의 심정이리라. 씨는 지금 병상에서 곰곰이 자기의 명정(酩酊) 20년의 갖가지 실태를 회상해 보면서 혼자 고소를 금치 못한다.

　청춘의 번열(煩熱)을 이기지 못한 결사적인 폭음과 그 울혈을 쏟기 위한 발작적인 실태 등 그의 열(熱)된 생명을 지탱하여 오기엔 필요악이기도 하였다.

　또한 이러한 필요악이 시인이라든가 예술적 개성이라는 참 비윗살 좋은 이름 아래서 호의로 관용되어 왔고 또 스스로 합리화시켜 왔다는 경이(驚異)할 후안무치(厚顔無恥)의 사실 앞에서 씨는 등골에 땀을 흘리는 것이다.

그러나 씨의 비애는 이런 외피적인 지각보다는 더욱 깊은 데 있으니, 신에게도 여인(인간)에게도 취(醉)치 못하는 그가, 이제 술의 가취(假醉) 상태에도 자기염오(自己厭惡)를 느끼기 시작한 것이다.

무영(無影) 선생 가다

 이미 유명(幽明)을 달리하여 더욱이나 영구(靈柩) 앞에서 내가 이 분을 안다면 얼마나 알 것이며 친했다고 고함쳐 본다손 이 가슴에 구멍처럼 뻥 뚫려 오는 허전과 슬픔이 메워지랴만.
 오직 이제는 선생의 만년(晩年)이 된 2년 동안 신당동에 이웃하여 살며 인생의 반장(우리의 애칭)으로 모셔 오면서 서로가 그의 인생고(苦)나 사회고를 어느새 무심히 넘길 수 없는 사이까지 되어 버렸던 나로서는 선생의 이번 급서(急逝)가 무엄(無嚴)한 말로 어느 연하자(年下者)의 비명(非命)처럼 가엾기만 하여 못 견디겠다.
 실상 작금년(昨今年)의 선생이란 돌아가시기 알맞도록(?) 인간에 향한 역정(逆情)과 생계의 격난과 건강의 부조(不調)와 창작상 고민의 연쇄(連鎖)였다. 성품으로 결코 허랑치 못한 선생은 이러한 속에서 자기 상실(喪失)을 누구보다도 두려워하여 인간반발(人間反撥)도 하여 보았고 낭만적 도피도 꾀하여 보았고 생활의 재전개를 시도해도 보면서 이것을 완숙의 전기로 삼으려 했으나 솔직히 토로하면 허사였다. 말하자면 그는 자기도 남도 달랠 수 없는 결벽과 정직과 성실 때문에 신음하다가 신음하다가 가엾게도 갔다.
 이것은 또한 그가 참된 작가였다는 증표요, 참된 인간이었다는 증거였기도 하다.
 나는 이승에서 자기를 내외로 완성한 위현(偉賢)을 부러워는 하나 오히려 성실히 신음하고 가는 인간의 편이며, 또 저승에 향하여서는 그들의 안식과 부활을 더욱 믿는다.

일전(日前)이었다. 내 서실(書室)에서 낮술을 대작하다가 말머리가 신간지(新刊誌)에 실린 '프랑수아 모리아크' 회견기(會見記)로 모아졌다.

선생은 그 좀 찡그린 얼굴에 입을 오므려 긴장하는 특징의 표정을 지으며,

"상(常)! 모리아크는 작품이 살아남는 게 아니라 인간이 살아남는다고 말했는데 어떻게 생각해? 큰소리는 큰소리인데 나 같은 것은 작품도 하잘것없고, 인간도 요 모양 요 꼴이니 어쩌지!" 하며 사뭇 비통한 어조였다.

나는 그때도 내 습성대로 허허실실 얼버무리며 "선생님! 작품도 인간도 안 남으면 어때요. 좋건 궂건 남으면 오히려 주체스럽기만 하지? 남았자 지상의 것과 그의 사후와 무슨 관계란 말예요."

게다가 덧붙여 내 득의(得意)한 취언(醉言)대로 "다 쇠용[所用]없어요! 없어!" 하고 말았다.

어쩌면 지금쯤은 벌써 선생은 나의 말대로 이 내 넋두리마저, 저 유족들의 아픔과 쓰라림마저, 아니 선생 당신의 그 크낙한 신음마저도 소용없이 되어 불안도 하실 것이다.

그러나 유가족을 비롯한 뭇 가슴의 애도와, 당신이 겸손과 성실로 쌓아 올린 문학적 업적과, 인간의 자상한 훈향(薰香)은······.

이 상아(常兒)가 선생 당신을 저승에서 만날 때까지는 남고도 남으리라는 확신으로 당신의 애용턴 만년필로 당신의 원고지 위에, 이렇게 흐느껴 긁적인다.

예술 정혼의 환기

1

 경주 석굴암에 가서 우리는 선인(先人)들의 석조불상을 감상하고 천의무봉(天衣無縫)의 예술이니 우리 예술의 정화(精華)니 하고 침이 마르도록 떠들어 댄다.
 과연 그 석조상은 천하일품임엔 틀림없지단, 이러한 예술의 정혼(精魂)을 이은 우리 자매예술인들의 오늘의 빈상(貧相)이야말로 자괴(自愧)를 금치 못한다.
 그러면 어찌하여 우리의 오늘은 이렇듯이 산란(散亂)만을 거듭하고 있는 것일까.
 혹자는 현대 예술과 그 예술인의 다양과 다면성을 논하기도 하고, 시대적인 각박을 빙자도 하고, 생활의 궁핍을 호소도 하리라.
 그러나 솔직히 한마디로 오늘의 우리 예술인들에게 가장 결핍된 것을 지적한다면 정혼의 결핍이요 예술적인 나태라 하겠다.
 좀 억설(臆說) 같으나 오늘이라도 어떤 조각가가 하루에 다섯 시간씩 30년만을 돌을 쪼아 보아라. 대리석이 아니라 강철이라도 떡가루 주무르듯이 수월해지리라.
 이러고 난 후에야 '미(美)의 신(神)'도 내려앉고 영감도 붙지, 덮어놓고 강짜로 무녀(巫女)의 '신장대' 잡듯 예술이라는 것을 붙잡고 신이 내려 떨기만 기다리니 이 어찌 황당무계가 아닐쏜가.

이러한 강짜 영감주의자들이 백주(白晝)에 횡행하면서 조작된 신령(神靈)으로 인간을 광기 속에 함입(陷入)시키고 있는 것이다.

여기에서 여담이지만, 저 제(齊)나라 〈왕과 화공의 문답〉이 한편 상기된다.

"무엇이 가장 그리기 어려운가?"

"개나 말 따위입니다."

"그러면 무엇이 가장 쉬운가?"

"도깨비를 그리는 것이 쉽습니다. 대저 개나 말은 사람이 저마다 잘 보아 알고 있으므로 기실 형상을 그리기란 힘들고 도깨비란 일정한 형체가 없으므로 그려 내기가 쉽습니다."

이 우화를 우리는 웃어넘길 수가 없는 것이, 오늘날 우리 사위(四圍)에는 이러한 예술의 자홀배(自惚輩)가 허다하기 때문이다.

자의식의 과잉이나 객기만을 가지고 현대 예술의 형상성의 다각다양(多角多樣)을 카무플라주하는 습성을 우리는 증오하여야 할 것이다.

우리는 물론 예술가들의 생활의 나태나 그 경영력을 힐책하려는 것이 아니라 오직 우리 예술인의 정혼력의 생동을 위하여 그들이 지닌바 오늘날의 타성과 그 합리적 변색에 성찰을 촉구하는 바이다.

2

우리는 툭하면 이 사회의 예술가들에 대한 푸대접을 탄식과 저주를 섞어 가면서 "아예 이 나라에서 예술을 한다는 게 오입(誤入)이다"라고 방언(放言)까지 한다.

그러나 돌이켜 생각하면 동서고금 어느 나라 어느 사회를 막론하고 예술가에게만 '특대(特待)생활'을 시켰다는 예가 없다.

그야 저 소련이나 북한 괴뢰(傀儡)나 공산국가들 아니라도 '어용(御用)에 의한 특대'가 없지는 않다.

모름지기 예술가들의 생활 역시 그 나라 국민 전체 생계에 비례하며 의거하여 좌우되는 것이리라.

이런 의미에서 오늘날 우리 국민의 구할(九割)의 처절한 생활 속에서 고대광실(高臺廣室)과 진수성찬을 탐냈자 무모한 일일 것이고 일찍 단념하는 것이 각자에게 이롭다.

한편 생활의 경영력과 예술적 능력이란 비례하는 것도 아니다. 괴테나 위고의 유복생활이 있는가 하면 베토벤이나 반 고흐의 궁핍생활이 있었고, 우리나라 예만 하여도 월탄(月灘)의 규모 있는 생활이 있는가 하면 동인(東仁)의 파탄이 있는 것이다.

이렇게 예술에다가 영욕궁달(榮辱窮達)을 결부시키는 천박(賤薄)을 우리는 자성해야 할 것이다.

내가 가깝게 훈도에 목욕하는 선배 한 분은 하루, 나를 붙잡고 개탄하기를,

"요즈음 그대들 세대의 소위 문사(文士)들이란 어버이 피땀을 갉아 글줄이나 배워 가지고 그래 인류와 민족과 이 사회의 향방(向方)과 향심(向心)을 위하여 글 한 줄 써 본 일 있나? 시니 소설이니 자의식의 독백 아니면 애욕·치정 또는 신변잡기니 이런 망할 꼬라지들!" 하고 내려 퍼붓는 것이었다.

우리는 물론 이 개탄투(套)를 액면 그대로는 받아들일 수 없으나 삼사(三思)하여 볼 때 우리의 예술 자홀(自惚)에 대한 일침이 아닐 수 없다.

저 20세기의 괴벽문호(怪癖文豪) 지드도 괴테 백주년제(百周年祭)에 바이마르에서 행한 연설 중에 "오늘의 예술가는 관객 없는 무대의 독기인(獨技人)이 아니요, 관중 있는 무대에 선 연기인이

다"라고 말하였다.

 오늘날의 우리 입에서 선명와주(蟬鳴蛙奏)되는 것은 풍조요 생활이요 질식이요 불안이요 절망이요 하지만, 우리는 보다 더 예술의 정혼을 환기하여 새로운 용력을 가지고 정진하지 않는다면 우리의 예술이란 백 년 새로운 제 형상을 보지 못한 채 휴면(休眠) 상태에 있을 것이다.

 왜냐하면 진정한 예술이나 그 작품이란 무엇(타력[他力]) 때문에 불성(不成)일 수도 없고 또 무엇(타력) 때문에 성취된 일도 없기 때문이다.

선의의 동공을 위하여
– 현대 작가정신의 성찰

"진리란 가장 귀찮고 슬픈 것이다" 르낭의 침 뱉듯한 말대로 오늘날 우리를 지배하고 있는 것은 이렇듯 진리와 광명, 선의(善意), 희망에 관한 절망이다.

프랑스의 가톨릭 작가 베르나노스는 《악마의 태양 아래서》의 주인공인 사제(司祭)의 입으로 "나도 이전에는 악마에게 승리는 못했더라도 대결하려는 투지만은 있었다. 그러나 이제는 악마의 발 아래 깔려 있다"—이렇게 표백비탄(漂白悲歎)케 한다.

과연 우리는 이제 모든 위악과 암운과 절망 속에 젖어서 생명의 길과 진리의 문을 부정하고 포기하기에 이른 것이다.

말하자면 르네상스 이후 우리의 인간정신은 인간의 악의 가능성에 대하여 이를 관심 통찰(洞察)하고 이를 강조하여 인간의 선(善)의 의지나 그 행동이나 그 실재적 가능성에 향해서는 맹목하고 무관심함으로써 선악마비(善惡痲痺)의 위기에 이른 것이다.

더욱이나 전화(戰禍)를 입은 한국의 현실은 극도의 피곤과 전도(前途)의 암울이 한데 엉켜 이성(理性)과 영성(靈性)의 눈은 쇠잔해 가고 오직 생존을 위한 본능적 쟁투에만 눈 뒤집혀 가고 있다.

그래서 인간의 상호 불신과 반목과 중상(中傷)은 서로 '죽일 놈' 천지요 '살릴 사람'은 하나도 보이지 않는다는 지옥의 통로만이 장만되고 있다.

그야말로 모 작가의 장편 제목대로 '악화만개(惡花滿開)'요 '악마의 태양 아래서' 우리는 모두 꼭두각시가 되어 춤추고 있다 하겠다.

이러한 현실상에서 우리가 묵상되는 것은 저 성서에 창녀에게 돌을 던지는 바리사이들의 질문에 응한 그리스도의 "죄 없는 자만이 쳐라"라는 교훈을 재음미하고 남의 허물에 던지던 돌팔매를 중지하고 서로 관서(寬恕)와 화목과 희생에 귀순(歸順)함으로써 죽일 놈 천지에서 살릴 사람 천지를 만들어야 할 것이다.

그러면 이러한 암흑 속의 정신과 현실상에서 작가의 동공(瞳孔)은 어찌 유지해 가며 무엇을 본분으로 삼을 것인가?

프랑수아 모리아크는 《소설론》에서,

"만약 소설가의 임무가 있다면, 가장 고매(高邁)하고 위대한 선의 속에 깊이 숨어 있는 배역(背逆)과 위악과 도회(韜晦)를 묘출해내는, 일방(一方) 타락하여 보이는 인간의 내부에 깃들어 있는 숨결의 숨은 원천을 조명하는 데 있다. 그렇다고 인간에게는 결정적으로 자기를 극복한 인간이 없지 않다. 말하자면 성자들도 현재에 살았으며 살고 있기 때문에 이들은 소설가에게 배속되어 있다. 그렇기 때문에 우리는 위대한 작가들이 성취하였거나 성취하려 들었던 거룩한 선남선녀들을 묘파(描破)하는 것을 주저치 말아야 한다. 많은 작가들이 이 인간의 성성(聖性)의 점을 그리는 권리만을 망실(亡失)하는 것을 주장하고 있는 것은 웬 말인가?"

이렇게 갈파하는 것이다. 모리아크의 말과 같이 우리 작가들은 오늘의 작품 속에서 혼미한 인간상을 같은 혼미와 악의의 동공으로 사실화(寫實化)할 것이 아니라 우리의 정신과 현실 속에 깊이 깃들어 있는 배역과 위악과 도회를 명백히 해석해 주며 투철한 선악의 동공으로써 악의 껍질 속에 깃들어 있는 인간 의지의 선한 원천과 그 가능성을 발견하고 발양(發揚)하고 예찬하여야 할 것이며, 나아가서는 정화된 인간의 입상(立像)을 현현(顯現)시켜야 할 것이다.

그럼에도 불구하고 오늘의 우리 작가들은 인간 탐색이라기보다 맹목적인 악의 탐색에만 열중하고 인간 내부의 조명에 있어서도 암울한 영상만을 묘출하는 것을 능(能)으로 알고 나아가서는 신문 기사적 악의 적발과 그 희화(戱畫)에 도취하고 있다.

그러므로 여기에서 제창하고 싶은 것은 먼저 선의 의지로써 세안(洗眼)된 동공을 작가들은 가져야 한다는 것이다.

여기에 선의란 이론적인 것이며 허세적인 것이 아니라 가장 소박한 인간들이 손쉽게 가지고 있는 신(神)과 생명과 인간에 향한 '꿈'과 '신뢰' 그뿐인 것이다.

이러한 '꿈'과 '신뢰'의 회복은 곧 우리 작가들의 구도(求道)의 불신, 진리의 불신, 인간의 불신 상태를 치료해 줄 것이며, 오늘의 휴머니즘의 망실된 악과의 대결력을 충족시킬 것이며, 작가의 감지력(感知力)은 인간 선의의 새로운 원동력이 될 것이다.

현대에 대한 인식

우리는 현대라는 말을 흔히 쓰고 있다. 양품(洋品), 식료(食料), 주택에 이르기까지 현대라는 관사를 붙여서 사물의 신선한 감각을 자랑한다. 우리는 현대에 산다고 누구나 생각하며 생활한다. '현대'는 인간, 의식, 상황이 과거와 판이하여 그 생활이념도 혁신되어야 한다고 생각한다. 또한 우리는 현대의 창조세계에 참여하고 있다고 믿는다. '현대'의 과학, 윤리, 예술은 그 구성원리나 가치관계에 있어 고전을 뒤엎었거나 최소한 이질적인 것으로 믿고 있다.

그러나 우리는 과연 현대에 대한 명확한 인식 밑에 책임 있는 행동자가 되어 있는 것인가? 이러한 자기 반문이 솟구친다.

이러한 사색의 실마리는 우리가 살고 있다는 현대의 생존 자체의 실제적 필요에서 우러나오지 않으면 거짓이다.

왜냐하면 현대에 대한 인식이 몽롱한 통념에 빠져 있거나 공백상태라면 우리의 생존이나 그 절실한 생존행위는 맹목과 불안만을 자아내기 때문이다.

실상 후반기에 살고 있다는 우리 각 계층의 생활이나 의식은 '전근대'로부터 현대에 이르기까지 각양각태(各樣各態)이기도 하다.

아니, 어찌 보면 그 생활이나 의식 상황은 차치하고라도 우리의 태반(殆半)이 동물적 본능만을 가지고 반사적으로 행동하며, 타성으로써 생활해 간다고 하겠다.

그러나 또다시 한번 살펴보면 이 본능적이요 반사적이며 타성적인 생존과 생활도 그 현실에 무수한 세계사적 영향으로 말미암아 조잡은 하지만 역사적이며 사회적인 세계 공동구조에 의식, 무의식 간에 작용하며 또 관여하고 있다.

그러므로 현대에 대한 인식의 불명(不明)이나 결여는 자기 존재에 향한 부정의 위험을 초래할 뿐만 아니라 새로운 세계상 형성에 암운을 파장한다고 말할 수 있다.

물론 우리가 지나간 한 시대의 역사상(歷史像)과 그 특성을 명백히 하고 가치를 판정 짓기에도 전문연구가들마저 주저하는 바이라, 더욱이나 현대에 살면서 현대를 적확히 파악한다거나 완전히 인식한다는 것은 불가능에 가까운 업무일 것이다.

내가 여기서 이야기하고 있고, 또 이야기하고 싶은 것은 그러한 난공(難攻)의 사가(史家)적 기술이나 방법을 탐구하며 제시하려는 것이 아니라 오직 현대의 생활자(행동자)로서 그 이념이나 문제의식만이라도 파악하고 추구하여야겠다는 점뿐이다.

이제 잠시 상식적인 것을 되풀이하자면, '현대'라는 낱말은 제1차 세계대전을 경계로 하여 구라파에서부터 '고유명사'화되었다.

이렇게 쓰이기 시작한 현대라는 명사는 어떤 시간적 과정이 아니라 당초부터 그 주어진 관념 속에 근대와 대립하는 엄격한 결별로서 이루어진 것이다.

이 솟아난 시대의식은 지나간 시대(근대)와의 단순한 정서적 이별이 아니라 새로운 각성과 책임 있는 행동과 창조를 결단하는 기치(旗幟)였다.

19세기 중엽부터 20세기 초두에 이르는 구라파인의 사색과 의식의 흐름 속에는 당시(근대적)의 사회와 문화를 지배하는 규범과 가치에 대하여 심각한 회의와 예리한 비판이 가해지고 인간성의 구출과 회복이라는 치열한 내적 요청이 욕구화되었다.

그래서 근대 시민적 생산양식에 기반을 둔 자본주의 사회의 내적 모순이 이모저모로 폭로되고 중세로부터 계승하여 온 기독교 윤리의 인간왜소화(人間矮小化)가 규탄되었다.

한편 모든 사색자들은 그들의 미래에 향한 운명을 점치면서 극복의 원리와 방법을 제각기 조상(俎上)에 놓고 갑론을박의 피나는 노력을 기울여 왔다.

이로 말미암아 그들이 최소한도 확보한 것은 개체의 자각과 그 권위였으며 합리적인 사회질서를 획득함으로써 이를 뒷받침하기에 이른 것이다.

그러나 제1차 세계대전을 경계로 하여 위기의식을 매개로 태동한 '현대'는 자기 불안의 해소는커녕 '메커니즘'과 '오르가니즘'의 함정에 빠져 허덕이면서 제2차 세계대전의 출현을 맛보았고, 이로써 근대와 고절(孤絶)된 내용의 자의식을 취득하기에 이르렀다.

즉 현대를 원자력시대로 의식함으로써 그 원자(原子) 병기(兵器)의 사용 경험으로 발생한 인류의 자멸공포는 근대의 문명과 문화에 향한 정신적 불안에서 인류의 생존과 전 문화에 이르는 각박하고도 직접적인 내용으로 발전되었으며, 한편으로는 우주정복이라는 인류사 미증유(未曾有)의 격렬한 열정과 희망을 북돋아 주고도 있는 것이다.

이러한 구라파로부터 야기된 범문제의식의 상황이나 근거 역시 단적으로 표시될 성질의 것이 아님은 물론이며, 새롭고 공동적인 세계상과 그 생활이념을 형성하기에는 각지각국(各地各國)에 고유한 역사적 현실의 다원적 차이를 어떻게 파악하며 어떤 시점과 방법을 통하여 이 현격한 차별을 소화하느냐 하는 것이 또 다른 문제로 대두하게 된다.

오늘날 전 세계의 사상가나 과학자나 실제가(實際家)들이 모색하고 검토하고 시험하는 것은 다름이 아니라 전 인류세계가 수긍하고 동의할 수 있는 현대상(現代像)의 형성 외에 다른 것이 아니다.

여기에 그러면 우리 입에 오르내리고 불안해하고 또 구가(謳歌)하는 현대란 어떤 것일까? 이로(理路)를 중지하고, 한마디로 '인식 이전(以前)'이라면 혹언(酷言)일까! 우리는 매양 현대에서 느끼고 얻는 것이라면 각 사물이나 이치의 전변(轉變)된 풍조에 향하여 경이(驚異)나 개탄이요, 맹목의 암울 속에서 불안해하고, 고작 문명의 이기(利器) 사용을 구가하는 정도요, 그렇지도 않으면 '샤머니즘'을 고유화된 전통의식으로 착각하고 고수하는 인사(人士)도 적지 않다.

서두에서도 강조한 바와 같이 현대에 대한 인식이란 삶의 가장 실제적이며 긴요한 내재적 요청이다.

만일 우리가 현대에 살면서 행동하고 참여하고 창조하기에는 현대에 대한 인식을 자기 실인생(實人生)의 제일의적(第一義的)인 과제로 삼을 수밖에 없다.

이것은 형식적이며 추상적인 관련이 아니라 역사적이며 구체적이며 현실적인 생활을 좌우하고 있다.

이런 의미에서 볼 때 현대를 안다는 것은 곧 현대를 산다는 것이 된다.

우리는 항상 세계사상(世界史像) 속에서 우리의 오늘을 비춰 보고 그 반영(反影)으로 각자의 생활이념이나 문제의식을 확충하고 추구해 나감으로써만이 우리의 현존을 맹목과 불안 속에서 구출할 수 있을 것이다.

데카당스에 대하여

　베를렌의 전기(傳記)를 보면 가톨릭교도인 그는 고죄실(告罪室)에서 신부에게 "그대는 축생(畜生)과 음란을 범치는 안 했는가" 하고 다짐을 받는다.
　이로써 우리는 그의 제자 '랭보'와의 난행(亂行)을 비롯하여 그의 생전 소행이 어느 만치 소란하였던 것을 짐작할 수 있다.
　그러나 그는 '근대시의 아버지'로 추앙을 받는다.
　데카당스의 종조(宗祖)로 불리는 보들레르의 생애는 말할 것도 없거니와 가까운 예로 일본의 다자이 오사무[太宰治]는 《굿 바이》라는 장편을 연재타가 그 인기의 절정에서 창녀와 정사를 하고 말았다. 그래도 일본의 고급한 평론가 가메이 가츠이치로[龜井勝一郞]는 "기독(基督)의 상(像)"이라고 침이 마르도록 칭찬하였다.
　우리가 여기서 언뜻 느끼는 것은 그러면 예술가들의 소행이란 이렇게 퇴폐 속에 깃들여도 무방하며 나아가서는 그 도수가 심각할수록 가상(嘉賞)할 것인가 하는 의문이 생기며 또 우리는 가끔 이러한 질의에 봉착한다.
　기실 데카당스란 과음(過飮)이나 하고 엽색(獵色)이나 하는 찰나적인 향락자를 의미함은 아니다. 가장 영혼의 신음 속에서 몸부림치고 갈증하고 통고(痛苦) 속에서 만신창이가 되는 가장 철학적이요 종교적인 상태인 것이다.
　그들에게는 자기의 정신적 입상(立像)을 행실화하려는 순도(殉

道)적 자세가 있으며 여기에서 오는 현실적 파탄에 자포(自暴)와 자학(自虐)과 자기(自棄)를 감행한다. 그들은 항시 원죄(原罪) 이전의 무구한 인간의 자유와 그 은총에 향하여 애절한 향수를 갖고 있으며 또 그러한 착각 속에서 행동하고는 한다.

좀더 저간 소식을 설명한다면, 시인의 가슴속에는 예식(禮飾) 있는 신사(紳士)와 원시적 야만인이 대좌대결(對坐對決)하고 있는 것이다.

원시인의 소박성은 창작의 원천이요, 문명인의 기술성은 그 양식을 결정 지운다. 이러한 면면이 더 성격적으로 나타난다. 우리 시단(詩壇)의 예로도 두진(斗鎭), 지훈(芝薰), 목월(木月) 등은 예절 있는 품성이 강조되어 있고, 정주(廷柱)나 명문(明文), 훈산(薰山) 등은 후자(後者)의 경우다. 여기에 그 조화된 인품으론 청마(靑馬) 같은 분을 본다.

그런데 우리가 여기서 한 가지 빼놓지 못할 것은 아직 성숙되지도 않은 세대들이 그들의 청춘홍역(靑春紅疫)으로 말미암아 겪는 찰나적 향락성을 예술을 지망한다는 명목하에 방약무인(傍若無人)을 자행(恣行)하는 예다. 물론 이들의 자의식 과잉이 그 객기가 애교가 되기도 하지만 그들의 밀회의 다전(茶錢)을 고민하는 것과 예술인의 데카당스는 얼토당토않기 때문이다.

마지막, 오늘 현대의 예술인의 자세로서는 이러한 '데카당스'의 상태를 지양치 않을 수 없다. 왜냐하면 오늘의 예술인은 어떤 개인 운명이나 구제(救濟)만을 배려하기엔 너무나도 이 인류적인 '오르가니즘'과 '메커니즘'의 자속(自束)과 자멸(自滅)에 대처하여 있기 때문이다.

오늘의 인식은 창작인의 직관(直觀)과 직정(直情)과 이러한 감성에만 호소할 수 없으며, 그들 어느 하나의 십자가적인 희생으로 해결될 수는 없기 때문이다.

　여기에 우리는 예술가들의 실재(實在) 감정보다 인류 공동적인 구제원리와 양식의 추구가 선행되어야 하기 때문에 자기(自己)와 타(他)와 인류의 공동적 여건에 먼저 승복하여야 할 것이다.

문필맹목

　가깝게 훈도에 목욕하는 R선배는 하루, 나를 붙들고 개탄하여 가로되 "요즈음 소위 그대들 세대의 문사(文士)들이란 어버이 피땀을 갉아 글줄이나 배워 가지고 그래 이 나라 민족과 국가를 위하여 글 한 줄 써 본 일이 있나, 없나. 그래도 문사랍시고 '선비 사(士)' 자를 붙이고 시니 소설이니 수필이니 긁적거려 놓는다는 것은 애욕과 치정이 아니면 신변잡기 또는 자의식이나 객기의 독백들이니, 이런 망할 꼬라지들 보았나" 하며 내려 퍼붓는 것이었다.

　우리는 물론 이 선구인(先驅人)의 강개(慷慨)를 액면 그대로 받아들일 수는 없으나 예술자홀배(藝術自惚輩)들이 지니는 역사적 민족적 사명에 대한 몰자각성(沒自覺性)에 경고가 되리라.

　R선배는 이어서 말하기를, "오늘의 기자들이란 것도 한심하기 짝이 없다. 우리들은 일제 때라 그랬는지 사호면 4호 1단까지 기사 하나를 쓰더라도 이 기사의 영향이 우리 민중을 어떻게 지향시키며 왜적(倭敵)에게는 어떤 저항을 가지고 올 것인가를 염두에 넣고 썼단 말이야. 그러니까 붓 한번 놀리고 글자 하나 넣고 빼고 하는데 심혼(心魂)을 기울였지. 그런데 그대들은 오늘날 아무러한 목적 의식과 필봉(筆鋒)의 책임도 없이 맹목적으로 2단짜리도 4단짜리도 재니[猿]가 줄을 타듯 쓰고 있는 걸세. 이러서야 어찌 사회의 목탁이며 무관(無冠)의 제왕이란 말인가."

　유구무언! 절절한 말이다.

사실이지 오늘날 소위 우리 문필인들이란 여러 가지 시대적이며 합리적인 자가변백(自家辨白)을 가지고는 있으나 의식 무의식 간에 문필의 자독행위(自瀆行爲)를 감행하고 있음은 부인 못할 일이다.

혹자는 예술의 고답성을 자긍(自矜)도 하려 할 것이고 혹자는 시대적인 각박을 빙자도 할 것이고 혹자는 생활의 궁핍을 호소도 하고 혹자는 세사(世事)의 초연(超然)을 본령으로 간판 삼기도 하리라.

그러나 세상이 어지럽든 깨끗하든, 먹을 게 있든 없든, 시대가 바뀌든 말든, 문필의 본령이란 구경(究竟)은 사상(思想)하고 표현하는 이외에는 없다.

그렇다면 이 사상과 표현이 어떤 조건 속에서든지 살아[活] 있느냐 죽어[死] 있느냐에 그 문필의 생명과 존엄이 결정되는 것이다.

아무리 희화(戱畵)라도 생동하는 영(靈)이 있으면 예술이요, 아무리 고답한 기예(技藝)라도 그것이 기예로만 그칠 때는 희화에 떨어지는 것이다.

저 20세기의 괴벽문호 지드도 괴테 백주년제에 바이마르서 행한 연설 중에 "오늘의 예술가는 관객 없는 무대의 독기인(獨技人)이 아니요, 관중 있는 무대 위의 연기인이다"라고 갈파하였다.

맹목의 암울
— 우리 지성의 불안감도를 중심으로

이즈음 우리 신세대 지성들의 입에서 널리 구가(?)되는 것은 불안과 절망과 위기의 의식이다.

단적으로 고민의 소재를 들추어 보면, 관념적으로는 물질문명의 메커니즘과 사상적 오르가니즘에 대한 질식이요, 현실적으로는 세계 원자(原子)전쟁과 북한 남침의 공포심이 그 초점이다.

주지하다시피 오늘 서구의 작가들은 이 문명의 자멸(自滅)과 사상의 자속(自束) 속에서 인간 생명의 새로운 활로를 위하여 여러 가지 실존적 제(諸) 문제를 제기하고 있고 또한 현실적 정치지도자들은 원자력의 평화적 이용과 전쟁 방지에 국제적 노력을 경주(傾注)하고 있다.

그런데 여기서 문제삼으려는 것은 우리의 그 감도(感度)의 출처와 문제인 것이다.

솔직히 말하자면 우리의 불안과 공포와 절망은 이러한 근저(根柢)와 근기(根氣)를 가진 고민이라기보다 지극히 혼동된 자의식의 파편 속에서 불안을 자각하고 절망을 체험 삼아 심지어는 현대는 불안하다니까 불안하고 이 불안을 전도(傳道)하는 것을 지성인의 상표로마저 여기고 있는 것이다.

그래서 그들은 모든 작품의 형상 속에서 어떤 인류의 제 문제를 제기하기보다 실은 자기 자신의 구제의식마저 포기하며 즐거이 판단정지 상태에서 생명의 실의(實意) 없는 창작, 즉 자독행위(自瀆行

爲)에 만족하고 있다.

　이러한 내면적 소식(消息)이 우리들의 생활상에 정비례하여 표면화되고 있으니, 즉 '사는 날까지 살다 죽지' 또는 '이번에 싸움이 터지면 어디로 달아나야 하는가' 하는 것이 항설(巷說)로 되어 이로 말미암아 각 개인의 정신생활이나 물질적 생계를 찰나 속에 의탁하고 향락주의 속에 타락시키고 있는 것이다.

　우리는 여기서 우리 지성인들의 정신적 거점을 반성하고 재발견하지 않으면 안 되게 된 것이다.

　이런 의미에서 우리는 겸허와 성실을 가지고 인생의 제1문답, 즉 '우리는 무엇 하려고 이 세상에 태어났는가' 하는 저 보들레르가 갈파한 '인류의 호기심을 최대로 자극시키는' 물음을 되풀이하여야 할 것이다.

　각 개인과 인류의 구제원리나 그 양식이라는 것은 어떤 추상적인 관념이나 거기에 따르는 자의식으로 분별되는 것이 아니며, 그렇게 지식욕의 객기나 창작의 직관(直觀)과 직정(直情)만으로 감득(感得)되는 것도 아니다.

　첫째, 서구의 무신론적 실존주의자들의 무신관념(無神觀念)이라는 것은 적어도 '적(敵[神])을 거부'하는 상태로서 우리와 같이 '신이야 있건 없건'이라는 공백 상태를 의미한 것은 아니요, 인간과 자연의 고절의식(孤絶意識) 역시 그 여건의 차이에 향한 명확한 인식 후에 오는 것이지, 우리와 같이 몰구상(沒具象)적 혼동의식 속에 놓여 있는 것은 결코 아니다.

　그러므로 생명의 무실감(無實感) 속에서 모든 기성관념이나 그 지식의 자기 굴절로써 자기를 맹목 암울케 하고 나아가서는 그 자홀(自惚)하는 작업행위들이 이 나라 이 사회의 사상과 풍조를 나락화(奈落化)하는 것은 얼마나 무서운 죄악이랴.

이러한 맹목된 불안의 감도야말로 우리를 또는 인류를 불안과 위기와 절망에 빠뜨리게 하는 것이라 하겠다.

아인슈타인 박사의 영면

20세기의 위대한 과학자 아인슈타인 박사가 대동맥 파열증으로 영면(永眠)하였다.

우리가 아인슈타인 박사의 서거(逝去)의 보(報)를 접하면서 문득 느끼는 바는 "여기 누운 저 무덤 속에 영웅호걸이 몇몇이더냐"라는 우리의 가사(歌辭)를 회상하면서 인생무상 속에 잠기는 것이다.

생전에 자기의 결심 여하로는 원자력을 가지고 이 지구를 파열시킬 수 있다던 아인슈타인 박사도 자신의 죽음 앞에는 실로 무력하게 순응할 수밖에 없었다는 사실을 상기할 때 우리의 고개 새삼스럽게 수그러지는 바 있다.

불로초를 구득(求得)하려던 진시황(秦始皇)도 죽고, 천하를 휘어잡으려던 나폴레옹도 죽고, 아인슈타인 박사도 갔다.

이러한 생로병사(生老病死)의 인간 여건을 뻔히 알면서도 눈을 뒤집어 가며 백지 한 장의 차이뿐인 영욕궁달(榮辱窮達)에 집착하여 허덕이는 인간군상(人間群像)이 관조(觀照)적인 눈에서 볼 때엔 가련타 하겠다.

영성(靈性)의 맹목에 의한 생명 마비! 이것이 오늘날 인류의 표정이다.

사상적인 대립관념에 의하여 모든 인간의 개체생명은 이념적 종복화(從僕化)하였고 과학문명의 고도화로 인간은 물질의 노예화하고 있으며 인류는 이제 스스로 '오르가니즘'과 '메커니즘' 속에서 전전긍긍하고 있다.

  인간이 자신의 영육 간의 여건, 즉 생로병사를 비롯한 자연법칙과 생명원리를 탐색하고 이에 향한 구제원리와 양식을 간직하는 것에 등한(等閑)하고 오직 생존경쟁과 그 양식의 발견에만 도취 골몰한 것이다.

  우리가 아인슈타인 박사의 영면을 접하면서 거인류(擧人類)적으로 묵상할 바는 이러한 영육 간의 인간 여건을 재확인하면서 모든 문명문화의 기초공사에 정신적인 재수선(再修繕)을 느끼는 것이다.

신라 설화의 인간상

우리는 흔히 전통과 유산을 자랑할 때 신라와 그 문화를 내세운다.

실로 화랑도, 향가(鄕歌), 공예 등 후인(後人)들이 그 정신과 기예를 본받고 계승해 나갈 특성이 허다한 바이나, 내가 여기서 주목하며 과시하고 싶은 것은 삼국을 통일하고 그 문화를 이룩한 장본(張本)의 인간상들이다.

손쉽게 우리는 《삼국사기(三國史記)》나 《삼국유사(三國遺事)》를 펼쳐 몇 낱의 인간들의 이야기를 추려 보기로 한다.

먼저 당대의 서정시인이었던 월명사(月明師)의 도솔가(兜率歌)편을 훑으면,

"경덕왕(景德王), 경자(庚子) 4월에 해 둘이 나타나 열흘 동안이나 없어지지 않은 변괴가 있었다. 일관(日官)의 아룀으로써 연승(緣僧)을 청하여 산화공덕(散花功德)을 지어 재앙을 물리치기로 하고 조원전(朝元殿)에 깨끗한 단을 모으고 왕이 몸소 청양루(靑陽樓)에 나아가서 연승을 기다렸다. 때마침 월명(月明)이 논두렁 남쪽 길을 가므로 사자(使者)를 보내 불러다가 단(壇)을 열고 기도문을 지으라 하였다. 월명이 아뢰기를 승(僧)은 국선(國仙)의 도(徒)에 속하여 향가를 알 뿐이요, 범성(梵聲[佛經文])에는 익숙지 못하다 하니, 왕이 이르되 이미 연승으로 뽑혔으니 향가라도 좋다고 하였다. 이에 월명이 가사(歌辭)를 지어 바쳤는데,—오늘 이에 산화가(散花歌)를 불러 뿌린 꽃아, 너는 곧은 마음의 명(命)을 심부름하여 미륵(彌勒)

좌주(座主)를 모셔라—하였더니 해의 괴변이 사라졌다."

이게 바로 저 도솔가다. 번문욕례(煩文辱禮)의 유가(儒家)정신이 배고 사대(事大)사상에 젖은 무리로서는 현대에서도 흉내도 못 낼 작위(作爲)들이다. 오늘날까지 서민제향(庶民祭享)에도 그 제문(祭文)의 귀격이 구설(口舌)의 표적이 되는데, 황차 당시의 왕의 친제(親祭)에서랴.

우리는 월명의 언행에서 그가 범성에 익숙지 못하다는 핑계(?)로 시인이 가질 바 국문(國文)에 향한 절대적인 애정과, 자존(自尊)과 개혁정신을 엿볼 수 있으며 가사의 간결하고도 직정(直情)적인 표현은 그의 신지(信地)와 지덕(至德)을 말해 주고도 남는다. 또한 놓치지 못할 것은 왕의 태도다. 꿩이 없으면 닭이라도 쓴다는 아주 허허실실한 태도로 어쩌면 괴이에 가까운 연승 월명의 소행을 그 지성(至誠)만 믿고 좇는다.

얼토당토않은 연상(聯想)이지만 국제펜클럽 도쿄 대회 때 우리 대표 모씨가 대일강경(對日强硬) 연설을 하고 나니 내 옆에 앉았던 외국 문학자 한 분이 "그 대통령에 그 문학자로구나" 하며 야유를 보내왔다.

월명은 '그 왕에 그 시인'이라고나 할까.

이번엔 세상이 잘 아는 삼국을 통일한 태종(太宗) 김춘추(金春秋)의 연담(戀談)을 하나 꺼내 보자.

"유신(庾信)이 춘추공과 같이 정월오기일(正月午忌日)에 자기 집 앞에서 공을 차다가 일부러 춘추공의 옷을 밟아서 옷끈을 떨어뜨리고 청하기를 내 집에 들어가서 달자 하였다.

공이 그리하였다. 유신이 맏누이동생 아해(阿海)에게 꿰매 드리라 하니 아해가 말하기를 어찌 사소한 일로 가벼이 귀공자를 가까이하리오 하고 사양하였다. 유신이 아지(阿之)에게 명하였다. 공이

유신의 뜻을 알고 드디어 상관하였다. 그 후부터 공이 자주 내왕하였다. 유신이 누이의 임신한 것을 알고 꾸짖되 네가 부모에게 고하지도 않고 아이를 배었으니 이 무슨 일이냐 하고 국중(國中)에 말을 퍼뜨려 누이를 태워 죽인다 하고 하루는 선덕왕(善德王)이 남산에 놀러 가는 것을 기다려 나무를 마당 가운데 쌓고 불을 질러 연기가 일어났다. 왕이 바라보고 무슨 연기인고 물으니 좌우(左右)가 아뢰되 아마 유신이 누이를 태우려고 함인 것 같다고 하였다. 왕이 그 연고를 물으니 대답하되 그의 누이가 남편 없이 임신한 까닭이라 하였다. 왕이 가로되 이것이 누구의 소위(所爲)냐 하였다. 마침 춘추공이 앞에 모시고 있다가 얼굴빛이 크게 변하였다. 왕이 말하되 이것이 너의 소위니 속히 가서 구하라 하였다. 공이 명을 받고 말을 달려가서 죽이지 못하게 하는 뜻을 전하고 그 후 곧 혼례를 행하였다.”

폭소가 터질 지경이다. 요즈음에도 각국 왕실의 비련(悲戀) 보도가 꼬리를 물거니와 자유연애나 결혼이 파탄의 상징처럼 간주되는데 이런 사고(事故)를 가지고 있다는 것은 얼마나 유쾌한 일이냐. 명장(名將) 유신의 지인지감(知人之鑑)에 우러난 연애 책모와 그 엄포도 엄포려니와 규중(閨中) 낭자를 임신시켜 놓고 시침을 떼고(?) 있는 춘추를 시켜 이를 구출케 하여 성례(成禮)케 하는 선덕왕의 그 관용, 모두 인간미 백퍼센트다.

이런 청춘을 지닌 태종이기에 원효대사(元曉大師)로 하여금 우리 국학(國學)의 개조(開祖)인 설총(薛聰)을 낳게 한다.

“사(師[원효])가 일찍이 하루는 춘의(春意)가 동하여 거리에 창가(唱歌)하여 이르되 '뉘가 자루 낀 도끼를 허(許)하려고, 내가 하늘을 버틸 기둥을 깎아 볼거냐' 하였다. 사람들이 모두 그 뜻을 알지 못하였다. 때에 태종이 듣고 이르되 '차사(此師)가 귀부인을 얻어

현자(賢者)를 낳고자 하는도다. 나라에 대현(大賢)이 있으면 그 이(利)가 막대하도다' 하였다. 때에 요석궁(瑤石宮)에 홀로 된 공주가 있었다. 궁리(宮吏)를 시켜 원효를 찾아 궁으로 데려가라 하니 궁리가 칙명을 받들고 찾을새 원효, 이미 남산(南山)에서 내려와 문천교(蚊川橋)를 지나다가 만났다. 사가 일부러 물에 떨어져 옷을 적시니 궁리가 사를 데리고 요석궁에 가서 옷을 갈아 말리고 인하여 거기 유숙(留宿)하였다. 공주가 과연 잉태하여 설총을 낳았다."

현인(賢人)의 소위(所爲)는 춘정(春情)마저도 나라에 대리(大利)라는 그 엄청난 신념, 광활한 인간의 포옹력이 삼국을 통일했을 것이다.

다음엔 노인헌화가(老人獻花歌)로서 우리의 드맑은 미녀풍정을 엮은 수로부인(水路夫人)의 설화다.

"성덕왕(聖德王) 때 순정(純貞)공이 강릉 태수로 부임하는 도중, 순행(順行) 여일(餘日)에 임해정(臨海亭)이라는 데서 점심을 먹던 차 해룡(海龍)이 홀연 나타나 부인(수로)을 끌고 바닷속으로 들어갔다. 공이 허둥지둥 발을 구르나 계책이 없었다. 한 노인이 있어 고하되 옛말에 여러 입[口]은 쇠도 녹인다 하니 이제 해중(海中)에 물건인들 어찌 입을 두려워하지 아니하랴, 경내(境內)의 백성을 모아서 노래를 지어 부르고 막대로 언덕을 치면 부인을 찾을 수 있으리라 하였다. 공이 그 말대로 하였더니 용이 부인을 받들고 나와 도로 바치었다."

그렇다. 중구(衆口)는 난방(難防)이요, 여론과 민심은 하늘의 것이다. 쇠도 녹고 용도 거역지 못한다. 오직 하늘 아래 대한민국 사회만이 여론이 무력하고 무능하고 무효인 모양이다.

이것은 서양 우화에도 비슷한 얘기가 있지만 이왕 여론 이야기가 났으니 기록해 본다.

"경문왕(景文王)이 위(位)에 오르매 귀가 갑자기 길어져서 나귀의 귀와 같았다. 왕후와 궁인들은 다 아지 못하고 오직 복두장(幞頭匠) 한 사람만이 알고 있었으나 평생에 남에게 말하지 않더니, 그 사람이 죽을 때에 도림사(道林寺)의 죽림(竹林) 속 무인처(無人處)에 들어가 대를 향해 외쳐 가로대 우리 임금의 귀는 나귀의 귀와 같다 하였다. 그 후에 바람이 불면 댓소리도 '우리 임금의 귀는 나귀의 귀와 같다'고 하였다. 왕이 미워하여 이에 대를 베어 버리고 대신 산수유를 심었더니 바람이 불면, '우리 임금의 귀는 길다'고 하였다."

참으로 전제자(專制者)들은 묵상해 볼 우화다. 제아무리 눈과 귀와 입을 틀어막아도 억제나 조작은 자연을 거부하지는 못한다. 시방 어느 죽림 속에서는 무슨 소리가 들려올는지?

그러나 인화(人和)가 순탄한 나대(羅代)에도 박해받는 문학자가 있었다.

"제51대 진성여왕(眞聖女王)이 임금된 지 몇 해 만에 유모 부호부인(鳧好夫人)이 그의 남편 위홍잡간(魏弘匝干) 등 3, 4총신(寵臣)들로 더불어 권세를 잡고 정사(政事)를 휘두르매 도적이 벌떼와 같이 일어났다. 국인(國人)이 근심하여 다라니(陀羅尼, 불가의 주문)의 은어(隱語)를 지어 써서 노상(路上)에 던지었다. 왕과 권신들이 얻어 보고 말하기를 이것은 왕거인(王居仁, 당시의 문인)이 아니면 누가 이 글을 지으랴 하고 거인을 잡아 옥에 가두었다. 거인이 시를 지어 하늘에 호소하니 하늘이 그 옥에 번개를 쳐서 면하게 하였다. 그 시에 가로되,

'연단(燕丹)의 피어린 눈물, 무지개로 해를 뚫고
추연(鄒衍)의 머금은 슬픔, 여름에도 서리를 내린다,
지금 이내 시름 그와 같도다,
아아 황천(皇天)아 어찌해 아무 표시도 없는가'

라 하였다."

　위 설화에서 보는 바와 같이 무고한 문인의 투옥마저 있었음은 사실이나 고려나 조선과 같이 잔인한 국문(鞠問)과 최후의 비극이 빚어지는 것이 아니라 하늘에 벼락이 쳐서 탈옥이 되었다는 격의 해피엔드를 보여 준다. 이것은 아마 삼권분립이 안 된 당시이기에 천우(天佑)를 가장한 인위력(人爲力)일 것이다.

　비극이 비극으로서 끝나지 않는다니 말이지 우리 고전시가의 삼대유보(三大遺寶) 중 하나라고 일컫는 처용가(處容歌)의 경우를 들자면,

　"헌강대왕(憲康大王) 시대에 동해용(東海龍)의 자(子)는 임금을 따라 서울에 와서 정사를 보좌하였는데 이름을 처용(處容)이라 하였다. 왕이 미녀로 아내를 삼게 하여 그를 머물게 하고 또 급간(級干)의 직(職)을 주었다. 그의 아내가 매우 아름다웠으므로 역신(疫神)이 흠모하여 사람으로 변하여 밤에 그 집에 가서 몰래 동침하였다. 처용이 밖으로부터 집에 돌아와 자리에 두 사람이 누웠음을 보고 노래를 부르며 춤을 추고 물러갔다. 노래에 가로되, '동경(東京) 밝은 달에 새도록 노니다가 들어 내 자리를 보니 가라리(다리) 넷이러라. 둘은 내해었고 둘은 뉘해언고, 본래 내하다마는 뺏겼으니 어찌하리꼬'라 하였다. 그때에 신(神)이 현형(現形)하여 앞에 꿇어앉아 가로되 '내가 공의 아내를 사모하여 지금 고오를 범하였는데 공이 노하지 아니하니 감격하여 아름다이 여기는 바다. 금후로는 맹세코 공의 형용을 그린 것만 보아도 그 문에 들어가지 않겠노라' 하였다. 이로 인하여 국인(國人)은 처용의 형상을 문에 붙여서 사귀(邪鬼)를 물리치고 경사를 맞아들였다."

　비록 설화와 민담일망정 그 경지에 탈속(脫俗)함이 이렇다.

　그러면 마금으로 설총(薛聰)의 화왕계(花王戒)를 적어 보자.

"신무대왕(神武大王)이 중하(仲夏)에 높은 궁실(宮室)에 계셔 총(聰)더러 이르되, '오늘 마침 비가 개고 바람이 서늘한데 진찬애음(珍饌哀音)이라도 고담선학(高談善謔)으로써 답답함을 푸는 것만 못하다. 반드시 달리 들은 바가 있을 터이니 어찌 나를 위하여 말하지 않는가?' 총이 가로대, '신이 들은 바, 옛날 화왕(花王)이 처음 오매 향원(香園)에 심었더니 삼춘(三春)을 당하여 곱게 피어 백화(百花)를 능가하였다. 이때 원근의 염령요영(艶靈夭英)이 모두 분분(奔奔)히 구는데 문득 한 가인(佳人)이 와 이름을 장미라 하고 천항(薦杭)코자 아양을 부리고, 또한 포의장부(布衣丈夫)가 와 이름을 백두옹(白頭翁)이라 하고 충직한 말을 하였다. 혹이 가로대 이 둘이 있는데 누구를 취하고 누구를 버리겠는가? 한즉 화왕이 가로되, 장부의 말이 도리(道理) 있으나 가인은 얻기 어려우니 어찌할꼬? 장부가 나아가 말하되, 나는 왕이 총명하여 이의(理義)를 안다고 왔더니 아니다. 임금이 되어 사녕(邪佞)한 자를 친근히 하고 정직한 이를 소원(疎遠)히 않는 이가 적었다. 그러므로 맹자(孟子)가 불우했고 풍당랑(馮唐郎)은 숨어 늙었다. 자고로 이러거니 낸들 어찌하리오! 화왕이 가로대 내 과오이다. 내 과오이다…….' 왕은 이에 얼굴빛을 서글피 하여 가로대, 이 우언(寓言)이 진실로 왕자지계(王者之戒)라 하고 적어 두게 하였다."

 어찌 이 정도의 이야기가 경탄(驚嘆)의 적(的)이 될까마는 하도 지당현관(至當顯官)에다가 "각하(閣下), 시원…… 운운"의 세상이고 보매 느낌이 새삼스러워서다. 하물며 우리 지성들의 무기력함이랴.

 적자면 한량도 없는 설화나, 화랑들의 풍류세어(風流細語), 민간에 유포한 민담, 또는 고승대덕(高僧大德)의 전기(傳記) 속에 그 화려하고 현란하기까지 한 고매(高邁), 관후(寬厚), 기백(氣魄), 섬세

(纖細)를 갖춘 인간상들이 부조(浮彫)되어 있어서 오늘날 우리의 빈상(貧相)을 수치에 몰아넣는다.

인간의 불신 시대라는 현대에서 더욱이나 서로서로가 모두 '죽일 놈'이고 '살릴 사람'은 하나도 남지 않은 듯이 훼방과 중상과 모략 속에 허덕이며 빈곤과 강압의 도탄에 헤마는 이 나라 이 고장 우리에게는 위에 보인 일사(逸事)들이 우리 선조였나 싶은 의문이 일어날 지경이다. 그러나 저 유사(遺事)들이 과장 윤색(潤色)되었건 말았건 그런 아름답고도 넉넉한 피를 받은 후손이 바로 우리임에는 틀림없다.

이래서 우리는 우리의 역사와 문화를 자랑할 것이 아니라 그 문화와 역사를 어떻게 살리느냐에 디오니소스적인 정열을 기울여야 할 것이다.

혁명 이후의 새로운 문화적 입장

-4·19 직후 대구의 '매일신문사' 대담에서 문화계에 당면한 제 문제를 다음과 같이 피력 언급하였다.

문학 · 혁명 · 양심

문: 혁명 이후 저희 신문을 위해서 선생님을 뵈온다는 것은 여러 모로 기쁘고 의의(意義) 있는 일이라 생각합니다. 혁명 이전에는 무척 아슬아슬한 고비를 겪으면서 쓰고 외치고 하셨는데, 앞으로도 더욱 선생님의 발언이 필요할 줄 생각합니다.

이번 혁명을 통해 대다수의 문인들이 침묵을 지키고 비행동적이었다는 비난인데, 선생님은 문학과 행동이란 문제에 대해 어떻게 생각하십니까?

답: '문학인의 행동'과 '문학작품 속에 있어서의 행동성'을 개념상으로부터 모두 오해하고 있는 것 같더군요.

문학과 행동에는 시민적 행동과 작품으로서의 행동성 두 가지로 나눕니다.

문인은 문인이기에 앞서, 하나의 시민이며 시민 중에도 지성을 지닌 자각인(自覺人)으로서 사명감이 있는 거지요.

그래서 이러한 책무감(責務感)이 시민행동의 선두에 서며 극성적이어야 합니다.

그런데 어제까지는 시민들보다 더 약하고 비열한 형편이었지요.

또 작품 속에 행동성이란 어디까지나 합리적인 것이나 공리적인 것이 아니라 창조적이요 오리지널한 것입니다.

문: 문학계의 노소장(老少壯) 일부에서 한창 자유당선거유세(自由黨選擧遊說)를 할 무렵 〈새벽〉지 2월 호엔가 조지훈(趙芝薰) 씨의 〈지조론(志操論)〉을 보고 감격하는 한편 이와 같이 거대한 정치적 현실 앞에 너무나 힘없고 약한 반항이 아닌가고 불안하기도 했는데, 혁명을 겪고 보니 역시 미미한 것 같지만 이런 글의 힘과 영향은 크다고 하겠지요?

답: 계산적으로 쓴 것은 아니겠지요.
원래 이번 혁명은 정치제도나 사회기구에 대한 혁명이 아니라 불의와 불법에 대한 반발이요, 양심과 정의를 희구하는 도덕혁명이었으니까요.

문: 선생님의 이번 혁명관을 좀 말씀해 주세요.

답: 금방 말했듯이 이번 혁명은 한마디로 도덕적 혁명이라 할 수 있습니다.
그래서 이 혁명에서 찾은 것은 양심이며 앞으로 우리가 찾을 것은 국민생활의 양심의 유열(愉悅)과 도덕적 충족입니다.
또한 이번 혁명은 구호 자체부터가 민족의식이나 국토(國土)의식을 떠나 인간의 자유와 존엄성을 추구한 것이었으며 근대정신이 치를 수 있는 명제와 모럴을 늦게나마 자력으로 쟁취한 것입니다.
이런 의미에서 우리는 우리 머릿속에 배태하고 있는 전근대적 의식을 말끔히 배제해야 할 것입니다.

문: 이번 혁명을 아주 비관시하는 경향도 있는데 선생님은 어떻게…….

답: 그건 난센스지요. 또 카프카의 말마따나 "성급과 나태"로 인한 주문(註文)입니다. 혁명 자체를 하나의 목적으로 삼고 거기다가 절대치를 부여하는 데서 그런 비관론도 생기지만 혁명은 어디까지나 목적이 아니라 수단과 방법이요, 국민 각자의 소신과 분업을 정상적으로 진전 발양시킬 계기를 만들어 놓았다 뿐이니까요.

전통의 발견과 숙명성의 탈피

문: 여태는 그럴 가능성조차 없었지만 이제는 옳고 그름을 발언할 수 있는 분위기는 마련되었으니 제2의 저항정신이라는 것이 있어야 하지 않을까요?

답: 글쎄, 새 정신의 대체라기보다 내면적인 자기 변모가 있어야 하지 않을까요? 과거에는 문인들의 '눈'이나 그 정신이 부패한 세태에 용해되어 마비되었거든요. 그래서 거기서 생기는 통념만으로 인간이나 사물을 작품에 형상화했단 말이에요. 때문에 작품이나 문학정신이 저조했다고 봅니다. 앞으로는 인간이나 사물에 대한 내질(內質)적 탐색으로서 새로운 인간입상(人間立像)이나 모럴 수립이 긴요하리라 생각합니다.

문: 과거 문인들이 충분한 작품활동을 못한 이유로는 현실타협에서 오는 것이라고 보십니까? 혹은 작가 자신의 내적 소양이 없는 데서 기인한다고 보십니까?

답: 이(李)정권 때문에 못 썼다는 것은 빨간 거짓말입니다.

자유는 남이 보장해 주는 것이 아니고 자신이 쟁취하고 향유하는 것입니다. 가까운 예로 파스테르나크가 있지 않습니까? 또 《제8요일》의 마렉 플라스코도 무시무시한 공산 치하에서 그와 같이 훌륭한 작품을 썼거든요?

작가들의 소양도 소양이려니와 도무지 현더인식이나 역사의식이 희박하고 사상적인 바탕과 전통의 배경도 없고 이건 뭐 한두 가지가 아니지요.

문: 요즘 한국 문학은 침체하고 저조하다고들 이르는데, 이 한국문학을 좀먹는 독소는 무엇일까요?

답: 한국 문학에 가로놓인 문제는 실로 복잡다기(複雜多岐)합니다. 어디서부터 말해야 할지?

문: 이런 문학적인 현실에 비추어 작가에게 주어지는 새로운 과제는 어떤 것이라고 생각하십니까?

답: 작가는 새로운 인간의 입상을 창조해야 합니다. 지난날에 풍겨 준 너무도 짙은 숙명성과 소요(逍遙)정신을 탈피하여야지요. 그러기 위해서는 보행보다도 사색의 시간이 많아져야 합니다.

문: 한국의 문학정신, 즉 한국인으로서 역사적 체험을 세계적인 보편성으로 연결시키는 주체정신(약간 비판의 여지는 있으나), 예를 들면 서정주(徐廷柱) 씨의 신라정신 같은 것이 있어야겠는데 이 정신은 무엇이라고 보십니까? 또 그것은 명확한 것은 아니더라도 어

떤 방향으로 정해지면 좋겠습니까?

답: 예술의 양식론(樣式論)적 의미에 있어서는 한국의 고유미나 정서의 발견과 개척이 있어야 합니다. 이를테면 우리 역사상의 각 시대의 인간상 연구를 거쳐 우리 민족성의 장단점을 캐어 나가며 또한 연면(連綿)이 흐르던 고유적인 민족정서를 안정화하여야겠지요.

또 세계성이라는 문제는 우리가 처해 있는 전근대적 현실을 역사적인 제(諸) 현존과 어떻게 조화시켜 민족의 갈망이나 불행이 인류 전체의 그것과 어떻게 관련되느냐라는 점이 탐색되어야 하는데, 문학상의 이념과 방법론을 수립하는 데 있어서 로컬 컬러(지방색)나 샤머니즘에서도 벗어나야 하지요. 그런데 특히 말하고 싶은 것은 젊은 문학도들의 자의식 과잉으로 범하기 쉬운 오류입니다.

문: 해외 문학의 동향에 민감하다고 할까, 유행을 잘 따른다고 할까, 한때, 너도 나도 엘리엇 연구가처럼 행세했잖습니까?

답: 자의식 과잉으로 문화 소아병적인 지식에 흥분해서 그런 것입니다. 지성을 갖춘 신세대들의 제일의적 과제는 현존에 향한 주체 파악입니다.

대북 문화교류에 대하여

문: 요즈음 대북 문화교류 문제로 곳곳에서 찬부양론(贊否兩論)이 일어나 화제의 중심이 되어 있는데, 이 점에 대한 선생님의 의견을 좀 말씀해 주세요.

답: 이북과의 문화교류라니 당치도 않은 말입니다.

그건 정객(政客)이나 소위 지도자들의 현실적 무지를 말해 주는 것밖에 아무 소득이 없어요. 벌써 서로의 이념이 다른데 무슨 교류가 됩니까? 문학만 하더라도 공산당에 복무하는 기계주의적인 문학과 민주주의 국가에서의 창조문학이 어떻게 교류할 수 있습니까? 이념적인 문화교류는 제쳐 두고라도 이북과는 인사교류도 불가능합니다. 아 글쎄 이번 4·19 때는 마치 저희들이 혁명의 불을 질러 이룩한 것으로 생각하고 인민재판을 열어 부재자(不在者) 재판도 했답니다.

모윤숙(毛允淑), 구상(具常), 이어령(李御寧) 등에 이르기까지 모두 사형선고가 내려졌답니다.

이런 따위들과 어떻게 문화의 교류를 꾀할 수 있어요? 물론 무력을 쓰지 말고 정치적인 통일을 하고 싶다는 것은 누구 할 것 없이 이 민족 하나하나의 비원(悲願)이 아니겠어요.

그러나 그건 현재까지의 국제 정세로는 도저히 이루어질 것 같지 않지요.

또한 이념보다 민족의 혈연이 선행(先行)한다는 세계 사조(思潮)에 몰이해한 논의도 있지만 나는 차라리 "단일민족이니 통일하여 중립을 지키자"는 이야기라면 그 표방(標榜)만이라도 뚜렷하여 아무리 감정론이라도 이해할 수 있지만 문화교류로써 문화공세(文化攻勢) 어쩐다든가, 또 민족당위설(民族當爲說)은 이상주의라기보다 오히려 과대망상이라고 하겠지요.

문: 문화교류가 문화공세라는 적극적인 의견은 또 하나의 의견으로서 입지의 여지는 있겠으나 얼마 전 MIG기로 귀순해 온 정낙현(鄭洛賢) 소위의 이야기도 있듯이 상대방은 금년을 전쟁준비완료

의 해라고 방언(放言)하고 있다니 실제 문제로서는 어렵겠지요?

답: 어떤 명목을 갈아 보았던들 지금과 같은 상태에서는 다 공염불(空念佛)이며 불가능한 이야기지요.
북한의 상황이나 국제 정세의 변전(變轉)이 있기 전에는요.

일본에 향하여 이것이냐 저것이냐

문: 남북 문화교류 이야기가 났으니 이와 비슷한 일본과의 경우를 생각해 보도록 할까요. 30, 40대는 모두 일본에 대해 일종의 '노스탤지어' 같은 감정, 또 30대 미만층은 겪지 못한 것에의 동경심으로 일본과의 교류를 원하는 사람이 의외로 많은데 선생님은 어떻게 생각하시는지요?

답: 일본문제는 대이북(對以北)문제와는 좀 다르지요.
전면적인 봉쇄는 할 수 없고, 해서는 안 되겠지요. 그러나 무목적하고 무계획하게 또는 상고(商賈)적인 데서 덮어놓고 받아들이는 것도 경계해야 할 일이지요.

문: 여기에 대해 선생님이 생각하는 방법 같은 것을 이야기해 주시지요.

답: 구체적으로 두어 가지 들어 본다면 첫째, 대학에서 영문학이나 불문학을 전공하는 학과를 두고 연구하듯이 일본 문학을 연구하는 학과를 두면 좋겠지요.
즉, 일본어 일본문학과(日本文學科) 같은 것, 그래서 일본 문학을

하나의 외국 문학으로 대등한 입장에서 연구 검토해서 받아들일 것은 받아들이도록.

둘째로는, 그곳에서 인기 있는 작품이니 무슨 문학상을 수상한 작가나 작품만을 마치 유행을 좇기에 바쁜 여인처럼 성급히 흡수하고자 하지 말고 일본 근대문학이라도 고전(古典)이 될 만한 것부터 차근차근 정상적으로 받아들여 우리 문학의 거름이 되도록 소화하는 원대한 계획과 자각이 있어야 할 것입니다.

문: 그런데 문화교류란 수수(授受)의 밸런스가 잡혀야만 비로소 성립되는 것이 아닙니까? 괜스레 외국 문화를 받아들이기만 하고 이것을 거름으로 가꾸어야 할 토양의 준비조차 없다면 오히려 문호를 개방 않는 것만도 못한 결과가 되지 않을까요? 특히 한일 간에서는?

답: 이(利)가 취해진다면 다행이지만 수혜국(受惠國)이 되기는 누구나 싫거든요.
그러니 아까도 말한 것처럼 계획성 있는 교류가 필요하지요.

문: 일본서적의 값이 인하되고 벌써 일본문학전집이니 전후(戰後) 문제작이니 하고 속속 출판되고 〈사요나라〉 같은 미일(美日) 합작 '영화'도 곧 상영된다고 하는데 이렇게 되고 보면 우리 출판계나 영화계를 비롯한 각 분야선 타격이 클뿐더러 막대한 지장과 손해를 받게 되지나 않을까요?

답: 여러모로 많은 영향을 받게 될 것입니다.

문: 이런 걸 막기 위해서 무슨 국가적인 시책이 있어야 하지 않을까요?

무슨 통제령을 발포한다든지 등의……

답: 그 점에 관해서 나는 이번 참의원(參議員)에 당선된 여러 문화인에게 바라고도 싶고 또 개인적으로 제안·권고할 생각도 하고 있습니다.

다름이 아니라 문화의 확충과 보편화를 위해서 또 지금 논의된 대일본 문화교류와 같은 제 문제에 관한 문화정책을 참정(參政)한 문인들이 자꾸자꾸 수립해 줄 일입니다.

수가 적기는 하지만 그러한 법안을 곧장 내어 걸고 정치인의 관심을 문화면으로 이끌고 거국적인 문화정책 수립에 힘써 주어야 할 것입니다.

문학인과 정치참여의 전망

문: 아까 참의원 이야기가 나왔는데, 이번 초대(初代) 참의원에는 정치인뿐만 아니라 문인이 많이 당선되었는데 이러한 문인들의 참정문제를 어떻게 생각하십니까?

답: 참의원(參議院)은 직능(職能) 대표기관이니 더 많은 분야에서 더 많은 문화인이 들어가야 합니다.

이들은 학자나 작가로서 참정하는 것이 아니라 오늘날까지 그 분업 속에서 도야(陶冶)해 온 인격과 현실파악의 날카로운 눈으로 참여하는 것이니 남을 순화시키는 역량이 있어야 하며 정치작풍에도 '플러스'되는 것이 있어야 합니다.

문: 이분들이 우리 문화를 위하여 투쟁하자면 아무래도 개개인의 힘으로는 힘들겠고 집단화할 필요가 있지 않을까요?

답: 자기들의 원내(院內)집단은 불가능한 문제이지만 원외(院外)의 문화적인 엄호세력이 필요한 것은 당연한 일이지요.
오늘날의 문화는 역사의식과 오르가니즘에 투철하여야 하기 때문에 공산 치하에서뿐만 아니라 집단의식이 필요한 것입니다. 옛날부터 뛰어난 일을 이루어 놓은 천재들은 자기 스스로만의 힘으로 그렇게 된 것이 아닙니다.
문화의 평면적인 레벨의 상승에서 그중 하나가 영광을 차지하게 되는 것입니다.
그러니 참정한 문화인들도 문화의 평면적인 뒷받침 없이는 일할 수 없어집니다.

문: 참 좋은 말씀이라고 생각됩니다.
그런데 그 문화의 평면성을 올리는 구체적인 방법을 좀……

답: 자발적으로 이루어지기는 힘들고 역시 국가적인 정책이 뒷받침해 주어야 합니다. 가령 충분한 예산과 계획으로 각 지방에 문화인들을 파견하여 그 지방의 문화센터나 서클 지도를 맡긴다든가…… 진주에서 개천절이면 해마다 개최되는 영남예술제(嶺南藝術祭) 같은 것이 얼마나 문화의 평면성을 높여 즈는 것인지 모릅니다.

문: 여러 가지 감사합니다. 마지막으로 하시고 싶은 말이 있다면……

답: 대구에 초급대학 정도의 예술학원이 생기면 얼마나 좋을까요. 적어도 대구에는 예술적인 분위기나 교육면으로 보아 예술학원이 생길 충분한 조건을 갖추고 있습니다.

예술학원을 만들어 대구 주변에서 무위(無爲)하게 소요(逍遙)하고 있는 문인들을 활용한다면, 첫째 그들 자신의 생활문제를 해결하는 것이 되고 자신들의 연구생활도 한층 고무될 것이며 후배 양성의 보람도 갖게 할 수 있습니다.

대구대학이나 청구대학 같은 사립대학에서는 부설학원으로 능히 설치할 수 있을 터인데…….

문화도시라 불리는 대구에 예술학원 하나 없다니 말이 됩니까.

제2부

문사생활

관수재 단상 초
참담한 이해
가문 자랑
내 고향 원산 자랑
기차 통학
무등병 행각기
젊은 세대 논란
생활의 정감
진혼의 길
문사생활
세사 기일국
기적과의 여행
신문의 공정
전우라는 것
여성에게 보내는 세 통의 편지
문화예술인의 자세

관수재(觀水齋) 단상 초(斷想抄)

1

소위 '시인'이란 영광된 칭호를 뻔뻔스레 30년을 누려 온다. 만일 이대로 내 삶이 끝난다면 나는 일생을 가짜와 사기로 산 것밖에 안 된다. 나에게 있어 이보다 더 끔찍한 사건이 있을까?

2

물에 빠진 자는 헤엄을 잘 친다든가 못 친다든가 문제가 아니다. 어찌해서든지 헤어서 살아 나와야 한다. 저 각오로 나는 남은 생애를 시를 써야 한다.

3

내가 명기(名器)가 아님은 나 자신이 잘 안다. 그러나 나의 열된 생명을 달리는 조율(調律)할 수 없기에 시를 쓴다.

4

이 세상에서 아마 한국의 시인만큼, 아니 한국인 중 나를 포함한 시인이란 명목의 인간만큼 게으름뱅이는 없을 것이다. 머리로 생각한다는, 혹은 영감이 떠 올라와야 한다는 그실로 안일과 방념(放念)에 서성거린다. 그들에겐 집중(集中)과 집적(集積)의 일과가 없다. 돌이켜 보자! 저 돌산의 비지땀을 흘려 정을 쪼는 석공의 일심불란을, 권투선수의 '트레이닝'의 열중을, 아니 저 상인들의 불이 튀는 경매(競賣)를!

5

시를 쓰는 상태란 암중모색이라는 게 정직한 표현이 될 것이다. 오직 부연 방향감각만이 있을 따름이다.

6

나는 참선(參禪)을 하듯 시를 쓴다고 할까! 대번에 어떤 깨달음을 얻지 못하나 나의 시계(視界)는 차츰 밝아지고 확대되어 간다.

7

시작품은 두 가지로 구분할 수 있다. 무정란(無精卵)과 수정란(受精卵)으로—'테크닉'으로만 써진 무정란의 시는 그 자체로서 생명을 잃고 말지만 정혼(精魂)을 기울여 써진 수정란의 시는 독자들에게 새 생명을 부화시켜 간다.

8

시는 사물을 묘사하는 것이 아니라 사물의 실재를 밝혀내는 것이다. 그러나 그 실재를 또다시 정서로서 구상(具象)의 새 옷으로 갈아입혀야 한다. 벌거숭이의 실재는 시나 예술이 아니다.

9

나는 불행을 자각할 때 시가 써진다. 이것은 나의 특성일까? 그러나 여기서 불행이란 근원적인 것을 의미하여서 현실적인 잡념이나 번뇌는 오히려 시작(詩作)을 방해한다.

10

진선미(眞善美)가 실재한다는 확신! 이것이 시의 신앙이기도 하다.

11

향락은 지치고 물린다. 일은 지치지만 물리지 않는다. 더욱이나 창조적인 일, 시에 있어서야 할수록 발견과 의지가 소생된다.

12

너 어떻게 바른 사람, 착한 사람이 될까 애쓰지 말고 일에 전념하

라. 그러면 반드시 바르게도 되고 착하게도 되리라. 또 권태와 비애, 고민과 열등감도 일함으로써만 무산(霧散)시킬 수 있다.

13

어린이는 젖을 가지고 성장하고 어른은 일을 가지고 성장한다. 자기 자신의 일과 그 능력 없이는 사회의 협동도 불가능할 뿐 아니라 만일 어떤 도움이 있다면 그것은 동정이나 구걸이다.

14

선행(善行)을 한두 번 하기는 어려운 것이 아니다. 어떤 악인도 때에 따라서는 이를 행한다. 오직 이를 계속하는 선행생활이 어려운 것이다.

15

참는다는 것은 강자(强者)에 향해서는 쉽다. 깊이 살피면 이는 굴종을 뜻하기 때문이다. 참된 인내란 약한 것에 향한 강자의 자제(自制)를 가리킴이다.

16

이제까지의 나의 선(善)이란 성명(性命)의 약함에서 이루어졌다. 이제부터는 성명의 강함에서 선을 행해야 한다. 처방은 의지력!

17

인고(忍苦)는 입 밖에 낼수록 힘을 잃는다. 어떤 내실(內實)이나 그 극복을 위하여는 침묵의 인내뿐이다. 흐르는 물이 발전(發電)을 못하듯이.

18

인간의 선린(善隣)을 방법으로 알지 말고 목적으로 삼아야 한다. 이것이 사랑이란 말보다 더 뚜렷하다.

19

나는 인간에 대한 이해와 인간의 해방을 시대적 '테제'와 '안티

테제'로 보는 게 아니라 역사적인 상(像), 영원의 상, 본연의 상(相)으로서 보려는 것이다. 이것은 물론 종교적일 수는 있지만 종교를 포함한 어떤 기성관념일 수는 없다.

20

불이(不二)란 모든 생명의 약동 속에만이 이루어지는 그 인식이다. 그렇지 못할 때 모든 사물은 대립한다.

21

'이심전심(以心傳心)'은 어렵지만 대화는 더욱 어렵다. 마치 고통을 나누기보다 기쁨을 나누기가 더 어렵듯이.

22

나는 오늘까지 마음속에서 '노'를 하면서 입으로 '예스'를 얼마나 많이 하였는가? 이 반대 역시.

23

진실로 고민하는 자는 절망하지 않는다.

24

절망마저도 이야기할 기력을 상실한다면 미래는 없다. 이와 반대로 절망을 이야기할 때는 아직 삶의 의욕이 있다는 증거다. 또한 절망의 노래는 뉘우침을 동반한다. 뉘우치는 자는 용서받은 사람이다.

25

내면의 문제의식이 없는 인간은 가치 있는 인간이라 할 수 없다. 모든 것에 화해로 임하든 반감으로 임하든 간에—.

26

나를 비롯한 우리의 낡은 세대는 마치 생명의 위축을 생활의 건전이라고 생각하는 면이 있다. 그것은 우리의 불행한 시대가 우리로 하여금 생활을 '쓰라린 것'이라는 '레테르'를 붙여 놓았기 때문이다.

27

소외된 인간을 인간의 좌(座)에 돌이켜 앉히기 위한 노력이 특히 소설의 본령이다.

28

"돌이나 나무는 나를 가르치지 않으나 거리의 사람들은 나를 가르친다(소크라테스)" 유럽 사상의 원조인 그의 발상부터가 이렇듯 인간중심적이다.

29

서양적인 위대에는 비장(悲壯)함이 있다. 동양적인 지혜에는 비극의 내음이 없다. 소크라테스와 공초 오상순을 상기하라.

30

오늘의 세계의 전쟁이나 빈부나 강약과 같은 모순을 따지고 보면 개인의 내부에 스며 있는 모순의 반영이다. 38선도…….

참담한 이해
– 우리 내외를 말한다

이제는 누구의 말이었던지도 기억이 안 나지만,
"연애는 아름다운 오해요, 결혼생활이란 참담한 이해다"라는 갈파에 아주 감탄한 적이 있다.

실상 우리 부부는 연애결혼도 아니지만 연애든 중매든 남녀의 결합이란 스탕달의 말대로 소금도 보석으로 보이는 오해로써 이루어지고 있음은 부인 못할 사실이라 하겠다.

이제는 스물여덟 해 전이나 된 얘기지만 우리 내외가 가톨릭 신부인 내 형님 교회의 전도사를 중매로 하여 만났을 때 한낱 문학지망의 신문기자인 나와 갓 인턴을 끝마친 의사였던 아내는 우리의 결합이 시와 과학의 이상적 구현이 될 것을 꿈꿨던 것이다.

아니, 좀더 솔직히 말하면 나도 아마 그녀에게 폴 클로델에 쌍벽할 동방의 거룩한 시인이 될 것처럼 다짐했을 것이고, 그녀도 퀴리 부인에 비견할 이상적 아내가 될 것처럼 최소한 나에게 그런 오해를 일으키게 하였던 것이다.

그런데 오늘날 나는 이런 글줄이나 쓰는 문사가 되고 말았고 아내 역시 돌팔이 개업의로 명맥을 유지하고 있는 게 고작인 게다.

더욱이 시인과 과학자의 이상적 결합이라는 그 착각은 일찌감치 그 본색이 드러나기 시작했는데 전공분야의 상반(相反)이 실제 부부생활에 있어 얼마나 많은 인생사에 견해 차이와 감정의 위화(違和)를 가지고 오며 그것을 극복해 나가기가 얼마나 힘든가 하는 것은 체험 당사자들만이 안다고 하겠다.

극단적인 예를 하나 들면, 나는 대체적으로 양의(洋醫)보다는 한의(韓醫)를 숭상하고 또 아내의 처방이나 그녀가 조제한 약을 쓰기보다는 매약으로 때우는 버릇이 있는데 이야말로 의사로서의 그녀에 대한 전면적 부정의 표시라 하여도 과언이 아니겠다.

그러나 그녀는 이러한 나의 모욕적 태도에 내심은 얼마나 불쾌했는지 모르지만 외면만은 태연히 이에 응해 자기 손으로 개소주를 만든 것이 여러 차례며 나의 약을 지으러 한약방 출입을 예사로이 했던 것이다.

결국 나에게 향한 참담한 이해와 저러한 철저한 무저항주의가 아내를 어느새 자타가 공인하는 현부인(?)의 좌(座)로 공고케 하고, 일과 정서의 불일치에서 오는 불만을 가득 품은 나로 하여금 처복이 있는 사람으로 만들고 말았다.

이제 돌이켜 보면 나그네로 병원으로 또는 감옥으로 역려과객(逆旅過客)처럼 보낸 오십 평생을 살아온 나에게 저러한 아내의 부동아라한(不動阿羅漢, 불교 용어로 어떤 나쁜 인연을 만나더라도 물러나지 않는 이) 같은, 나와 상반된 인품이 아니었던들 소위 우리 가정이 어찌 지탱했을까 하는 아슬한 생각이 들며 그마운지고 나의 반려여! 하는 기특한 느낌마저 갖는다.

이제는 아내가 우리 집 된장이나 간장 맛처럼 그 인품의 장단(長短) 역시 유일의 것이 되고 말았으니 새삼스레 오십도 중반이 넘은 그녀에게 어떤 개량(改良)을 요구할 것이 실은 없고, 만일 가로늦게 이제 아내에게 어떤 개변(改變)이 온다면 그것이 좋은 조짐이라도 오히려 서먹서먹하고 당황할 것 같다. 왜냐하면 딴 사람을 대하는 느낌일 테니 말이다.

이것이 그녀나 나의 참담한 이해 속에서의 도달이라고나 하겠다.

가문 자랑

나는 스무 살 전후해서 세 가지 의식혁명을 치르기로 작정했다. 즉, 첫째는 반상(班常)관념이요, 둘째는 지방(地方)관념이요, 셋째는 남녀차별관념이다. 봉건적 가정에서 자라난 내가 이를 불식하기에 의식적으로 자기 노력을 하게 된 것은 당시 인도적인 사회주의 사상을 접하게 된 그 영향에서다. 그러나 반상관념이나 지방관념은 비교적 쉽사리 청산되었으나 여성에 대한 평등이나 존중은 솔직히 말하면 오늘날까지도 자주 범하게 된다.

이런 나는 평소 집안에 대한 내력이나 고향 같은 것을 똑바로 대지 않는다. 그것은 내가 명문거족(名門巨族) 출신이라든가 또는 별로 숨길 게 있어 그런 것이 아니라, 우연히도 내가 태어나기는 서울에서 나고 네 살에 함경도로 내려가 거기서 자란 데 연유한다. 그래서 나는 고향이 함경도라고 공표하고 집안도 소농(小農) 출신으로 자처하여 왔다.

그러나 시대의 변천과 민주화된 국민의 의식수준은 내가 이토록 의식적 노력을 기울이지 않아도 좋으리만큼 평등 사회를 이루었고 이제는 오히려 신문사에서 이처럼 가문 자랑을 시키리만큼 되었으니 나도 털어놓고 집안 얘기를 써 보기로 하겠다. 우선 가까이부터 적자면 내 할아버지 명자희자(命字熹字)는 오늘의 한국공업센터인 울산부사(蔚山府使)를 지내신 분이다. 거기 근년(近年)까지 선정송덕비(善政頌德碑)가 서 있었다는데 나는 찾아본 일이 없다.

내 아버지는 7형제나 되었는데 맏이 되는 분이 창녕(昌寧)현감을 지내셨고, 둘째 분이 첨지로서 첨지중추부사(僉知中樞府事)이셨고, 셋째 분이 경부총순(警部總巡)이셨고, 넷째 분이 대구총순(大邱總巡)과 영해(寧海)·현풍(玄風) 두 고을을 사셨다. 이렇듯 나의 선대(先代)는 영남(嶺南)과 인연이 짙다.

그리고 왜 나의 선대가 저렇듯 한말(韓末)의 사람들인가 하면 나의 선고(先考) 종자진자(鍾字震字)는 7형제 중 여섯째로서 나는 그 아버지가 오십에 본 막내둥이인 것이다.

내 아버지는 한일합방 당시 궁내부말직(宮內府末職)에 계시다가 지금 중앙정보부 자리 왜성대(倭城臺)에서 하사금(下賜金)인가 퇴직금을 기백(幾百) 원 받고 나오시다 그 층계에서 찢고 투옥을 당하셨는데, 경부총순이던 셋째 백부의 주선으로 풀려나와 순사교습소(巡査敎習所)—현재 경찰학교—한문교관이 되셨다. 이런 사실은 〈황성신문(皇城新聞)〉에 소재(所載)되었다고 듣고 있다. 그러나 결국은 그들의 압력에 굴복하여 취업도생(就業圖生)을 한 셈이니 명예로울 것이 없다.

그 후 아버지는 전기(前記) 직장에서 11년간을 근속하여 소위 은급(恩給)이 붙고서는 곧 사퇴하고 말았다. 그때를 전후하여 나의 외숙(外叔)의 감화로 가톨릭에 입교(入敎)하시게 된다. 여기서부터 우리 집과 현재 왜관에 자리하는 독일 분도수도회와 관련이 시작된다. 즉 분도수도회는 당시 현재 서울 혜화동 천주교회를 맡고 있어서 이화동에 살던 우리 집은 거기 본당 소속 신자였던 것이다.

아버지는 퇴관(退官) 후 수렵을 즐겨서 철원(鐵原), 평강(平康), 삼방(三防) 등 고원지대를 다니며 노루피를 많이 자시고 나를 얻으셨다는데, 마흔넷에 나를 배신 어머니는 태동(胎夢)에 사슴이 당신 허벅다리를 꼭 물어 주었기 때문에 그래서 멀쩡해 가지고 생전에

애를 많이 태운다는 말씀이셨다.

  1923년인가 분도수도회는 함경도 원산교구 포교(布敎)를 맡고 덕원(德源)이라는 곳으로 이사를 갔다. 그때 벌써 신학생이던 나의 형 대준(大浚)—해방 후 북한서 공산당에게 납치되어 갔음—이 자연히 가게 되고 이미 독신자(篤信者)가 되어 있던 아버지는 원산 주변 소읍(小邑) 4, 5개소의 사설학교를 설립하고 계셨다. 이리해서 내가 네 살 되던 해 우리 집 일가(一家)가 낙향(落鄕)을 한 것이다. 지금 내가 남하하여 왜관에 자리 잡고 있는 것은 이러한 선고(先考)의 본을 받아, 피난한 분도수도회가 있는 곳을 또다시 택한 것이다. 지금 나에게는 아버님의 육필(肉筆)로 된 조그마한 가승(家乘)이 하나 있다. 이것은 나의 아내가 38선을 넘으면서 또 6·25동란을 겪으면서 보관한 유일의 것이다.

  거기에 의하면 능성 구씨세계 회양공파(具氏世系 淮陽公派)는 나로서 24대가 되는 셈으로 전기한 할아버지의 선대, 즉 나의 증조는 음통덕랑(蔭通德郎)의 추증을 받으신 분이고, 고조(高祖)는 호조참판(戶曹參判)이요, 그 위는 4대가 진사(進士)요, 그 위는 인조(仁祖) 때 능산부원군(綾山府院君)이 된 봉자장자(鳳字章字)다. 그 윗대로 올라가면 정승 판서와 대제학(大提學) 도원수(都元帥) 등 장상(將相)이 허다하다. 위에 적어 온 대로 나의 선조는 관리 아니면 좋게 말해 선비, 즉 지식인이었던 것 같다. 그러나 기술시대(技術時代)의 오늘에서 보면 가장 무능한 집안이었다.

  그래서 신세대인 나의 맏아이는 공과 대학생이다. 하하하……..

내 고향 원산 자랑
― 풍요한 산물과 절승(絕勝)의 경색(景色)

실향민의 사향(思鄕)

내가 이 글을 쓰고 있을 때는 사흘 앞둔 추석 밑이다. 오늘 아침에는 가정부 아이가 충북 영동(永同)에 있는 친정으로 추석 쇠러 간다고 떠났다. 신문 보도를 보면 이번 추석 귀향객들을 위해 열차 다이어그램을 늘린다고 한다. '명절을 쇠러 고향에!' 아아, 얼마나 아름다운 정감을 불러일으키는 말이며 또 흥그러운 정경인가! 우리 같은 실향민에게는 그 얼마나 애틋한 향수를 자아내고 가슴에 공허와 적막의 큰 구멍을 뚫어 놓는 말인가!

사람이 세상에 태어나서 제 고장 한 자리에 살다가 또 그곳에다 뼈를 묻기란 쉽지 않은 일이요, 흔히는 고향을 등지거나 버리고 떠나 멀리 타관에 살면서 고향을 하나의 마음의 귀의처(歸依處)로 삼고 그리면서, 명절이나 제일(祭日), 길흉사 때 찾아가 회포와 위안을 나누기도 하고, 사회적으로 부귀나 공명을 이루고 금의환향을 한다거나 실의(失意)나 고통에 몰렸을 때 고향에 돌아가 정양을 하며 재생 재기의 기회와 그 기운을 얻건만, 우리와 같이 국경 아닌 국경으로 고향을 잃고 고향이라면 북쪽 하늘만 바라보며 무심히도 흘러가는 구름만 부러워하는 이 심정은 아마 당하고 있는 사람만이 알 것이다. 이런 나에게 환상귀향(幻想歸鄕)이나마 하게 된 것이 이번 추석의 선물이랄까. 현재 경부선 '재건호'가 서울서 부산까지 여섯 시간에 달리니 경원선(서울-원산 간)이야 해방 전 그 푸 푸, 하던 화통차로도 여섯 시간이었으니 아마 '디젤'로 달린다면 세 시간이면 족할 것이다.

여기서 철원까지 한 시간 반쯤, 내금강(內金剛)으로 들어설 가을의 등산객, 국제 관광객들을 쏟아 놓고 디젤 기관차를 앞뒤로 달아 평강(平康) 고원지대를 한숨에 올라 사이다보다도 진한 약수가 바위틈에서 쿨쿨 쏟아져 나오는 삼방협(三防峽), 삼방에서 다시 전지요양(轉地療養)의 병자나 탐승객들을 내려놓고 다음 어랑타령의 신고산(新高山) 역에서 기관차 하나를 떼 버리고는 무학대사(無學大師)가 이태조(李太祖)의 등극 꿈을 해몽 예언했다는 석왕사(釋王寺)에 도착, 여기서도 참배 순례자나 관광 탐승객들을 내려놓고 나면 그다음은 안변(安邊), 여기로 치면 삼랑진(三浪津)보다도 더 들이닥칠 과일장수들의 싱갱이(실랑이) 속에서 외금강(外金剛) 행객들을 보내고 나서는 한걸음에 원산에 들어선다.

원산-원산-산의 'ㄴ'을 길게 끄는 역 안내의 스피커 소리가 시방도 귀에 들려온다. 구름층계를 오르고 내려서 플랫폼 광장엘 나서면 마주 뵈는 정다운 남산! 어디로 먼저 갈까. 무어니 무어니 해도 우리 송도원(松濤園) 바다를 보아야지 어찌 잘 있는지. 바로 차를 몰아 관(館)다리 대홍교(大虹橋)를 지나고 송정리(松汀里) 고개를 넘으면 송림을 뚫고 백사장이 10분이면 나선다.

송도원과 명사십리

살아서 생동하는 동해! 마냥 짙푸르고 마냥 싱싱한 그의 몸집은 변함없이 늠실거리고 있다. 나는 두 팔을 벌려 크게 심호흡한다. 아아 살 것 같다. 바다는 한여름의 그 인파와 뭇 청춘들이 뿌리고 간

낭만의 뒷전 적막을 안고 태질하듯이 몸을 뒤챈다. 그러나 이 바다에는 불가마 속 같은 질식이 없다. 통쾌하고 서늘한 해방감이 나의 가슴을 후련케 한다. 밀려오는 파도도 나에게 용기를 북돋아 준다. 바다는 마치 평화와 생성과 자유의 바탕이기도 하지만 파괴와 포효와 투쟁의 마당인 듯도 하다. 저기 저 모래밭 저 송림 속, 탈의장(脫衣場) 자리 테니스장, 베이비골프장, 식당, 여관, 어느 한군데 눈에 선한 추억을 안 담은 곳이 없고 아롱진 청소년 시절에 동경과 꿈을 안고 알몸으로 뒹굴던 나의 모습이 필름처럼 돌아간다.

　붉은 두 줄이 간 수영모(水泳帽)를 쓰고 백 미터 물에 뛰어드는 보통학교 시절의 모습, 멍키 플레이와 모래 조각으로 싱갱이를 치던 중학생의 모습, 일본 도쿄 유학생으로 인생과 예술과 사회를 논하던 대학 시절, 해방 전 신문기자로서 일제 아래서나마 조그만 자유를 누리는 듯 으쓱대고 다니던 시절의 모습, 그런가 하면 사회적 암울과 신병으로 오뇌에 싸여 홀로 빈 바다를 찾아와 처량히 흐느끼던 모습, 어릴 때부터의 벗과 이 바다에서 사귄 여러 남녀 친구들, 저명한 인사들의 모습 등이 천연색이 되어 휙휙 지나간다. 그리고 17년 후인 오늘의 내 풀기 잃은 모습이 대비될 때 가슴이 뭉클해지며 눈시울이 뜨거워진다. 이런 감상에만 젖을 때가 아니다. 모처럼 찾아온 고향이다. 고개를 들어라.

　바른쪽 멀리 감돌아든 갈마반도(葛麻半島)의 명사십리(明沙十里)가 흰 베폭[麻布] 깔린 듯 아련히 보인다. 고운 설탕 같은 그야말로 명사(明沙)가 10여 리나 깔려 있고 백사장 언저리에는 해당화가 붉게 피는 곳, 이 희귀한 자연 경색(景色)은 보지 못한 사람에게는 도저히 형언할 길이 없을 정도다. 그 앞의 작은 섬이 밤섬[栗島]으로 6·25동란 북진 당시에는 우리 해군의 거점이었으며 왼쪽으로 비스듬히 호궁(胡弓)을 지우고 앉은 섬은 호도(虎島)다. 여기는 우리 소학교 시절의 소풍지로서 소년감화원(少年感化院)이 있었으며 벚꽃나무가 무성하여 유명하다.

어시장 풍경과 안변, 덕원평야

자아, 이제는 걸음을 돌려 해안통(海岸通)으로 가 보자. 아마 지금은 도루묵과 짤대, 가자미철, 산더미같이 쌓이는 고기, 가자미, 명태, 대구, 정어리, 청어, 철 따라 이것은 잡아 왔다기보다 고기밭(?)에서 그대로 퍼 오는 광경이다.

나의 어렸을 때만 해도 정어리나 도루묵은 1전에 몇 두름이요, 10전이면 수북이 한 함지였다. 이런 풍성한 어획이기에 한국 최대의 제유제비(製油製肥) 또는 통조림 공장이 해방 전에도 근대적 공업시설을 갖추고 있었다. 그러나 들어오는 고깃배마다 몰려서는 함지장사 아낙네들의 그 건강하고 생기에 찬 모습과 그들의 싱싱한 말씨들은 또 특유의 풍정이 아닐 수 없다. 여기야말로 사람이 사는 것 같다고나 할까! 다른 도시, 거리나 시장에서 일어나는 소란과 아귀다툼이 발악같이 들린다면 여기 어시장의 소음에는 삶의 환희와 농정(弄情)과 희망이 분명 깃들어 있다. 원산은 바다의 도시며 또 바다와 같이 노상 푸르고 싱싱하고 활기에 찬 도시다.

여기서 이야기를 좀 돌려 보자. 저러한 바다의 무한한 보고(寶庫)가 있는가 하면 남으로는 곡창인 안변(安邊)평야와 북으로는 덕원(德源)평야의 채전(菜田)을 양옆에 끼고 있다. 안변서 나는 쌀과 사과는 한국에서 손꼽힐 뿐 아니라 덕원평야는 일찍이 1920년대부터 가톨릭 독일인 수도원 농장의 농경 개량을 본받아 채원(菜園)작물이 화교(華僑)들의 채전과 더불어 현대화해서 다량의 부식물을 거둘 뿐만 아니라 묘목, 화초 재배 등 특수작물이 성행하고 있다. 채전과 화교 얘기가 났으니 말이지 나는 8·15 당일 열에 들떠 맨발 바람에 트럭을 타고 만세를 부르며 각 교외 부락에 연락을 가는 중 덕원평야의 채전을 바라보니 화교들이 그날 역시도 밭에 나와 거름을 내고 있었다.

우리는 해방을 했다지만 저들은 7년 고전(苦戰) 끝에 전승(戰勝)을 했는데 평일과 다름없이 밭을 다루는 것을 보니, 국사에 무관심한 국민이라기보다 저들이 지니는 생활의 근기(根氣)와 저력에 두려운 느낌이 들어 일생 동안 그 인상이 지워지지 않는다. 우리가 흔히들 '호인놈, 뙁되놈' 하고 멸시하지만 화교들의 그 불굴의 생활력과 우리 해외 교포들의 생활력을 비교할 때 문제도 안 되며 그래서 전 동남아의 상권(商權)은 그들의 손에 있다지 않은가!

함경선(咸鏡線), 평원선(平元線)의 명승

이렇게 원산은 농수산물의 집산지라기보다 그 산지(産地)가 되어 있는 셈이다. 여기에다 풍광과 교통으로 말하자면 이미 우리가 타고 온 경원선이 함경선으로 뻗치며 문천의 운림폭포(이 폭포는 박계주[朴啓周] 씨의 소설 《순애보[殉愛譜]》에 나온다) 용담(龍潭)의 약수가 있고 고원(高原)에서 엇갈린 평원선(平元線)에는 유수심곡(幽邃深谷)에 양덕(陽德) 온천이 있으며 동해선 쪽으론 그 옛날 문인들이 즐겨 정양하던 송전(松田)과 총석정(叢石亭)을 걸쳐 외금강으로 들어서 1만 2천 봉의 만물상(萬物相) 비로봉(毘盧峯)을 우러러 오르게 된다. 이렇듯 원산은 한국의 명승이나 절승지들을 위성(衛星)과 같이 거느리고 있다고나 할까!

산업시설만 하더라도 해방 전에 이미 갈마의 석유정유공장, 제유공장, 문평(文坪)의 시멘트공장, 금속제련공장과 수산물공장, 천

내리(川內里) 제강소(製鋼所), 조선(造船)회사 등 한국 굴지의 산업 공장이 용립하고 있는 곳이다.

이와 같이 자연적인 풍토오 여건 때문에 원산은 예전부터 살기 좋고 인심 좋은 고장으로 이름나 있어 지방적으로 함경도를 아주 염기(厭忌)하는 친구도 원산이라면 한몫 놔주기가 일쑤다. 원산은 근세에 와서의 개항(開港) 도시이기 때문에 이곳에는 몇 대나 내려오는 토착세력이라는 것이 없고, 개항 이후 전국 각처에서 모여 온 사람들이 제 잘나면 돈도 벌고 지반도 닦을 수 있어 시세장(時勢粧)대로 하자면 근본적으로 민주적인 도시다.

인심과 풍속

그래서 원산의 말씨는 사투리가 아주 적은 편이어서 어떤 의미에선 서울의 순 속어(俗語)보다도 표준어에 가깝다. 여기에다 풍족한 토양 탓이라 할까, 산수가 좋다 할까, 남녀의 몸집도 모두 헌칠한 편이며 성격도 대체로 시원시원하고 씀세도 좋아 퍽 사교적이다. 특히 여성들이 미끈미끈하고 싹싹하고 활동적이며 근면하다. 그녀들의 가장 두드러진 특징은 부엌 손질로, 원산 지방은 아무리 초가라도 언제나 벽 손질이 말끔히 되어 있을 뿐 아니라 시멘트가 나기 전엔 노란 황토를 파다가 부뚜막을 사흘돌이로 매질을 하여 아른아른하고, 솥은 검은 유리처럼 반들반들하며 장독대나 시렁과 그 위에 얹힌 대소의 함지, 이남박 등 목구(木具)류 기물은 황토물을 입혀 그 어떤 칠목기색보다도 정갈스럽고 고웁다.

그래서 정지가 부엌에 그대로 달려 있어도 불결감을 주지 않는다. 크림이나 연지나 루즈를 바르지 않아도 얼굴이나 피부는 희고 매끄럽고 혈색이 좋으며 호배추 속대와 같이 미끈하다.

또순이와 같이 극성맞은 여자도 있기야 하겠지만 나의 회상으론 하나같이 싹싹하고 서글서글한 편이다. 원산 누씨(樓氏) 고등여학교는 '미션'계 학교로 오랜 전통을 갖고 있는데 그 위치가 아주 남산 중턱에 있어 교실 창에서나 운동장에서 일망무제(一望無際)의 바다와 전 시가가 내려다보인다. 해방 후 내가 북한에 있는 저명한 시인 모씨와 같이 그 학교에서 특별 문학 강연을 한 일이 있는데, 평양서 온 그 시인이 이 풍경을 보고 술회하기를 "저 바다를 바라보고 전 시가를 치마 밑으로 내려다보면서 더욱이나 이 바닷바람과 밀물소리와 그 내음을 맡으며 자라나는 저 처녀들이 장차는 한국의 전 여성계를 좌우할 것이다"라고 말하는 것을 들었다. 남한에도 여성 개화의 선구들이 원산 출신이 많으며 뜨 염문도 적지 않게 있었음을 나도 알고 있다.

나의 비잔티움

이런 고장에서 예술가가 많이 나온다는 것도 자연의 섭리일 것이다. 특히 음악가가 많다. 작고한 첼로의 김인수(金仁洙) 씨를 비롯해서 작곡에 이흥렬(李興烈), 김대현(金大賢) 씨, 성악에 이인범(李仁範), 김자경(金慈璟) 씨 등 모두 일류급 현역 중진들이며, 민요계에도 고 김용환(金龍煥), 김정구(金貞九), 김안라(金安羅) 씨 등 삼남매를 비롯한 많은 '톱 싱어'들을 배출하였으며, 화가에도 우리 서양화단에 귀재라고 불리던 이중섭(李仲燮)과 현재 프랑스 파리에 외유 중인 한묵(韓默) 씨 등이 있고, 문학에도 수년 전 작고한 오시영(吳時泳) 시인을 비롯해 수필가 전숙희(田淑禧) 여사, 중견시인으로 활약하는 김광림(金光林) 씨, 남한에 와 경남 남지(南旨)에서 교편을 잡고 있는 원산의 옛 〈초원(草原)〉지 동인 강홍운(康鴻運) 선배 시인 등이 있다. 또한 민족지사로서도 이제는 모두 고인이 되었으나 3·1운동의 학생대표 강기덕(康基德) 씨, 문무술(文武術) 씨, 한민당 총무부장으로 있던 조종구(趙鍾九) 씨, 양호단(養虎團)의 금성(金星) 장군 등이 계셨다. 이 양호단의 문하들은 해방 직후 대좌익투쟁의 행동부대로서 그 선봉이었으며, 6·25동란 시에는 대북한 특수부대를 단독 조직하고 낙하산으로 대적진 잠입활동을 하다가 그 대부분이 무명의 용사로 산화하였다. 이 외에도 사회 각 부면에 그 태두(泰斗)가 되어 있거나 중진의 역군으로 헌신하고 있는 인사들이 허다하나 여기서는 생략한다.

위에 훑어본 점경(點景)대로 원산은 풍광의 도시요, 산물의 도시요, 산업의 도시요, 예술의 도시요, 한편 교통의 중심지요, 천연의 양항(良港)이요, 군사의 요새이기도 하다.

나에게 있어서는 원산은 시인 예이츠가 그렇듯 돌아가고파 노래하던 '비잔티움(Byzantium)'인 것이다.

> 그것은 늙은이의 나라가 아니다.
> 젊은이는 서로의 품 안에서
> 새들은 나무에서
> '스스로가 죽어 가는 세대임을 모르고'
> 노래 부르고 있고
> 연어 뛰어오르는 폭포며
> 청어(鯖魚) 우글거리는 바다며
> 어류(魚類)며, 동물이며, 오금(鳥禽)이며
> 온 여름 동안
> 온갖 배서 낳고 죽는 것을
> 찬미한다.

기차 통학

나는 어렸을 때 기차 통학을 했다. 저 이북 함경선의 첫 역인 덕원이란 곳에서 시가지인 원산의 소학교를 다닌 것이다. 이것은 어린 나에게 있어 고된 것이었으나 당시 동네 아이들이나 학교 동무들에게는 일종의 부러움이기도 하였다. 정기 승차권을 셀룰로이드 갑에 넣어 줄을 매달아 위 포켓에 넣고 다니는 것이 마치 무슨 특권이나 가진 듯한 치장이었으며, 학교에 지각을 해도 기차의 연착이라면 선생들이 관대히 보아주었고, 가끔 학교의 공동작업도 기차 시간이라면 면제받는 적이 있었기 때문이다.

내가 처음 다닐 때는 통학차라는 게 없고 일반 여객차를 이용하였다. 1930년 전후의 함경선 3등열차 속이란 북간도로 가는 이민들이 끊일 새가 없었다. 남부여대(男負女戴)한 가족들의 그 지치고 찌든 모습과 선반 위 크고 작은 바가지들이 매달린 짐짝들과 억센 경상도 사투리와 끝을 말아 붙이는 전라도 말씨가 엇갈리는 속에 보채기만 하는 어린애들의 모습이 지금도 눈에 선하다. 그래서 나는 이즈막에도 목쉰 화통소리만 들으면 그때의 환상에 사로잡히고 아슬한 노스탤지어에 젖는다.

이러한 정경은 나에게 있어 민족적인 의식이나 감정을 일깨워주는 최초의 것이기도 하였다.

왜냐하면 그런 혼잡 속에서 일본인들은 물 위의 기름처럼 저희끼리만 자리를 골라 앉고 우리 조선 사람을 마치 송충이나 대하는 듯한 태도요 표정이었으며, 한편 2등차 속을 엿보면 그들만의 독점 세상을 이루고 있었기 때문이다. 여기서 나는 망국과 빈궁(貧窮)의 설움을 체험으로써 실감했던 것이다.

오늘에도 가끔 보는 풍경이지만 차를 타면 들길을 지나치던 애들이 으레 팔뚝질을 한다. 나는 이 헤뇽(시뇽)을 당할 때마다 어린 소견으로나마 그 이유를 홀로 추구하곤 하였다. 저 애들의 반감은 무엇에 향한 것일까? 머무르기보다 떠나는 것이 행복한 것인가? 사람은 자기 처지보다 남의 처지가 부러운 것일까? 또 다른 사람의 행복에 왜 역정이 솟는가? 이런 의문과 반문이었다.

그러나 이러한 회의는 오늘날까지도 계속될 뿐이지 아직도 명확한 해답을 못 내고 있다. 오직 저런 동작이 우리의 불행한 역사와 상관성이 있겠으나 보다 더 인간의 원초적인 감정 속에서 우러나오는 것이라는 데에 짐작이 간다.

내가 보통(소)학교를 졸업할 무렵 기동차가 등장하여 통학열차라는 게 생겼다. 그야말로 날씬하고 빠르고 그 좌석이 포근하여 아마 지금 제트기를 타는 심정이었을 것이다. 이때부터 우리는 오붓한 통학을 하게 되었다. 나의 조그만 가슴에 그리움 같은 게 스며든 것도 그맘때부터가 아닌가 한다. 물론 연모(戀慕)라고 이름 지을 성질의 것은 아니지만 코스모스같이 청초한 그 여학생과 매일 한 차에 오르는 것이 큰 즐거움이었다.

지금도 나는 통학은 아니지만 시골, 서울에 집을 두고 오르내리는 생활을 하고 있다. 그래서 한 달에도 기차를 서너 너더댓 번씩이나 탄다. 또 나는 가정에서 부부싸움을 한다든가 하면 아내를 나 가라느니 어쩌니 하는 일은 절대 없고, 나 스스로가 언제나 횡하니 집을 떠나 무조건 기차를 탄다. 이러한 나그네 행색은 어려서 기차 통학을 하며 내 속에 길러져서 아마 제2의 천성이 된 모양이다.

무등병 행각기

내가 처음 군(軍)에 관련하게 된 것은 1948년이다. 당시 나는 연합신문사 문화부장으로 있었는데 육군 정보국의 특청으로 제3과 (지금 HID)의 촉탁이 되었다. 거기에는 지금으로 말하자면 심리전을 수행하는 모략선전반(謀略宣傳班)이라는 게 있어 나는 공산당 북한을 폭로하는 기관지 〈북한특보(北韓特報)〉의 발행과 대북 지하신문 〈봉화(烽火)〉를 제작하는 임무를 맡았다. 이 〈봉화〉라는 것은 자유 남한의 뉴스와 북한 동포에게 보내는 격문(檄文) 등을 편집하여 4·6배판으로 사진 축소해서 비밀 루트를 통해 북한에 살포하던 것으로, 그 편집은 비밀리에 하며 조판, 인쇄도 엄중한 경계 속에 단독으로 진행되었다.

하룻밤은 그 최종편집을 집에서 하고 있는데 밖에서 싸움하는 소리가 하도 요란해 나가 보았더니 대위 계급장을 단 술 취한 두 군인이 민보단(民保團) 단원과 시비가 붙어 거기 모인 동민 아무에게나 행패를 부리는 참이었다. 평소 안면이나 있는 이웃들의 소청으로 이를 만류하려 든 것이 횡액이었다.

"이 자식! 너는 무엇이냐"고 트집을 옮겨 잡은 그들은 나의 신분수사와 가택수색을 한다고 집까지 들추게 되었는데, 그들 눈에 내 책상 위에 널린 괴뢰들의 신문, 잡지, 선전문 등 자료가 눈에 띄었던 것이다. 다짜고짜 오열(간첩)로 몰며 아무 노끈으로나 포승을 하더니 폭취한 그들은 변명도 들으려 하지 않고 자기들 지프에 태워

용산 헌병대 영창에 처넣었다. 이튿날, 당시 정보국장 백선엽 대령 (대장, 주불대사)의 위로와 그들의 진사를 받으며 풀려나온 것은 물론이고 그 후 모주 병정 중 한 분은 소장까지 되어 퇴역하였으며 나와는 아주 친한 사이가 되었다.

이런 일을 하면서 나는 6·25를 맞았고 그래서 군과 함께 후퇴, 남하를 하였다. 처음 진을 친 곳이 수원 어느 학교였다. 다른 것은 다 기억에 어슴푸레하나 여기서 민간에 향한 계엄령 포고문 제1호 초안을 내 손으로 작성한 것이 생각난다. 그 내용은 "민간은 동요 말고 유언비어를 삼가며 국군은 곧 반격할 것"이라는 요지였는데, 격식을 알 리 없고 당시 정훈국장 이선근(李瑄根) 선생이 추고하여 신성모(申性模) 국방장관 명의로 내붙였던 성싶다. 이때 한강 대안 전투에 나아가 부상을 입은 최초의 문인(文人)이 작고한 평론가 임긍재(林肯載) 씨였다. 제2차로 군이 진을 친 곳이 대전이었다. 여기서 여러 남하 후퇴한 문인을 만났으며 비로소 문총구국대란 이름으로 종군을 시작하였다. 그것도 며칠 안 가 대구로 후퇴하고 우리 문인들은 영남일보사 앞골목에 합숙을 하며 정훈부 일을 도왔다. 여기서 내가 한 일은 대적전단(對敵傳單)과 우리 전선 사병들에게 보내는 전투상황과 전과, 국내외 소식 등을 마치 신문의 호외(號外)와 같이 만든 인쇄물의 편집 제작이었다. 이 인쇄물의 제호(題號)를 〈승리(勝利)〉라고 붙였으며 이것이 수복 후 국방부 기관지이던 〈승리일보〉의 시초였다.

9·28수복, 나는 그보다 일주일이나 앞선 9월 21일 미군 수송기로 김포에 내렸다. 국방부 정훈국 선발대로 나는 보도대장이라는 일생일대의 임시 관직을 맡아 보았다. 폐허의 서울을 처음 밟았을 때 참혹한 이 도시의 모습을, 또 나의 반갑고 쓰리고 한 감개를 평생 잊을 수 없다. 북진의 나날이 계속될 때 나는 고향 원산에 돌아

갈 출장증을 떼어 놓고도 〈승리일보〉 발간에 몰려 끝내 가 보지 못하고 칠순 노모를 모셔 올 그야말로 천재일우의 기회를 놓쳐 종신토록 불효의 한을 품게 되었다.

  1·4후퇴 날이었다. 정훈국 최종부대와 함께 나도 신문사 전원을 두 차량에 싣고 지엠씨 앞자리에 앉아 떠나려는데 미군 몇 사람과 우리 연락장교 소령 한 사람(유병현[柳炳賢] 전 농림장관)이 왔다. 용건은 북한 피난민들에게 뿌리는 삐라를 인쇄해 달라는 것으로 오늘 밤 내로 책임지고 부대 이동 지점까지 데려다주겠다는 것이다. 이런 막판에 부하 사원에게 남으랄 수도 없고 해서 내가 공무국 기술자 몇과 더불어 이 일을 감당하기로 하였다. 우리는 미군 차에 실려 텅 빈 서울신문사 공장에 가서 가슴을 죄며 4, 5시간 갖은 고생 끝에 몇만 장인가를 인쇄했다. 그 삐라는 다른 게 아니라, 의정부 쪽에서 남진해 오는 괴뢰군과 중공군이 피난민을 앞세우고 그 속에 섞여 오니 포사격을 할 수 없어 곤란하여 이제부터는 무차별 폭격을 할 테니 피난민은 국도를 피하라는 것이다.

  어쨌든 임무를 완수했으니 여기까지는 좋았다. 그런데 이 삐라를 인수한 후 우리를 호송해 줄 미군 장교 하나와 병정들이 술 취한 친구였다. 이들은 스리쿼터에 우리 일행을 태우고 신문사를 나와 덕수궁 대한문(大漢門) 앞까지 오더니 이미 어스름 속에 줄지은 피난민 행렬 속에서 여자 두셋을 올려 앉히고 남대문을 빠져나가는 것이 아니라 순화동으로 돌아 바로 현재 외무부장관 공관으로 쑥 들어가는 게 아닌가! 그러고선 여자만 남고 우리보고는 가라는 것이다. 아차! 잘못되었구나 생각하는 순간 나는 여자들보고 도망치라고 소리를 지르고 메었던 칼빈 총을 앞으로 겨누고 뒷걸음을 치며 그 문전을 빠져나왔다. 우리 일행은 거기서부터 적의 포성이 귓전에 울리는 한강을 도보로 건너 마침 영등포에서 야전병원 이

동부대를 만나 그 호의로 무사히 후퇴하였다.

　재차 내려온 대구는 육군본부와 공군본부가 자리 잡아 전투의 지휘소가 되었다. 나는 처음 여기 모인 문인들과 군의 매개역(媒介役)이 되었다고 할까, 먼저는 공군에서 이야기가 되어 '창공구락부'라는 종군문인단을 조직하였다. 그러니 큰집인 육군에서도 가만히 있을 리 없다. 또 나 자신이 육군에 소속되어 있으며 〈승리일보〉를 주간하고 있는 때이니 친정에서 하자는 데는 도리가 없어 이런 양해를 구하고 육군 종군작가단 조직에 또다시 참가하게 되었다. 여기서부터의 작가단 활동은 이 책(〈육군〉, 종군특집호)에 여러모로 소개되었기에 본문에서는 생략한다.

　나는 한편 신문인(新聞人)이기도 하였기 때문에 그랬으려니와, 종군작가로서 휴전 전후를 통하여 우리 전선의 군 사단 진지를 안 가 본 데가 없다. 어떤 때는 전투 때 어떤 때는 위문차 어떤 때는 교육차, 그래서 한때는 "장교로서 구상(具常)을 모르면 가짜"라고 장병들에게는 실례가 되는 농담을 문우들로부터 듣기까지 했다. 전선엘 가면 종군작가라니까 보초선에서 군천막 청부업자로 오인당하기도 하고 고작해야 어디 신문기자로 안다. 그렇다고 신문기자들처럼 전선에 다녀온 기록이 그 이튿날로 기사화되고 보도되어 사회적인 효용을 일으키느냐 하면 작가의 처지란 그렇지도 못하여 전선에서 취재한 메모가 작품화되기엔 한 달이 걸릴지 10년이 걸릴지 아니 영영 작가의 머릿속이나 가슴속에서 사라져 버릴지도 모르는, 언뜻 보기에는 무능하고 무력하고 무효하고 무미한 종군을 되풀이하였던 것이다. 그러나 이제 이 책에 수록되는 시인, 작가들의 그 작품을 보라! 여기에 자유 조국을 수호한 우리의 모습과 세계사적 사실들이 작품으로 형상 재현되어 영원한 모습을 지니고 있으니 이 어찌 작가들의 종군이 무의미하고 무가치한 것이었다고 하랴?

내가 자칭 즐겨 쓴 무등병(無等兵) 생활을 국방부 정훈 자문위원으로 있던 1961년 5·16혁명까지 13년 동안을 하였다. 그동안 집총 보초도 서고 참호 잠도 자고 그야말로 일등병 이하의 처우도 당해 보았으며 또 장군 이상의 극진한 대우도 받아 브았다.

어떤 짓궂은 사단장이 당시 이승만 대통령이 들른다고 준비를 갖추었다가 안 오고 그런 판에 내가 들어서니까 구 선생은 대통령을 하고, 미 고문관은 8군 사령관을 하라고 하여 대신 연설도 한마디 하고 비슷한 호강 놀음을 한 배꼽을 뺄 에피소드도 있다.

여러 가지 군 내의 사건과 사고를 목격하고 체험도 하고 일화, 기담, 괴변을 견문(見聞)도 하고 남기기도 하였다. 또 군인이라면 대장서부터 일등병에 이르기까지 접촉하여 그들의 뜻도 심정도 고충도 장점도 단점도 나답게는 터득하고 있다. 이러다가 5·16혁명이 나니 오히려 군과 발이 떨어졌다가 작금에 다시 정훈감실을 통하여 이렇듯 새로운 유대의 기운이 조성되니 마치 재향군인(在鄕軍人)이 소집당한 느낌이라고나 할까.

끝으로 하나 특기할 것은 나의 이러한 무훈(武勳)(?)이 인정된 바 있어 1955년에는 최독견(崔獨鵑), 김팔봉(金八峰), 박영준(朴榮濬) 씨 등과 더불어 금성화랑무공훈장을 수여받았다.

젊은 세대 논란

 요새 식자(識者)들 간의 화제로는 청년문화 시비에 대한 평판과 아울러 오늘의 젊은 세대에 대한 논란이 잦다. 나도 집안에 스물일곱과 스물셋의 두 아들과 열여덟의 막내딸이 있으며, 또 대학에서 직접 젊은이들을 가르치고 있는 사람으로서 이 문제에 귀를 기울이지 않을 수 없고 또 자기 나름대로 생각을 안 해 볼 수가 없다. 그래서 이 기회에 저러한 일상적 화제가 갖는 문제의식의 정리와 나의 견해 같은 것을 곁들여 보고자 한다.
 먼저 얘기의 시발점이 되는 것은 저널리즘에 유행하는 청년문화란 어휘로서 과연 '청바지'와 '기타'와 '비어'로 상징되는 오늘의 젊은이들의 기호(嗜好)나 그들의 꿈과 행동 속에 어떤 새로운 인간 이상(理想)을 실현시키려는 근거의식이나 논리 형성, 즉 사상이 들어 있느냐 없느냐를 따지게 되는데, 대체적으로 모두가 부정의 편으로 기울어진다. 그러고는 그 실례로 청년문화의 기수라고 자타가 공인하는 최인호(崔仁浩)의 일련의 작품, 수상, 기행문 등이 쳐들어져 비평되는데, 그것들을 나대로 정리해 보면 역사적 현실에 대한 맹목적 반감과 그 감정의 속어적 표현과 감성적 수준의 '니힐리즘'으로 충동적 행동에 나아갈 뿐 새로운 사상이나 문화의식은 없다는 것으로 요약된다.
 저러한 공격적 자세의 기성세대는 결론으로, 우리는 그들의 목표가 없고 지향이 없는 의식 내용이나 충동적 행동을 도무지 알 수가 없어! 하고 덧붙인다.
　이런 공격 속에서 그래도 현 실태(實態)만으로라도 오늘의 젊은이들에게서 긍정적 요소를 찾으려는 사람들은 "'영 파워'는 세계적 현상이야! 우리와는 이질적 타입의 새로운 인간들이 자라나고 있다는 사실을 무시할 수는 없어! 우리는 그래도 그 젊은이들의 '아나키즘'적인 반감과 정열 속에서 어떤 정직성과 성실성을 발견해야 한다"고 말한다. 나도 저런 온건파의 범주 속에 끼는 사람의 하나지만 우리 젊은이들의 현 실태를 즉시 세계적 현상의 하나로 돌려 버림으로써 우리 사회의 과제로서 엄밀한 검토를 회피하려는 경향에는 반대다. 그래서 나는 보다 더 우리 기성서대와의 상관성에다 오늘의 우리 젊은이 문제를 조명시켜 보려 한다.
　실상 어느 시대, 어떤 사회를 막론하고 젊은이란 어른들에게 있어서 좀 불가사의한 존재로 등장하게 마련이다. 왜냐하면 사회나 가정의 중추로서 현실적 책임이나 역할을 맡고 있는 기성세대에게는 이런 면에서는 무책임하다고 할 젊은이들의 꿈이나 이상이 비현실적으로 보이며, 또 그들의 행동이 무모하고 위태로워 보이는 것은 당연하기 때문이다.
　그런데 여기서 놓치지 못할 것은 젊은이들의 꿈이나 행동은 그들의 독창적 독자적 소산이 아니요, 그 시대나 그 사회의 반영으로 이루어지며 또 그것이 전진적이든 반동적이든 기성세대의 꿈이나 행동에 거점을 두고 있다는 사실이다. 그렇다면 오늘의 한국 기성세대가 견지하고 있는 공통적인 이상이나 행동 또는 그들이 견지하는 전통적 가치라는 것이 무엇인가. 구체적으로 말해 민주주의를 달성하려는 이상이나 행동! 자유조국통일을 이룩하려는 이상이나 행동! 그렇지만 정직히 말하자면 오늘의 기성 사회에서 구호나 표어로서는 존재할지 모르지만 실제 이상과 그 실천 행동으로서는 거의 좌절, 포기되고 있는 상태가 아닌가?

좀더 솔직히 말하면 오늘의 한국 기성세대에겐 삶에서의 불가결한 절대적, 정신적 꿈이나 지표나 가치관이 없고 오직 물질주의에 침식당한 소유욕만이 만연하고 있다 하여도 과언이 아니다. 그래서 물질주의가 배태하는 상업성이나 그 정보산업들이 '매스미디어'를 통하여 퍼뜨리는 허황한 물질적 꿈의 포로가 되고 있는 것이다. 오늘날 한국 사회 기성세대의 상승의지(上昇意志)란 남보다 잘 사는 것이 고작이다.

이러한 기성세대의 오늘을, 저 젊은이들의 현 실태와 대비할 때 그 필연성이 너무나 명백해진다. 즉 기성세대가 개인적 삶이나 사회적 삶에서 내세웠던 이상적 가치들이 역사적 현실이라는 믿지 못할 괴물 앞에 백기를 들면서 그들로 하여금 역사의 의지에 향한 누를 길 없는 역정과 반감을 일으키게 한 것이다. 그러면서도 기성세대가 수포화한 이상을 공허한 형식논리로 분칠하고 있다는 사실이 그들로 하여금 언어에 대한 불신으로 변해 속어나 은어 같은 상스러운 표현술을 택하게 하고, 저러한 기성세대의 인간 근저적 가치의 부재(不在)를 피부로 느끼고는 감성적인 니힐리즘에 빠져 충동적 행동으로 실존 감정을 채우고 있다 하겠다.

이렇게 따져 볼 때 오늘의 젊은이들을 개탄하기에 앞서 기성세대 스스로 자기들의 실존을 지탱할 이상과 목표와 가치관을 설정하고 그것에 충실해야 젊은 세대도 그것을 거점으로 긍정적 이상을 세우고 전진한다는 결론에 도달한다. 사실 겉으로는 퍽 이탈된 행동을 취하는 것처럼 보이는 젊은이도 서로가 가슴을 풀어 헤치고 말하는 것을 들으면 그들 내면에 좀더 높은 이상의 추구와 인간답게 살려는 성실성으로 충만해 있음을 본다.

결국 기성세대나 젊은이들이나 한 시대, 똑같은 상황 속에 살고 있는 동반자요, 매일매일 그들에게 '바통'을 넘겨주고 받아야 하는 동일선상의 주자(走者)다. 우리는 그들과의 협동으로만이 새로운 이상 사회를 건설하고 또 그 실현을 바랄 수 있다.

생활의 정감

어느 수학자(數學者, 일본인 오카 기요시[岡潔])의 발언에서 "감정이 따르지 않는 진리란 있을 수 없다"고 하는 대목을 읽고 감탄한 일이 있다.

여기서 뜻하는 감정이란 우리 일상생활의 희로애락이 아니라 아마도 불교에서 말하는 마음, 즉 인식으로서의 마음인 성싶다.

역시 귀동냥으로 얻어들은 이야기인데, 사람은 20억 년 전의 단세포생물에서 오늘에 이르렀다고 하며, 벌써 14억 5천만 년 전쯤에서는 어류(魚類)가 되어 정을 지니게 되었고, 4억 5천만 년 전에 이르면 수류(獸類)가 되어 정이 새끼에게 미치고, 백만 년대 전에 오면 인류가 되어 정이 남에게 온통 미칠 수 있게 되었다는 것이다.

여기서 주목할 것은 인류가 되어 비로소 정이 남에게 미친다는 사실이다. 어류나 금수도 유정(有情)동물이긴 하지만 그 정이 자기 새끼에게만 미치며, 온통 남에게 미칠 수 있고 또 쏟는 것은 인류뿐이요, 이것이 타 동물과 구별을 짓는 인간의 특징인 것이다.

며칠 전 거리 다방에서 신예 평론가 C군과 잡담을 하다가 화제가 원고료 문제에 이르러 내가,

"H주간신문에 요새 한 페이지씩의 연재 시(詩) 고료가 1회 2천5백 원, 한 달에 1만 원이라 시를 한 달에 40편이나 발표하고도 이 꼴이니 이것은 나에게 시를 쓰라는 것이 아니라 딴 짓을 하라는 것이 아니겠나!" 하였더니 C군은 나에게 동의해 놓고도 아주 진지한

표정을 짓고 술회하는 말이,

"저도 한 장에 40원짜리 아르바이트 번역을 해서 하숙비를 겨우 꾸려 나가고 있습니다만, 그래서 아침은 대개 영등포(C군은 구로동에 살고 있음) 해장국집에서 늘 때고 있는데 차차 거기 모이는 날품팔이생활을 알고 보니 날마다 50원짜리 짐 얻어걸리기도 얼마나 힘든가를 알았습니다. 그러고부터 나는 40원짜리 원고지 메우는 것도 소중한 마음이 들고 문학을 생업으로 삼게 된 것에 다행함과 자랑 같은 것마저 맛볼 수 있게 되었습니다"라는 것이다. 나의 객쩍은 투정이 무색해졌음은 물론 부끄럽기까지 하였다.

한 개인의 욕구로서의 내가 아니라 전체를 인식함으로써의 나, 즉 유관념(類觀念)을 통해서의 나를 발견하고 이를 견지한다는 것이 생활의 기본자세인 것이다.

이제까지 그가 즐겨 써 온 인간 실존의 고절(孤絕)감, '드라이'하다기보다 자포적이기까지 한 생활을 청산하고 그는 올 가을에 결혼을 하겠단다. 나는 속으로 그가 가장으로서 꿋꿋한 생활인이 될 수 있을 것을 위의 술회로 확신하게 되었으며, 또한 그 확고한 근로의식을 밑받침하여 이룩될 그의 앞으로의 문학에 기대하는 바 크다.

얘기는 좀 비약하지만, 죽은 화가 이중섭이 동란 중 일본을 약 일주일간 다녀온 일이 있다. 그 연유야 여기서 말할 것 없고 그 직후 나와 경부선을 타게 되었다. 차창 밖에 비치는 우리의 헐벗은 산을 바라보며 내가 그저 한다는 소리,

"일본 갔을 때 도카이도센[東海道線, 도쿄-오사카 간 철도] 타 봤나? 그 울창한 숲, 생각만 해도 부럽네" 하였더니 그는 머뭇머뭇하며,

"그렇지 않아! 너무 빽빽한 게 답답하고 숨이 막혔어! 우리 산이 좋아. 목욕탕에서 벌거벗고 만난 사람들처럼 말이야! 머리에 군데

군데 버짐이 먹은 머슴애들처럼 말이야, 친근스럽고!" 하고 그 어질디어진 미소를 지었다.

이것은 이성(理性)도 아니요, 말의 억지도, 기지(機智)는 더욱이나 아니다. 그야말로 그의 본심이다. 예술가의 직관과 직정이 용해된 것이다. 대상(對象)과 그가 한데 응감(應感)한 것이다.

나는 어느 애국자의 말보다도 이중섭의 국토애(國土愛)를 믿고 또 고개를 숙인다.

이왕, 이로(理路)보다 얘기 한 가지만 더 하자. 역시 나의 향우(鄕友) 한 사람인데 그는 평생 그야말로 주색잡기(酒色雜技)로 일관하다가 마침내 간경화증으로 일찍 세상을 떠났다. 임종 때에 가족을 향해,

"이번에 소생하여 일어나면 저 뒤뜰에 화초를 가꾸고 앞뜰에 채마도 심으며 재미있게 살게" 하고 숨졌다. 늦었다! 그러나 이 청순(淸純)한 자연에로의 회향(懷鄕)이 오탁된 그의 일생을 씻고도 남으리라고 생각하는 것은 나의 낭만일까? 여하간 자연에로의 귀일(歸一)과 그 즐거움을 우리 동양의 지혜로는 최상급으로 삼는다. 물론 이 말은 문명에 향한 거부가 아니라 문명이나 문화가 자연의 상실을 의미하지 않기를 바라는 마음에서다.

위에서 쳐든 이야기들은 세사(世事, 사회)나 인간이나 자연 속에서 우리가 지니는 마음씨, 즉 생활의 정감에 대한 본보기들이라 하겠다.

다시 한 번 말하거니와 생활의 정감이란 한 개인의 본능적 욕구로서 희로애락을 의미함이 아니라 사회나 인간이나 자연 속에 처해서 그 사물의 전체 인식 속에서 발휘하는 마음씨를 일컬음이다. 이것만이 귀중한 것이요, 생활의 지혜요, 생명의 기름이다.

진혼의 길
―현충일에 부쳐

원혼(冤魂)의 나라 조국아,
너를 이제까지 지켜 온 것은 비명(非命)뿐이었지.
여기 또다시 너의 맥박인 듯
어리고 헐벗은 형제들만이
북(北)으로 발을 구르는데
먼저 간 넋을 풀어 줄 노래 하나 없구나.

이것은 연전에 내가 쓴 〈조국〉이란 시의 한 구절이다. 우리 역사 속의 그 수많은 무고한 희생과 죽음을 저렇게 표현할 수밖에 없었던 것이다.

우리는 정녕 저 삼국시대부터 오늘에 이르기까지 너무나 많은 충의(忠義)의 열사(烈士)와 호국(護國)의 용장을 가지고 있고, 또 그 의표(儀表) 뒤에는 일장공성만골고(一將功成萬骨枯)의 무수한 무명 용사의 순사(殉死)가 있었다. 근세만 살펴보아도 일본에게 나라를 빼앗기게 되자 독립운동자들의 국내외에서의 의거는 말할 것도 없고 3·1운동을 비롯한 민족적 전체 희생을 치렀으며, 해방 후에는 세계 미증유의 '이데올로기'에 의한 동족상잔(同族相殘)으로 피아(彼我) 3백만의 희생자를 내는 비극을 겪었고, 또 그것으로 쟁취한 자유민주주의를 지키기 위한 4·19 학생들의 피흘림이 있었다.

저러한 항일해방 전선에서, 또는 자유구국 전선에서 스러져 간

유무명의 영령들의 수는 헤아릴 수 없이 많아 어쩌면 3천만 모두가 그 위패(位牌)를 안 모신 개인이나 집이 없다고 하여도 과언이 아니다. 그래서 우리는 모두 체험 속에서 오늘의 삶이 그들의 희생으로 지탱되고 있다는 사실도 실감할 수가 있다.

그러나 그러한 영령들에 대한 명백한 인지에도 불구하고 과연 우리의 삶이, 또는 우리가 벌이고 있는 세상살이가 저 영령들이 지향하고 목적한바 그러한 삶과 세상살이인가를 한번 따져 볼 때 한마디로 부끄럽고 민망하고 죄송하기 짝이 없다고 말할 수밖에 없다.

저들이 목숨을 바쳐 외치고 간 그 자주독립과 남북통일이 아직도 염원에서만 머무른 채요, 저들이 자기희생의 대가로 요구한 자유복지 사회도 아직 남한만에서도 먼 것을 숨길 수가 없다. 그래서 우리는 저 영령들에게 안식을 누리십사고 말할 자격도 염치도 없는 것이다. 그래서 우리는 그들의 혼이 원령(怨靈)이 되어 우리의 국토와 산천의 허공을 맴돌며 있다고 생각할 때 몸이 오싹해짐을 느끼는 것이다.

그러나 이러한 나의 상념들은 가장 인간적인 촌탁(忖度)으로서 어쩌면 영령들의 그 무상(無償)의 비원(悲願)을 향한 모독인지 모른다. 한편 저러한 영령들의 유훈(遺訓)이 우리의 삶이나 세상살이 속에서 계승되어 가고 있다고 생각할 수도 있다. 우리의 맥박 속에 그들의 의혈(義血)이 이어져 있기에 오늘날도 부하들을 구출하기 위해 몸으로 수류탄을 덮치고 죽어 가는 소대장, 남에게 눈을 제공하고 죽는 사형수가 나오는 것이고, 용감한 시민으로 말미암아 이 남한 땅에 공산 무장간첩이 발을 못 붙이는 것이며, 우리의 고달픈 삶 속에서도 꽃과 샘처럼 미담과 선공(善功)이 속출하고 있는 것이다.

이것이야말로 저 영령들의 발현(發現)이라고 보아도 무방하리라.

그런데 우리가 여기서 깨달아야 할 것은, 그 무고한 희생이나 비극적 죽음 속에서 저 영령들의 가장 큰 염원은 다른 것이 아니라 그러한 희생이나 죽음을 자기가 당함으로써 후손이나 후대들에게는 또다시 그러한 비극적 삶을 거듭하지 않게 하려는 것이었다는 점이다. 그래서 저 영령들을 한시바삐 진혼(鎭魂)시키는 길은 우리가 역사적 악순환을 탈피하여 다름 아닌 인간의 행복을, 특히 삶의 행복을 남과 같이 누림에 있는 것이다.

즉 우리는 그 영령들의 충의와 순국의 사실(炅實)만을 영웅시하고 우러르기보다 그들의 인의(仁義)와 용기의 원동력이 된 따뜻한 인간애를 찾아내어 그것을 우리의 것으로 삼아야 한다. 즉 대아적(大我的)인 '휴머니티'를 일상성 속에서 발휘하는 것이 곧 영령에게 향한 보응(報應)인 것이요, 민족애로서의 협조와 단결, 사랑과 봉사, 이것이야말로 그들을 진혼시키는 길인 것이다.

문사생활

　오늘날 한국의 문인이라면 시인, 소설가, 희곡작가, 평론가, 수필가, 시나리오작가, 번역가를 합하여 그 수효를 크게 잡아서 한 천 명 꼽을 수 있다. 그러나 이는 전국적 문인 명단을 말함이지 신문, 방송, 잡지, 또는 각 출판물에 계속적인 집필가로 활약하는 문인은 그 10분의 1이 안 되며, 이중에도 순전히 '펜' 하나로 생계를 지탱하고 생활하는 이들은 신문의 장편소설가 몇 분, 방송 드라마작가 몇 분, 시나리오작가 몇 분 도합 20명도 안 될 것이다. 이 외에 문인들은 학교나 신문, 잡지, 출판사나 또 아주 동떨어진 직장에 종사하면서 마치 창작을 부업으로 하든가 또는 실업자 꼴로 산다.
　그러면 여기서 글만 쓰며 산다는 나 자신의 예를 들어 지난 1월분의 문필작업량과 그 수입을 공개해 본다.

〈한국 '가톨릭'의 70년대 전망〉 80매, 1만 원, 〈가톨릭시보〉
〈기독교와 사회참여〉 20매, 1천5백 원, 〈바른길〉
〈70년대 문화예술인의 자세〉 10매, 5천 원, 〈서울신문〉
〈관수재낙서초(觀水齋落書抄)〉 20매, 고료 없음, 〈현대시학〉
시 〈속(續), 푸른각서(覺書)〉 1편, 고료 없음, 〈시인〉
시 〈'요한'에게〉 1편, 미수(未收), 〈월간문학〉
시 〈겨울 과수원에서〉 1편, 1천5백 원, 〈복자(福者)〉(교지[校誌])

이상에서 제시한 바와 같이 산문 1백30매에다가 시 3편이 작업량이요, 총 수입고는 1만 8천 원이다. 언뜻 생각해 보면 원고지 한 백여 매와 시 몇 줄 쓰고 나서 자유스레 뒹굴며 1만 8천 원의 수입도 있으니 문사생활 할 만도 하구나 하고 넘볼 자도 있으리라고 보나, 어떤 직업에 30년간을 종사하여 결코 실패라고는(?) 할 수 없으면서도 보통 관청이나 회사의 초입사원의 보수 정도다. 이것도 명색이 청탁원고를 쓰는 중진 문사의 형편이 이 정도지 일반 문사의 경우나 산문을 안 쓰는 시인일 때는 한 달에 단돈 몇천 원도 얻어걸리지 않는다.

또한 수입란에 제시된 대로 〈서울신문〉의 신년 특별 고료 1매 5백 원이 있는가 하면 대전교도소의 기관지 〈바른길〉 같은 데는 매당 70원짜리 고료도 있고, 〈현대시학〉이나 〈시인〉 같은 시 전문지에는 고료 없이도 써야 한다. 그리고 나의 수입이었던 1만 8천 원도 이것이 고정된 수입이 아니요, 또 시일도 부정확할 뿐 아니라 좀 무례하다든가 불경기의 출판사나 잡지사를 만나면 그 고료를 회수하기엔 구걸 이상의 치욕을 맛보아야 한다.

나는 요행히도 아내도 일을 하여 최소한의 생활을 유지하고 있으니 망정이지만, 이런 막말로 푼돈 생기는 듯하는 고료에다 생계를 유지하고 있는 문사들의 그 생활이 얼마나 불안정할 것인가는 뻔한 일이다.

이러한 상황 속에서 독자들의 비난이나 작가들의 반성은 '우리 문인들은 공부를 안 한다'는 공통된 과제를 남긴다.

어떤 면에서 볼 때 이것은 사실이다.

창작의 소재를 얻고 연구하고 조사하기 위하여 독서와 사색과 견학과 여행 등 시간을 쪼개 써도 모자랄 사람들이 다방에 멀거니 나와 앉았다가 어스름 때면 막걸리집이나 찾아가서 한잔 걸치고 공연한 문단 '가십'에 핏대를 올리는 풍경이 이 땅 문인의 '이미지'라면 부끄럽기 짝이 없는 노릇이다.

그러나 저들에게 공부할, 여행할, 독서할, 사색할 생활적 여유가 있겠느냐를 먼저 따져 볼 일이다.

이것은 객담이지만 문사들이 많이 모이는 다방에 나갔다가 50대의 문우들이 주고받는 이런 대화를 들은 적이 있다.

A, "그저 어디서 백만 원 하나만 생기면 그 이자로 가족 생활은 시키면서 한번 본격적으로 작품을 쓸 수 있을 텐데!"

B, "흥, 백만 원! 나는 50만 원만 앞세우면 이○○씨(재벌 이름)하고 사돈을 맺으러 들겠다, 하하."

자조(自嘲)에 가까운 농담이지만 실제로 그들의 생활 실정의 표백인 것이다.

한마디로 말해 고정수입 2, 3만 원도 안 되는 것이 문사생활이요, 그중 제일 생활이 보장된다는 신문 연재소설의 월수(月收) 고료래야 5, 6만 원이 고작이다.

이런 생활의 위협과 불안 속에서 그들은 허울만 좋은 명사 노릇을 하기에 갖가지 회의나 잡역에 시달리고 관혼상제를 비롯해 잡부금을 내야 한다.

솔직히 말해 저들은 쫓기듯이 바둑판 같은 원고지 칸을 메우고는 안절부절못해서라도 다방으로 달려 나오고, 그 정신적 초조와 암울에 막걸리라도 마시지 않고는 배길 수 없는 생활이 연속된다고 하겠다.

또 직장을 가지고 있는 문인들의 경우도 그리 안온치만은 않다. 은행에 근무하며 생계에 불안이 없다는 K시인의 서간 형식의 글발 중에 "시를 포기하든지 직장을 그만두든지 해야 할 판입니다만 당장 나로서는 어느 것도 저버릴 수 없는 망향의 수인(囚人)일 수밖에 없습니다"란 대목이 있다. 이러한 생활과 문학의 양립에서 오는 고통을 겪는 문인들은 허다하다. 그러나 이것은 문인들의 가장 본질적인 고민이기도 하지만 그래도 직업이 있다는 것은 창작생활을 방해하나 인간생활은 유지되지만 창작생활의 몰입으로 말미암아 일체 사회나 생활에서 소외자가 되고 무능력자가 되고 폐인이 되고 마는 이가 허다하다.

그런데 문제는 오늘날까지의 세계의 위대한 문학 업적은 이러한 현실 생활의 낙오자, 무능력자들의 소산으로 수놓아졌다는 점이다. 이러한 천재들의 발굴과 지원이 동시대인들의 의무이기도 하다.

터놓고 말하면 신문사만 하더라도 문화면 다래 몇 행 광고에도 몇천 원 몇만 원을 받으면서 그 위에 반 이상을 차지한 문사들 글이나 작품에는 몇십 분의 1의 돈을 내기를 아끼는 게 아니라 숫제 안 내는 폭이다. 아직도 신문사는 어떤 문필인의 글을 청해 얻어다 게재하는 것이 아니라 내주고 있다는 심리적 경향마저 없지 않다. 잡지 출판사도 매한가지다. 마치 한국의 가공수출업자들이 싼 노임을 취리(取利)의 대상으로 삼듯 원고료의 염가를 그들의 경영 발판으로 삼고 있는 것이다.

오늘의 우리 원고료는 산문 1매당 백 원에서 2백 원이요, 시는 한 편에 2천 원에서 3천 원이다. 이 외에 백 원 이하짜리도 있고 특별고료일 때는 산문 한 장 5백 원 받을 때도 있고 시도 한 편에 4, 5천 원을 받기도 한다.

이웃 일본의 예를 보면 중견작가가 4백 자 원고용지 매당 일화 7, 8천 원에서 1만 원 정도가 평균이다. 이것을 한국 셈으로 따지면 2백 자 원고용지 1매에 3천 원꼴이니 열 중만 써도 3만 원이요, 백 장만 쓰면 30만 원이라 우리로서는 부러운 정도가 아니라 놀라 경풍을 일으킬 정도다. 그래서 일본의 문인은 대가라면 도쿄의 최고 소득자요 납세자인 게 사실이고, 벌써 중견층만 되어도 명승지에다 별장을 짓고 자가용을 가지고 사는 호사들이다.

나는 여기에 한국의 문사 된 것을 비관하거나 무턱대고 저들을 부러워하는 게 아니라, 저들의 문필에 대한 중후한 보상이 작가의 집필 태도나 작품에 어떤 결과를 가지고 올 것인가를 우리의 현상과 대비해 볼 뿐이다.

그러나 마른 땅 속에서 소담스런 나무나 무성한 숲을 기대할 수는 없다. 그래서 나는 어떤 문인 각 개인의 특대(特待)를 이 사회에 기대하는 것이 아니라 전체 우리 문학의 토양이 현재 이런 각박 속에 있다는 것을 호소하고 그 비배(肥培)와 급수(給水)를 요청하는 것이다.

한국문인협회는 해마다 원고료 인상을 결의하지만 신문사나 잡지, 출판사는 이를 외면한다. 그렇다고 절필동맹(絕筆同盟)을 할 수도 없다. 문공부나 그런 관청에서 상 같은 것을 잔뜩 만들어 문인들의 마음을 요행에 달뜨게 하기보다 이런 원고료의 적정선을 조정해 주었으면 한다.

이것이 한국의 문학과 그 문인을 희생시키고 그들로 하여금 본격적 문학작업을 하게 하는 길이요, 곧 나아가서는 제2경제운동의 첩경이기도 할 것이다.

끝으로 이 신세타령은 이런 허접스런 글을 쓰는 나보다도 천분 있고 성실한 작가들의 오늘의 비극적 생활을 대변하기 위하여 적는 바이다.

세사 기일국

자신이 없는 글이라 변명부터 앞서게 된다. 정직하게 말하면 글쎄, 5급도 불확실한 나에게 바둑 이야기, 그것도 '인생과 경륜'이란 엄청난 명제를 곁들여서 쓰라니 '세상살이 바둑 한판(世事棋一局)'이라는 문자는 들어 알지만 내 곡경(曲境)이 어느 정도일지 상상들 해 보시라. 실토하면 이러한 나의 바둑을 때마다 상대하는 소위 기적(棋敵)이라고나 할 정비석(鄭飛石) 형은,

"구상(具常) 바둑은 아무것도 아니야! 그저 호박에 침놓기야!"라고 악선전을 하고, 또 날마다 저러한 나의 인생 몰골을 접해야 하는 아내에게선,

"한평생 세상 물정의 안팎을 구별 못하고 갈 분"이라는 혹평을 듣는다.

여하간 그렇다고 이 마당에서 그 용렬(庸劣) 인생이나마 안 살 수도, 그 풋바둑이나마 안 둘 수도, 이 졸렬한 글이나마 안 쓸 수도 없는 처지니 "서당 개 3년에 풍월"이라는데 풋바둑 30년 속에서 얻어들었거나 책에서 주워 본 이야기 몇 개를 기억 속에서 소생시켜 문채(文債)를 대신할까 한다.

도림의 바둑

우리나라 바둑에 대한 첫 기록은 《삼국사기》 중 〈백제본기(百濟

本紀)〉 개로왕조(蓋鹵王條)인데, 그 왕은 도림(道琳)이라는 고구려 간첩의 바둑을 통한 접근에 말려들어 침략을 당해서 나라도 망치고 자신도 살해되었다는 이야기다. 즉 그 요지를 의역하면, 당시 고구려의 20대.왕인 장수왕(長壽王)은 남쪽 백제를 치려고 전략을 꾸밀 제 먼저 간첩을 파견하기로 하고 사람을 구하는데 이때 중[僧侶]인 도림이 자원해 나서서,

"소승(小僧)이 도(道)는 깨우치지 못했으니 나라의 은혜나 갚으려고 생각합니다. 원컨대 대왕께서는 신(臣)을 불초(不肖)하게 여기지 마시고 지명해 주신다면 반드시 제가 왕명을 욕되게 하지 않을 것입니다"라고 말하였다.

이렇게 도림이 자신 있게 나선 데는 그 이유가 있었으니, 즉 백제의 개로왕이 바둑과 장기 두기를 매우 좋아한다는 소문을 들어 알고 있었고 그는 바둑의 명수였기 때문이다.

이에 장수왕은 기뻐하며 그를 밀파하였는데 겉으론 도림은 모반(謀叛) 혐의로 죄를 피하는 체. 즉 망명으로 가장하고 백제 땅에 들어갔다. 그리하여 백제 관리들에게 의심을 안 받은 그는 궁궐에까지 들어가서,

"신은 젊을 때부터 바둑을 배워서 약간 묘한 수를 아옵니다" 하고 개로왕에게 전달해 주기를 청했다.

이 말을 들은 왕은 불러올려 우선 한판을 놓아 보니 과연 그 바둑수가 놀라웠다.

바둑을 즐기는 왕은 그를 높여 귀빈으로 대우하게 하고 매우 친해져서 서로 늦게 만난 것을 한탄할 정도로 적국 간첩인 그에게 쏠렸다.

도림은 자기의 목적과 사명을 수행할 단계에 이르렀으므로 드디어 어느 날 왕을 모시고 앉았을 때,

"신은 다른 나라 사람입니다. 그런데도 임금님께서는 저를 소외하지 않으시고 이렇듯 은혜를 후하게 베푸시는데 저는 다만 한 가지 기능(技能)으로 섬겼을 뿐 아무것도 도움이 되지 못해서 한 말씀 드릴까 하옵는데 임금님 의향은 어떠하시올는지요."

조심스럽게 서두를 꺼내니 개로왕은,

"그렇듯 주저 말고 말하오! 만약 나라에 유익한 얘기라면 이는 내가 법사(法師)에게 바라던 바요" 하였다. 이렇듯 절대적 신임의 반응을 확인한 도림은 그때서야 거리낌 없이,

"대왕의 나라는 사방이 산악과 하해(河海)로서 다른 나라들이 감히 엿볼 수가 없고 다만 받들어 섬기기만 할 것이니 그런 걱정은 안 하셔도 됩니다. 그런데 성곽을 수선하지 않으시고 선왕(先王)의 유해(遺骸)도 임시로 가매장(假埋葬)하여 모시고 있으며 제방을 쌓지 않아 백성들의 가옥이 여러 번 장마에 떠내려가는 것을 돌아보지 않으셨으니 임금님과 나라의 체통이 말이 아닙니다"라고 왕에게 일대 토목 건설공사의 필요성을 역설하였다.

도림의 말을 그대로 받아들인 개로왕은 나라의 형편이나 백성들의 처지는 고려치 않고 궁궐, 왕릉, 제방, 성곽 등의 공사를 크게 벌이니 이로 말미암아 국고(國庫)는 탕진되고 민중은 그 징발과 부역에 시달려 나라의 위태함이 쌓아 올린 달걀보다도 더 심한 꼴이 되었다.

이렇게 하여 백제의 정치·경제·사회적 파탄을 일으키게 하고 다시 고구려로 도망쳐 온 도림의 보고를 받은 장수왕은 서기 475년 9월에 3만 대군을 거느리고 당시 백제의 수도인 한성(漢城)—지금의 광주(廣州)까지 쳐 내려가니 개로왕은 해이(解弛)된 군비와 흩어진 민심으로 도저히 이를 막아낼 수 없어 나가 싸우지도 못하고 함락되는 성문으로 빠져나가다가 붙잡혀 살해되고 말았다. 이로 말미암아 그 왕

자 문주(文周)가 공주(公州)로 피신, 이도(移都)하였으니 백제의 남천쇠미(南遷衰微)의 역사가 시작된다.

이렇듯 바둑이 국가의 흥망을 좌우하게 된 것을 우리 기록으로 보면서 연상되는 것은 연전 북괴간첩 이수근의 월남 탈출 사건이요, 또 하나 오늘에도 우리의 교훈으로 남는 것은 바둑으로 상징되는 적의 마수(魔手) 중 가장 두려운 것이 자체적 붕괴, 즉 자괴지란(自壞之亂)이라 하겠다.

바둑의 쟈유와 평등

다음 얘기는 어느 바둑잡지 독자란에서 읽은 것인데, 내가 가끔 무단으로 표절을 하고 각색하여 이제는 내 창작같이 되었는데 게임 중 가장 민주주의적인 것이 바둑이요, 그래서 바둑은 민주주의 교육과 그 훈련에 유효하다는 주장이다.

바둑은 첫째, 서로 한 수씩 두되 약자와 강자를 서로 대등한 입장에 서게 하는 접바둑이 있는데 이는 빈부와 귀천과 노소 등 그 계층이나 직위나 상하의 관계가 없는 자발적 행위의 위계질서가 있어 언제나 평등과 공평이 보장되며, 둘째, 바둑은 호혜적(互惠的)인 것이어서 어느 한쪽이 살아남고 상대방을 모조리 죽일 수는 결코 없으며, 또 독점이나 과욕행위는 포석원리(布石原理)에서부터 금하는 바다.

그래서 실상 바둑의 싸움은 장기처럼 전원이 내 임금은 살리고 네 임금은 죽이자는 침략전쟁이 아니라, 빈 천지에다 자기의 영토를 개척하고 이를 확장해 가자는 선의의 경쟁으로 보아야 하고, 중간에 적진침공(敵陣侵攻)이라는 것도 도발행위라기보다 상대방이 덜 개척했기 때문에 이쪽에서 손을 쓰는 것이요, 사석(死石)이라는 것이 생기는 것은 불모지에 잘못 들어갔거나 계획이 잘못되어 개척에 실패했기 때문에 생긴 노력의 무효화라고 보는 것이 옳다.

이것은 장기가 서로 살아서 시작해서 어느 쪽 임금의 살해로 끝나는 것과는 달리 바둑은 처음부터 살고 죽음이 없이 시작해서 서로가 살아서 끝나는 것을 보면 평화적 경쟁임을 알 것이다.

셋째, 바둑은 법의 강력한 준수로 이루어지면서도 또 한편 무한한 자유를 누리는 민주주의 세계에 있어서 가장 이상적인 조화를 보여 준다. 그래서 포석(布石)이나 정석(定石), 사활(死活)에 그렇듯 많은 세칙과 규범이 있으면서도 고금(古今)에 똑같은 바둑은 놓여진 적이 없다고 하지 않는가.

이렇듯 바둑은 평등과 자유, 질서와 공평 등 민주주의 원리와 그 이상상(理想像)을 지니고 있어 이를 즐기는 사이에 그러한 사상과 생활이 몸에 배게 될 것이라는 주장은 오늘날 우리 사회의 민주주의 간판 아래 자행되는 모든 문란에 대한 일침이기도 하다.

이승만과 바둑 급수증

세상없이 겸허한 사람도 바둑에만은 자기 사양을 안 하는 것이 보통이다. 아마 이것은 인간이 본성적으로 제 잘난 맛에 사는 것을 반증해 주는 것이라 하겠다. 그런데 하물며 비범하고 걸출한 인물에게 있어서랴.

이것은 내가 정비석 형에게 간접적으로 들은 이야기로, 이승만 박사가 대통령 재임 시절 그의 생신날 삼부현관(三府顯官)들이 서로 다투어 선물을 올리는데, 당시 감찰위원장이던 C선생은 그 자리로 보나 인품으로 보나 호사스런 선물을 마련할 처지가 아니었다.

그래서 그분은 곰곰 생각 끝에 아주 진기한 선물을 착상해 냈는데 그것은 좋은 바둑 한 질을 구해다 바치는 것이었다.

이 착안은 이승만 대통령이 경무대(지금의 청와대) 경내를 산책하다가 더러는 교대로 쉬는 경호순경들이 바둑 두는 것을 즐겨 본다는 정보를 들었기 때문이요, 또 C선생 자신이 당시 한국 기원 이사장으로 있으리만큼 바둑을 사랑함에서였다.

그런데 이왕이면 창덕궁이라고 C선생은 그 선물을 올릴 때 맨 바둑보다도 바둑 급수증(級數證)을 함께 드리기로 하고 관계자들과 의논하여 당시 조남철(趙南哲) 국수와 맞먹는 최고위의 명예 6단증을 첨부했다.

아니나 다를까—. 이 선물을 몹시 흥겨워하며 펼쳐 보던 이승만 박사가 그 명예 6단증을 보더니 일언지하에 하는 말이,

"그래 내 바둑 실력이 요것밖에 안 돼" 하더란다. 이 박사의 본 실력은 나보다도 못한 9급 이하였다나—.

조치훈의 3국

요새 한국의 바둑팬들은 일본기원선수권도전 오번기(日本棋院選手權挑戰五番棋)로 열에 떠 있다. 하기야 매스컴의 바둑란이나 방송 같은 데 골똘하지 않는 나 같은 사람까지 이번 조치훈(趙治勳) 군과 사카다[坂田榮男]의 대전만은 잘 이해도 못하면서 심야 방송에서부터 신문 연재마저 빼놓지 않고 들여다보고 있으니 그래도 바둑깨나 둔다는 사람들이야 오죽들 하랴. 웬만한 회석(會席)에 나가면 수인사 끝내고 사담(私談)의 화제는 거의가 그 얘기들이다. 특히 이번 3국째의 조 군의 패인(敗因)에 대해서도 의견이 분분한데, 내가 들은 얘기 중 가장 탁견(卓見)으로 인정되는 것으론 조 군의 이번 바둑은 이미 두기 전에 졌다는 논평이다.

무슨 얘기인고 하니 조치훈 군은 제3국을 두기 전날인 1월 16일, 어떤 호텔에서 기자 인터뷰를 가졌는데 이번 대전의 구상(構想)을 묻자,

"나는 이번에도 삼연성(三連星)을 두겠다"고 언명을 했다는 것이다.

이러한 소식에 대한 논평을 요약하면 첫째는, 무엇보다도 대국 상대일 뿐 아니라 기계(棋界)의 대선배인 사카다 9단에 대한 무례를 범하였고, 둘째, '교병필패(驕兵必敗)'라는 바둑의 기본자세에도 어긋나는 일이요, 셋째, 실제에 있어서도 이러한 전략 누설은 상대방에게 이에 대처할 방략을 수립케 하니 직접적으로 패전을 자초하는 경솔한 언동이었다는 것이다.

물론 나는 솔직히 말해 조 군의 이러한 언동이 이번 바둑에 어느 정도의 심각한 영향을 끼쳤는지도 모르고 전문기사 세계에서 저러한 신진기예(新進氣銳)의 당돌함이 어느 정도 예(禮)를 실(失)하는지도 잘 모르지만 오직 그 말들을 들으며 우리 기예(技藝)의 종사자들이 가지는 어떤 허약점을 조 군도 갖고 있고 또 저질렀다는 느낌이 들었다.

내가 평소 우리 기예의 세계와 일본 기예의 세계를 비교하면서 가장 느끼는 것은 우리에게는 천재나 기재(奇才)와 같은 조숙(早熟)의 일재(逸材)들이 많이 나오지만 그들은 중도파탄이나 미완성에 끝나기가 쉽고 일본 사람들은 오히려 면려(勉勵)와 각고(刻苦) 끝에 노성(老成)한 명인(名人), 달인(達人)이 많다는 점이다.

그래서 우리는 자질로는 저들보다 뛰어난 기예인이라도 그 기능에 비례하는 인격적 성숙이 따르지 않기 때문에 존경과 안심감을 갖고 대하기가 두려워지는 것이 현상이다.

이러한 성찰은 나를 포함한 우리 기예인들에 대한 일반적 요청

으로서 조 군의 조숙한 기재를 트집 잡거나 그가 일찌감치 개인적으로나 민족적으로 성예(聲譽)를 떨치고 있는 데 대한 그 칭송에 흠이 가게 하려는 것은 물론 아니다.

그러한 오늘의 성예가 일시적인 것이 아니고, 이미 승부의 세계에서는 후퇴하였어도 기성(棋聖)으로까지 추앙되는 오청원(吳淸源)처럼 대성해 주기를 바라는 다음에서인 것이다.

이상으로 나의 풋바둑의 허접스런 견문록을 마치면서 나의 바둑 애호지변(愛好之辯)을 한마디 곁들인다면 "지지리도 못 두는 바둑을 번번이 지면서도 두고 또 두고 하는 것은, 못 두거나 져도 제 분수대로 살아남는 바둑이 마치 부수인생(負數人生)을 가는 내 꼴 같기 때문"이라고나 하겠다.

기적(棋敵)과의 여행

비행기가 김포공항을 뜨자마자 적(敵)은 일본서 발행된 묘수(妙手)풀이 책 두 권을 꺼내더니,

"하수(下手), 이것 가지고 잘 연구해 보라고! 이번 도처(到處)에서 혼내 줄 터이니" 하며 한 권을 내민다. 나도 순순(順順)만 할 순 없어,

"잘 생각했어! 어서 당신이나 많이 공부해 두수" 하고 응수했다.

출발부터 동행들이 시비조인 데 불안하셨던지 팔봉(八峰)께서 그 연유를 물으시는 모양이다. 적은 뭐라고 또 맹랑한 허위선전을 하는 모양인데 폭음으로 들리지는 않지만 팔봉 선생이 나를 건너다보고 크게 웃으시는 게 수상하다.

호텔은 언제나 팔봉께서 독방에 드시고 우리 둘이 한방에 지냈지만 겨우 바둑판이 얻어걸리기는 저 '봉타우' 해안 국군휴양소에서 묵는 날이었다. 우리는 휴가 와 있는 장병들의 관전 속에서 국외 십번기(國外十番棋)를 벌인 셈이다. 그런데 내가 연 2패(敗)를 했다. 어처구니없지만 바둑은 변명이 되지 않으니 쓴 입맛만 다셨다.

그다음이 백마부대 사단장 숙소에서 모두 취침에 든 후 단둘이 접전을 하였는데 여기서도 계속 고배(苦杯), 다소 할 말은 있지만 (적이 바둑알을 놓았다 뗐다던가) 내 꼴이 참혹하게 되었다.

이튿날 적은 득의양양해서 광고하기를,

"간밤 '베트콩' 때려잡듯 하였지요"라는 것이다.

적의 선전력은 평소 그의 신실한 인품이나 성세(聲勢)에 비례해서

그 효력이 대단한 것으로, 우리를 안내하던 장교부터가 나를 보고,

"바둑에도 정비석 선생이 강하신 모양이죠" 해도 나는 유구무언일 수밖에.

태국, 홍콩을 돌아 대만 여사(旅舍)에 닿자마자 구경은 제쳐놓고 일전(一戰)을 벌였다.

그러면 그렇지! 그때사 나의 본 실력이 나타났다. 처음엔 만방, 또 한 번도 불계(不計)로 설욕을 했다. 이제 실토하지만 실상 4패의 그 면목으로는 차마 귀국도 못할(?) 그런 심정이었다.

일본에 와서는 하코네[箱根] 온천에 가서 아주 치수(置數) 고치기를 하기로 했는데, 적은 막상 겁을 집어먹었던지 약속을 어기고 일찍 귀국하여 주자(走字)를 놓았던 것이다.

귀국하여서도 대전이 있었는데 나는 단연 2승 1패 우위를 견지하고 있다. 그러나 적은 어찌나 '피알'이 능한지 세상이 들으면 마치 내가 상대가 안 되는 정도로 호언장언이다.

연전에도 이런 일이 있다. 적은 "구상 바둑은 호박에 침놓기야"라고 사방 소문을 내서 이 소리가 바로 바둑잡지에 실리게까지 되어 나는 4면에서 연민(?)의 인사를 수없이 받아야만 했다. 먼저도 말했지만 적은 그의 화려한 명성과 평소의 신실과 그 능변(能辯)으로 눌변(訥辯)의 한사(寒士)인 나를 기력(棋力)보다 선전(宣傳)으로 압도하려 든다.

이번 여행에서도 그는 바둑의 경우만을 빼놓고 더는 바랄 수 없는 좋은 여반(旅伴)이었다. 그러나—.

내가 이만큼 치기(稚氣)를 늘어놓으면 바둑깨나 두는 사람은 우리의 급수에 짐작이 가리라. 더 명백히 하자면 기적(棋敵)인 정비석 형이 아마추어 2급으로 행세하니 나는 만부득 1급일 수밖에 없지 않은가!

신문의 공정
−1964년 '신문주간'에 부쳐

나는 우리 신문의 공정(公正)을 생각하면서 지도원리(指導原理)가 확립되지 않고도 공정이 있을 수 있을까 반문을 해 본다.

하기야 모든 신문이 저마다의 사시(社是)와 사훈(社訓)을 갖고 있다. 그러나 그것은 언론 일반적인 신념이나 원리일 따름이지 우리 신문은 각개의 지도이념이나 그 방법 없이 풍조와 시류를 헤엄치듯 하고 있음을 본다.

그래서 사설이나 논설을 읽어 보면 흔히 현실 비판이나 그 주장에 일정한 기저(基底)된 사관(史觀)과 방법 없이 '제출된 문제만의 독립된' 해석과 방안이 제시된다. 극단적인 예를 들면 어떤 정치 논설은 이른바 자유민주주의적 논조(論調)를 전개하는가 하면 아랫단(段) 경제 사설에서는 사회주의적 체제를 강조하는 듯한 논지(論旨)에 나서기도 한다. 이런 각 부면의 상치(相馳)와 더불어 어제와 오늘의 이로(理路)가 백팔십도로 전복되며 사설과 기사와 단평(短評) 등이 한 사건 한 문제를 가지고 정반대의 소견과 해석을 하는 경우가 비일비재하다.

그러한 연유를 캐어 보면 신문 경영체나 운영자들의 몰인식과 나아가서는 세리(世利)의 편승도 있지만 주로는 신문 논설진의 부실한 주체사상과 무절조(無節操)에 기인한다 하겠다. 외피적인 현상만 가지고 보더라도 우리나라 지도적 논객급(論客級)으로부터 신인에 이르기까지 몇 분을 제외하고는 오늘은 그 야당지(野黨紙)에서 필봉(筆鋒)을 휘두르다가 내일은 저 여당지(與黨紙)에서 곡필(曲筆)을 드는 행색을 밥 먹듯이 해 온 것을 너무나 많이 보아 왔다. 이것이 취재기자나 정리기자라면 신문의 일반적인 직능으로서 합리화되려니와 주필, 논설위원, 편집국장 등이 이래서야 그들이 제작, 지도하는 신문의 공정함이란 가위 추찰(推察)할 수 있지 않겠는가.

이런 뜻에서 나는 취재의 횡포보다 무정견(無定見)한 논설의 해독을 더 두려워하는 사람으로, 만일 어떤 악정(惡政)에 가담한 정치인이 공민권 박탈의 응징을 당한다면 의당 이러한 언론인의 무절조도 공적인 응보(應報)를 받아야 할 것으로 안다. 이래야만 붓의 무서움과 두려움을 쓰는 사람부터가 스스로 알 것이다. 이러한 신문 논설진의 이념적인 재정비와 더불어 항간에서까지도 노상 풍설(風說)의 대상이 되는 신문 경영인들의 자주독립이 제일의적(第一義的) 과제라 하겠다.

툭하면 요새 "그 신문은 정부에서 특혜를 받은 모양이야" "그 신문은 모 당(黨)에서 돈을 먹었대" "그 신문은 모 재벌과 결탁했다지" 하는 것이 우리의 통념이 돼 있다시피 하다. 이러한 근본적인 언론의 병폐를 불식하는 길은 신문 운영의 자립뿐이다. 이것이 불가능한 신문은 마땅히 정비 폐쇄돼야 하며, 더욱 그런 사이비언론인인 사장 등속이 논설실이나 편집국을 오르내리며 자신의 상고행위(商賈行爲)를 엄호 지휘하는 소행은 근절돼야 하겠다.

그리고 취재에 있어서 한 가지 기억나는 것은 1942년 내가 함흥 〈북선매일신문(北鮮每日新聞)〉에 입사하여 초년병으로 있을 때 하루는 노(老) 사회부장에게 "기자는 도둑을 잡을 때까지는 경찰 편이요, 잡히고 나면 도둑 편이다"라는 충고를 들은 적이 있다.

사실 오늘날 취재에 있어 죄보다 죄인을 더 미워하고 사건의 강조를 위하여 취재와 정리의 무사려(無思慮)한 과장은 한 인권뿐만 아니라 세론(世論)을 소란시키는 결과가 된다. 또한 삼각취재(三角取材)의 가장 기본적인 범칙(犯則)이 속보라는 의욕 밑에 횡행되고 있음은 언론 공정을 위하여 제일의 적신호라 하겠다. 하여간 '우리 언론도 이제는 무서움과 두려움을 스스로 알 때가 왔다'는 것을 다시 강조하고 싶다.

전우라는 것

한국동란이 휴전협상에 들어가 전선이 교착상태에 놓였을 무렵의 이야기다. 어느 전초고지 참호 속에서 우리 국군 이등병과 흑인 이등병들이 어울려 막걸리판이 벌어졌다. 이 탁주는 참호 속에서 우리 병정들이 담근 것이다.

한 잔, 두 잔, 권커니 잣거니 하는 사이에 거나해진 병정들은 한두 마디 영어단어 '드링크 오케 유 넘버원'과 손시늉만을 가지고도 서로 가슴에 지닌 우정과 회포를 쏟아 놓기에 아무런 불편이 없었다.

흥이 이렇게 하여 최고조어 달했을 무렵, 그중 흑인 병정 한 명이 옆에 앉은 우리 병정을 껴안으며 감격에 못 견디겠다는 듯 무어라고 자꾸만 긴 말과 형용을 반복하는 것이었다.

껴안긴 우리 병정은 '오케'를 연발했으나 그 흑인 병사는 그것만으로는 자못 불만하고 안타까운 모양이다.

"이 깜둥이 새끼가 나를 좋기는 좋다는 모양인데 원 알아들을 수가 있어야지?"

우리 병정은 이렇게 뇌까리며 또 한잔 들이켰다.

이때에 마침 각 참호를 순찰하던 부대장 R대령이 나타났다. 이런 때 상관이란 병정들에게 귀찮은 존재다. 그렇게 안타까워하던 흑인 병정도 입을 다물지 않을 수 없게 되었다.

그런데 이 R대령(고[故] 이기련[李錤鍊])이란 분이 본시 모주꾼이요, 그 흔한 가죽장화 한번 못 얻어 신고 장군이 되면 자전거에다 별판을 달고 다니겠다는 그런 파격적 인품이라 그 자리에 주저앉아 함께 어울려 버리고 말았다. 처음에는 경계하던 흑인 병사도 차차 신명을 회복하자 또다시 자기의 심정을 토로하게끔 되었고 마침내는 R대령에게 이를 통역하여 전달해 줄 것을 자청해 왔다.

그 흑인 병사의 그리 통하고 싶던 사연을 여기에 간추려 보면,

"너와 나와는 어머니가 다르고, 고향이 다르고, 인종이 다르고, 생일도 다르고, 피부색깔도 다르고, 이렇게 모두가 다른데, 오직 같은 게 둘 있으니 그것은 이등병이라는 것과 죽을 날짜가 같은 것이다. 그러니 모두가 다 달라도 죽을 날짜가 같은 종신(終身)형제라, 이렇게 가까운 사이가 어디 있겠느냐?"라는 것이었다. 그리고 이어서,

"우리는 그래서 부모보다도, 형제보다도, 동족보다도, 아니 애인보다도 더 가까운 사이요, 얼굴색이 검고 누른 것이나 서로 다른 환경에서 자라고 살아온 것쯤은 문제할 바도 아니다"라는 것이고, 또한 그래서 자기 옆에 앉아 술잔을 나누고 있는 국군 병정 친구가 좋아서 못 견디겠다는 것이었다. 위대한 발견이요, 위대한 잠언(箴言)이다. 이 흑인 이등병의 입에서 우연히 튀어나온 이 말은 어느 위대한 철학가의 예지나 민주 사상가의 입을 빌리기보다도 우리 전우애의 근본을 밝혀 놓았고, 한 걸음 나아가서는 공산주의와 투쟁하는 민주세계와 전 자유민에게 산 교훈이 될 것이다.

종신형제!

이 정신의 생명 있는 약동만이 우리 국군의 원동력이 될 것이며 또한 민주우방의 단결과 그 최후의 승리와 영광을 초래할 것이다.

오늘 〈전우신문〉 창간 4주년을 맞이하여 그 비약적 발전을 축하하며 요원(要員)들의 노고에 감사하면서 내가 종군 중에 얻어들은 삽화 하나를 소개하여 나의 소회를 대신하는 바이다.

여성에게 보내는 세 통의 편지

제자 P양에게

P양! 약혼하였다는 즐거운 소식 받았습니다. 그리고 나의 마음 가난한 축복을 겸해 이렇듯 공개적인 글발을 쓰는 것은 그 희소식 중에 적혀 있는 한두 대목은 오늘날 결혼을 앞둔 젊은 여성들의 정직한 공통의 체험이라고 여기기 때문에 여기에 소개하고 나의 소견도 덧붙여 볼까 합니다.

"선생님은 뜻밖이라 놀라시겠지만 저는 그렇듯 하고 싶던 연애를 끝내 한 번도 못하고 주사위를 던지듯 고모할머니의 중매로 시골 회사원과 약혼을 하였습니다."
라는 사연을 읽으며 나는 놀랐다기보다 흥그러움을 느꼈습니다. 이것은 내가 젊은이들의 연애결혼이나 자유결혼을 반대하고 재래식 중매혼인을 찬성한대서가 아니라 여기에는 생각나는 일화가 있기 때문입니다.

아직도 자유중국에 생존한 법철학의 세계적 석학인 오경웅(吳經熊) 박사는 그의 《동서의 피안(東西彼岸-Beyond East and West)》이라는 명저에서 대략 다음과 같이 술회합니다.

"열일곱 살에 결혼을 한 아내와 나는 혼례 전에는 서로 본 적도 없다. 둘 다 겨우 다섯 살 때 약혼을 하였는데 그것은 우리 양편의 부모님들 때문이었다. 서양 사람들은 이런 고대 중국의 혼인제도에 납득이 안 갈 것이다. 그래서 나의 서양 친구들은 이 이야기를 듣고서 도무지 믿어지지 않는다고 하며 '어떻게 그럴 수가 있을까요?' 하고 놀라며 우스워한다. 나로서는 그들이 놀라는 것이 우습고 또 그들이 우스워하는 것이 놀라웠다. 그래서 나는 이렇게 말했다. '그럼, 당신은 당신의 부모님이나 형제자매를 당신 스스로 고르셨나요? 당신이 고르지 않고도 그들을 사랑하시지요'라고."

물론 이 이야기는 그가 남녀의 결합이란 인간의 힘을 넘은 초자연적 배려임을 암시하는 말입니다. 우리나라의 결혼관도 이런 '천생연분'이라는 인식과 '고천문'이 표시하듯 하늘이 맺는다는 인식이 있습니다. 아니 우리뿐 아니라 서양 사람들에게도 결혼은 인간의 임의로는 어쩔 수 없는 것이라는 통념이 전해 내려왔던 것은 분명합니다. 셰익스피어는 《베니스의 상인》의 네리사의 입을 빌려 "전해 내려오는 속담에는 틀린 것이 없네. 교수(絞首)와 결혼은 운명대로 된다네"라고 말합니다.

실상 오늘날 젊은이들의 열망인 뜨거운 연애도 엄밀히 따지고 보면 어떤 우연한 기회나 인사(人事)의 중개가 아닐 수 없습니다. 또 누가 연애를 통하여 결혼에 이를 때도 자기가 옳은 사람을 골랐는지 그렇지 못한지 한 번은 자기 의혹에 휩싸이게 됩니다. 오히려 모든 혼배(婚配)가 하느님이 이루어 주신 것이라고 믿는 사람에게 있어 그런 자기 불신이나 상대에 향한 불만이 가시게 됩니다. 앞에 쓴 오경웅 박사는 "창세기의 '아담'이 '이브'만을 주시고 선택할 다른 여인이 없었다고 하느님을 섭섭히 생각했겠는가?" 하고 유머러스한 반문을 던집니다.

저와 같이 생각해 볼 때 P양이 "마치 주사위를 던지듯 어떤 사람과 결혼을 하게 되었다"는 말은 겸손이라면 몰라도 후회나 자탄이나 자포 같은 취지로서 나는 도저히 받아들일 수 없는 것입니다.

또 한편 "그렇듯 하고 싶던 연애를 끝내 한 번도 못하고"라는 말에는 나는 이의(異議)를 달 수밖에 없습니다.

스물아홉, 어쩌면 주위에서 '올드 미스' 소리를 듣기까지엔 P양도 열애(熱愛)의 대상을 갈구하였다는 것은 지극히 당연한 일로서 오히려 그런 마음이 없었다면 부자연스러운 일일 것입니다. 그러나 그런 P양에게 그럴 만한 적합하고 정확한 대상자가 나타나지 않았던가, 또 나타나도 붙잡을 수 없었다는 것은 결코 미래에 대한 아쉬움도 부끄러움도 불행도 아닙니다. 흔히 우리는 청춘의 구가(謳歌)를 감정의 낭비와 남비(濫費)로 오해하기 쉽습니다. 그래서 청춘은 연애를 빼놓고는 아무것도 없듯이 말합니다. 그러나 그런 젊음들의 소위 연애를 위한(?) 연애가 얼마나 진정한 사랑의 꽃과 열매를 맺을까요. 이 찻집에서 나와 저 여관을 다녀 나오는 그런 젊음들을 우리는 연애라 부를 수 있겠습니까?

사랑이란 일종의 창조요, 그 능력입니다. 성(性)의 충족을 가시기 위한 열기가 아니라 삶의 가장 고귀한 비의(秘義)를 이름하는 것입니다. 이런 고귀한 능력이 흠부로 또 무턱대고 행사될 수 있다는 자체가 오히려 이상하지 않을까요. 현대인은 스탕달의 '잘츠부르크' 나뭇가지에 맺어지는 소금의 꽃이 허황하고 덧없는 것임을 깨닫고 있습니다.

이런 의미에서 P양이 그 흔한 "연애를 한 번도 못한 것은" 청춘의 부끄러움이 아니라 자랑입니다. 또 이것은 오늘날 건전한 여성들의 혼배하기 전 일반적인 경향이 아닐까 생각됩니다. 실상 P양처럼 구족(具足)한 가정과 여학교 교사라는 건실한 직장과 거기에다 신앙생활마저 해 온 여성에게 오늘의 유희적 연애는 스스로 제약을 받아 온 것이 실정이 아니겠습니까?

P양! 이제 한 남성을 청순한 몸과 마음으로 전신적 정열을 기울

이게 된 것을 긍지로 삼으십시오. 그리고 앞으로 있을 자녀에게도 떳떳하고 티 없는 어머니가 되게 된 것을 스스로 만족해하십시오. 어쩌면 이 글발이 소위 교사의 입장에서 쓰는 마지막 편지가 될지도 모르겠습니다.

호스테스 M양에게

M양! 이것은 편지라기보다 M양이 나로 인해 더욱 굳어만 가는 시인들에게 향한 악인상과 힐난, 즉 "시인이란 분들은 왜 그렇듯 야만 같고 변태적입니까? 그렇듯 퇴폐적이 안 되고는 시를 못 씁니까?"에 대한 구구한 해명이라는 게 옳을 것 같습니다.

내가 그 집에 드나들기 시작한 지도 벌써 3년, 나는 갈 때마다 나의 성 '구(具)'와 발음이 같은 '9'번인 그대를 말동무로 하여 술을 마셨고 그대는 친절하게라기보다는 좀 찡그리는 듯한 표정으로 나의 술자리를 접대하면서 곧잘 나의 허점을 톡톡 쏘아 주곤 하였습니다. 나는 또 그것이 재미있어서 한술 더 떠 그대의 정직이나 순결을 짓밟는 듯한 수작을 해 왔던 것입니다.

이렇게 발단된 우리의 술자리 사교는 언제나 나는 일방적 음담패설가로 군림했고 그대는 좀 못마땅해하면서도 흔히 접하는 일반 중년들의 치기(痴氣)로 여겨 그런대로 우리는 어울릴 수가 있었던 것입니다. 그런데 M양! 지난번 내가 좀 가라앉은 심기로 술을 마시던 날, 마치 그대가 별렀다는 듯이 나에게 말한 서두의 질문을 겸한 힐난에 나는 그 자리에서는 또 "시인이고 개코구 남자는 다 짐승이야, 오직 시인들은 정직해서 여지없이 드러낼 뿐이지!" 하고 얼버무렸지만 그대의 진실하고 소박한 회의에 외면할 수 없는 어떤 책임감에서 이 붓을 들고 있는 것입니다.

M양! 실상 따지고 보면 그대가 시인들을 접하고 느낀 그 회의와 질문은 시인들에게 새삼스러운 것이 아니요 시인에게 향한 일반의 악평을 대변한 것이라 하겠습니다.

근대시(近代詩)의 아버지로 추앙을 받는 베를렌의 전기를 보면 가톨릭교도인 그는 고해실(告解室)에서 신부에게 "당신은 그래 짐승과는 음란을 범치 안 했는가?" 하고 다짐을 받습니다. 이 구절만으로도 그의 제자 랭보와의 남색(男色) 행각을 비롯해 그의 생전의 소행이 얼마나 난잡했느냐 하는 것에 짐작이 갈 줄 압니다. 또 데카당스의 비조라고 불리는 보들레르의 생애는 말할 것 없거니와, 우리 신문학의 천재라고 불리는 이상(李箱)만 하여도 그의 작품으로 미루어 그 생활이 얼마나 문란했던가 하는 것을 쉽게 알 수 있습니다. 그러면 일반이 여기서 언뜻 느낄 것은 시인들의 소행이란 그렇게 퇴폐 속에 깃들어도 무방할 뿐만 아니라 나아가서는 그 중세나 도수가 심각할수록 가상(嘉賞)할 바인가 하는 반문을 일으키게 합니다.

그러나 실상 데카당스란 술이나 퍼먹고 엽색이나 하는 찰나적인 행락자를 의미함도 지칭함도 절대로 아닙니다. 가장 깊은 영혼의 신음 속에서 몸부림치고 목말라하고 아파하는 신학적이요 철학적인 자세인 것입니다. 그들에게 자기가 그리고(동경[憧憬]) 발견한 이념이나 입상(立像)을 현실화하고 행동하려는 치열한 충동이 있으며 그 자세는 순교(殉敎)의 자세와 맞먹습니다. 그들에게 오늘의 세계의 모든 불합리와 인류의 모든 불행은 방금 이 순간, 즉각 가셔져야 하며, 창세기가 보여 주는 인간의 원죄 이전으로 돌아가 모든 실락(失樂)을 일시에 되찾으려는 다급한 주문과 애절한 소망을 가지고 있고, 나아가서는 그러한 착각 속에 몰입되어 행동하기도 합니다. 좀더 비근한 예를 들자면 그들은 현재 인간 사회가 지닌바 스스로의 제도나 제약을 쇠사슬로 알고 어떤 도덕적 관념의 구애도 받고 싶지 않으며, 나아가서는 성(性) 자체도 완전 해방하는 것을 이상으로 삼고 있다 하겠습니다. 이러한 그들의 벌거숭이의 희원(希願)이 현실적 대립과 파탄으로 말미암아 자포와 자학과 자기(自棄)를 가져다주기 때문에 저러한 퇴폐적 생태를 노출하게 되는 것입니다.

또 한편 그들의 소업인 시가 본질적으로 그들을 그렇게 만드는 소이연(所以然)도 없지는 않습니다. 왜냐하면 시는 원시인의 소박성과 문명자의 고도한 기술성을 안 가지고는 써지지 않기 때문입니다. 어떤 조작도 티도 없는 순수한 정신만이 진정한 시를 낳을 수 있고 숙련되고 숙달한 고도의 기술이 있어야 훌륭한 시를 쓸 수(만들 수)가 있습니다. 그래서 한 시인 속에는 원시적인 야만인과 가장 현대적이요 예절 바른 신사가 들어앉아 쉬임 없이 대결하고 있다 하겠습니다. 이러한 시인들의 면목이 각 시인의 성격이나 기질에 따라 그 일면이 강조되어 나타나는 것입니다. M양이 예를 들었듯이 S시인처럼 술만 취하면 남자친구들과도 혀를 빨며 입맞춤하는 그런 야성적인 분이 있는가 하면, 이미 세상을 뜨셨지만 청마(靑馬) 유치환(柳致環) 시인처럼 밤을 술로 새익도 자세 하나 흐트러뜨리지 않던 신선 같은 분도 계십니다. 오직 장소가 장소인지라 나 같은 모주 시인이 출입하기 때문에 그대의 눈에는 시인의 조야(粗野)한 일면만 보게 되었을 것입니다.

내가 이상 말한 것은 어디까지나 시인이나 예술가의 그 본질적 해명이지, 나를 비롯한 설익은 시인들의 향락과 방자(放恣)와 객기를 합리화하자는 것은 아닙니다. 그러나 또한 거기 출입하는 시인들의 행동 속에서도 저러한 시예술의 본질적 요소들이 많건 적건 내포되어 있는 것은 사실이요, 그대가 송충이같이 꺼리는 S시인

같은 분도 실상 우리 문학에 길이 남을 시인이기도 합니다. 그렇다고 나의 음담패설마저도 시적인 것이라고 오해는 마십시오. 여기서 나를 솔직히 탄로시키면 그대가 힐난 끝에 미안해서 꼬리를 단 "그렇긴 해도 시인들이란 어쩐지 미워할 수가 없는 것 같아요"라고 한, 그 시인이란 명패 때문에 세상이 흘려 넘겨주는 그것을 역이용하여 온갖 주정과 추태를 연출하고 다닌다 하겠습니다. 또한 자기의 예술적인 빈곤이나 속물적인 근성을 카무플라주하기 위해 한술 더 뜨고 있다고도 하겠습니다.

처음에도 밝힌 대로 그대가 어쩌면 나로 인해 더 잘못 굳어졌을지도 모를 시인에게 향한 인식을 이것으로 시정하고 풀 수 있겠는지 의문입니다. 그러나 나로서는 이 이상 변호할 재주가 없군요.

M양! 머지않아 나는 또 그 집에 나타날 것입니다. 또 거기 가면 나는 일관된 예의 행색을 할 것입니다. 어쩌면 그대가 지적하듯 그러한 나의 행색이 서툴고 나에게 어울리지 않을지도 모릅니다. 이것은 결국 내가 참된 시인도, 또 속물도 못 되는 증표일지도 모르죠. 내가 이제는 몸이 받지도 않는 술을 마시고 술집 출입하는 것은 그 때문인지 모르죠.

시인 N여사에게

N여사! 수상집 받아서 감명 깊게 읽었습니다. 한 올 한 올 색실로 수놓아 가듯한 그 섬세한 여심의 세계와 현란한 문장력에 둔재바리인 나는 압도당하는 느낌이었습니다. 그런데 그 속에 나와의 하치않은 대화가 진지한 사색으로 진전되어 있어 기쁨과 생광이었습니다. 그 대목을 여기다 옮겨 보면,

"일전에 몇 명 문우들이 모여 저녁을 나누는 자리에서 작가 Y씨

는 그의 아들의 성적이 나쁘고 예사로 학교도 빼먹어 큰일이라는 얘기를 한바탕 호탕한 웃음에 섞어 지껄이고 나서 아주 정색을 하며 이런 말을 하던 것이다. '그래도 말이죠, 이 아이놈하고는 다음 세상에서 또 한 번 부자간의 연분을 맺어 볼 생각이 있어요. 말하자면 다른 우등생하고 바꿀 수 없다는 겁니다.' 그러곤 다시 말을 이어 '하지만 마누라쟁이하곤…… 역시 좀 생각해 볼 문제 같거든요' 한다. 나는 실로 아연해졌다."

이 대화는 어투로 보다시피 그리 호의적으로 인용되지도 않았고 또 문장에 인용된 것이란 그 실제를 떠난 허구의 세계로서 작가 Y씨로 바뀐 나를 구태여 나라고 나설 것도 없는 바요, 또 내가 여기서 위에 '인용된 대화' 그 자체를 자랑스럽게 생각한다거나 불쾌히 여겨 해명하거나 취소하려고 이 글을 쓰는 것은 결코 아닙니다. 앞에도 말했지만 그 대화를 통해 펼쳐진 N여사의 사색이 오늘에 사는 우리 부부들의 공동의 것이 되기 위하여 나는 내가 그날 저녁 술회하였던 이야기의 전후 줄거리를 여기에다 재록함으로써 N여사의 그 깊은 사색을 널리 음미시키려는 것입니다.

이야기는 내가 연전 일본 도쿄에 가 있을 때의 회상입니다. 나는 그때 이제는 그 이름도 잊은 소비에트 작가의 〈나의 가련한 마라드〉라는 연극을 본 일이 있습니다. 그 줄거리를 기억나는 대로 추리면,

"제2차 세계대전 때 폭격 속의 레닌그라드에서 이리저리 피하던 남자 대학생 둘과 여자 대학생 한 명, 이렇게 셋이는 어떤 파괴된 건물 한방에서 얼마 동안 함께 지낸다. 그러나 이들은 얼마 안 가 조국전선에 각각 출정했고 전쟁이 끝나 귀환해서 서로 찾아 만나보니 공과대학생이던 한 청년은 장교가 되어 소위 '붉은 군대의 영웅'이 되었고, 문과대학생이던 한 청년은 상이용사로서 한 발을 끄는 시인이 되었고, 의과대학생이던 소녀는 의사가 되어 있었다. 그

런데 저 상이시인과 여의사는 오직 둘이 먼저 만났다는 그 우연만으로 자기들의 개성과 일과 애정을 충분하게 검토하지 않고 저 '영웅'을 물리치고 결합한다. 그 후로부터 또 13년이 지난다. 국가적 큰 규모의 교량(橋梁)을 건설하고 성예를 떨치는 기사가 된 공과대학생은 그때까지도 독신으로 여의사에게 향한 일념 때문에 또다시 두 사람의 가정을 찾아온다. 한편 그때 시인과 여의사도 자기들의 결합이 한쪽은 의탁하려는 약함에서 한쪽은 직업적인 연민에서 너무나 안이하게 이루어졌음을 깨닫고 있었다. 마침내 시인은 패배가 아니라 재출발을 선언하고 선선히 떠나가고 남은 두 사람은 그제야 참되게 결합한다."

그런데 사실 나는 이 줄거리보다도 단 세 명의 등장인물로 세 시간 반을 열연하는 그 연기가 놀라웠고, 연극 중의 대사 몇 개가 도저히 잊을 수 없는 것입니다. 첫째는 하느님! 하느님! 하는 '세리프'로서 소비에트 사람들도 위급할 때나 소망이 간절할 때면 역시 신을 찾는다는 것이었고, 시인이 마지막 집을 나서면서 남는 두 사람에게 하는 세리프, "우리는 죽음을 내일로 앞두고라도 오늘 잘못된 것을 알면 새로 다시 시작해야 한다"는 그 말이었습니다. 나는 이 연극을 보고 돌아와 이국의 여사(旅舍)에서 나의 애정과 나의 생활의 회오리치는 반성을 하였습니다. "나와 아내는 과연 진실한 애정에 매달려 있으며 또 그 애정에 충실한가? 아니, 앞으로라도 충실할 수 있을 것인가? 만일 오늘 나의 가정이 애정의 부재(不在) 속에 있다면 나도 저 연극의 주인공들처럼 다시 새로 시작할 수 있을 것인가? 상대편인 아내의 진실은 무엇이며 그런 때 아내는 어떻게 할 것인가? 저들 유물론자들의 충실이란 현세만의 충실인가? 가톨릭 신앙자인 우리에게 그들의 정직이나 충실이 과연 우리에게도 정직이나 충실이 될 수 있을까? 우리는 보다 더 신의 성총에 의지하고 있는 것이 아닌가? 이것은 자기기만이 아닌가? 만일 내세에 부부생활이 있다면 너는 너의 아내를 다시 선택할 것인가? 아내는 어떨 것인가?" 꼬리를 물고 일어나는 자문자답과 긍부정(肯否定)에 나는 실로 오랜만에 자기 애정과 가정을 점검해 보는 느낌이었습니다.

　이러한 가책과 반성 속에서도 나라는 사내는 긍부정 어느 편에도 인생의 큰 변혁을 못 가져오고 "다음 세상에서…… 마누라쟁이하곤 역시 좀 생각해 볼 문제"라며 토로하고 다니는 정도로서 또 이 고백은 아마 지금도 나를 추궁하면 별차 없는 표현이기도 합니다.

　이제 나의 푸념이나 군소리는 멈추고 저러한 대화가 투영된 N여사의 깊은 사색의 창구로 안내하렵니다.

　"그 남편의 가슴에서 쫓겨남을 받은 아내, 그 남편의 머릿속에서 제 선택을 거부당한 아내, 이건 끔찍한 모멸이요, 마치도 그 여인의 전 생명, 전 존재가 부재의 확인을 선고받은 일과도 같은, 실로 엄청나게 황막한 공허가 아닐 수 없었다. 어쩌면 나도 그런 여자인지 모른다. 세상의 아내들의 그 대부분이, 혹시는 세상의 남편들마저 그 과반(過半)이, 자기 반려자의 마음에서 이미 죽은 사람일지도 알 수 없거니 하면 이 얼마나 서글프고 어수선한 일이냐."

문화예술인의 자세
― 정신적 우위성을 잃지 말자

경주 불국사 석굴암에 가서 돌벽에 부조된 불상들을 보고 천의무봉의 소산이니 우리 예술의 정화(精華)니 하고 침이 마르게 감탄들을 하고, 한편 저런 놀라운 선조의 후예인 우리들의 오늘의 빈곤을 한탄한다.

그러나 가령 오늘의 어떤 조각가가 하루 다섯 시간씩 30년만 돌을 쪼아 간다면! 그때는 화강석이 아니라 대리석이라도 떡가루 주무르듯이 수월해질 것이요, 저 천년 전 불상들보다도 못지않은 얼마든지 더 훌륭한 작품을 창조해 낼 수 있을 것이다.

이렇듯 피나는 노력이 있고야 '뮤즈'도 내려앉고 영감(靈感)도 달라붙지, 덮어놓고 강짜로 무당의 신장대를 잡고 떨리기를 기다리듯 예술이라는 것을 허청 붙잡고 신명이 내리기만을 기다리니 이 어찌 황당무계한 일이 아니랴. 솔직히 한마디로 말해 오늘의 우리 문화예술인들에게 가장 결핍된 것을 지적한다면 예술에 향한 정혼(精魂)의 결핍이요, 그 나태라 하겠다. R. M. 릴케가 《문학을 지망하는 젊은이들에게》라는 책에서 "쓰지(문학) 않고는 도저히 견딜 수 없다는 지경이 아니면 쓰지 말 것이요, 쓰지 않고는 죽을 것처럼이나 못 배기겠거들랑 그대 쓰기 시작하되 그로부터는 생활을 그 필연성에 따라 수립하라"고 충고했듯이 한국의 문화예술가들은 내남없이 자신의 생활이 진정 예술가로서의 필연적 자세 속에 놓여 있는가를 반성해야 할 때라고 생각한다.

물론 우리는 해방 전후 민족의 암흑기와 수난기 속에서 시시각각으로 닥쳐오는 '생존'의 위협과 고초 때문에 '생활'의 표현인 예술을 창조할 만한 여지가 없었던 것도 사실이요, 오늘날도 우리의 현실 상황이 문화예술가들에게 그들의 창조예술로서 최소한의 생활도 보장하지 않고 있다.

  그러나 엄격히 따지면 어떤 생활이나 시대나 사회가 어떤 예술이나 예술인의 생활을 보장해 주지도 않지만 또 장해하지도 못하는 것이다. 왜냐하면 진정한 예술이나 예술가란 무엇 때문에 이루어지는 것도 아니고 무엇 때문에 못 이루어지는 것도 아닌 것으로 생활의 파탄이나 시대적 불운이 그 예술의 정채(精彩)를 한결 더한 예술이나 예술가의 예를 우리는 얼마든지 알고 있기 때문이다.

  흔히 예술가들에게 자기 생활을 가지라면 현실에 초연하거나 이기적인 것으로 오해하기 쉽다. 그러나 이와는 반대로 문화예술인이야말로 그 시대나 사회, 또는 민족과 인류의 마지막 양심이어야 한다. 이 마지막 양심이라는 표현은 어떤 이기적이거나 개인적인 것을 말함이 아니라 유의식(類意識)이나 공동의식의 투철을 의미한다. 그럼에도 불구하고 경제 제일주의와 자본주의의 병폐적인 현상 속에서 사는 오늘의 우리는 문화예술인들까지 자칫 잘못하면 인간의 정신적 우위성을 상실하기 쉽다.

  아주 손쉬운 예로는 어떤 한 인간의 불행이나 비참을 그 인간의 생활 능력의 부실이나 그 자신의 운명으로 돌리고, 또 '빵'의 해결이 '영혼'의 불행도 해결한다는 관념이다. 가령 길가에 쓰러져 있는 걸인의 비참이나, 저 교도소 속에 형벌을 받는 죄수의 고통이 우리 예술이나 예술가와는 절단된 것이요 무관한 것이라고 생각하거나, 그것은 오직 정치가나 자선 사업가의 소관이라고 단념한다면 그런 문화예술가에게서 오락을 위한 예술밖에 나올 것이 없다.

말하자면 오늘의 우리가 겪고 있는 천차만별의 현실이 서로 절단된 것이 아니요, 형이하(形而下)의 것이나 형이상(形而上)의 것이나 인간의 행불행이 다같이 인류의 공동운명과 연관을 갖고 있다는 자각만이 예술의 핍진성(逼眞性)을 발휘시켜 줄 것이다.

우리는 여기서 20세기의 교부적(敎父的) 철학자 자크 마리탱이 "예술은 인간의 비참 속에 파고 들어가면 갈수록 예술가에게 덕성(德性)을 요구한다"고 한 교훈을 깊이 음미하여야 한다. 이러한 문화예술인들의 참다운 자세만이 70년대에 진정한 한국의 예술을 꽃피우고 세계에 발현시킬 수 있을 것이다.

제3부

인정 이야기

인정 이야기
취미 이야기
하와이 통신
전후 일본 견문기
내가 본 일본 여성
나의 인생 회포
한국의 현대시, 시인
이중섭 이야기
포대령 이기련의 진문
소설가에게 요망한다
한국민의 실존감정
한국 지식인의 당면 문제의식
박 대통령 재취임식 참관기

인정 이야기

 귀동냥으로 얻어들은 이야기지만 사람은 20억 년 전에 단세포생물에서 진화하여 오늘에 이르렀는데, 벌써 14억 5천만 년 전쯤에서는 어류(魚類)가 되어 정(情)을 지니게 되었고, 4억 5천만 년 전에 이르면 수류(獸類)가 되어 정이 새끼들에게 미치고, 백만 년대에 오면 인류가 되어 정이 남이나 딴 존재에게 미칠 수 있게 되었다는 것이다.
 여기서 우리가 주목할 것은 인류가 되어서야 비로소 정이 남이나 딴 존재에게 미친다는 사실이다. 즉 어류나 금수도 유정(有情) 동물이긴 하지만 그 정이 자기 새끼에게만 미칠 뿐이요, 정을 남이나 딴 존재에게 쏟는 것은 인류뿐으로 이것이 바로 여타 동물과 인간을 구별 짓는 바로미터인 것이다.
 이렇듯 남이나 딴 존재에게 미치는 정, 즉 인정이야말로 인간이 원초(原初)로부터 지녀온 가장 고귀한 생명의 꽃이다. 그래서 인간의 삶은 그 인정을 어떻게 쓰고 얼마만큼 발휘하느냐에 따라 그 생활은 기름지기도 하고 메마르기도 하며 그 보람도 좌우된다.
 흔히 '이웃 사랑'이니 '자비'니 하면 무슨 커다란 헌신적 희생행위로 여겨서 모두들 실행하기를 저어하지만 실상은 저 인정의 발휘 이외에 별것이 아닌 것이다. 가톨릭의 수도사였던 윌리엄 도일 신부의 《성인(聖人)이 되는 비결》을 보면 아주 사소한 인정과 그 친절이 얼마나 큰 덕행이 될 수 있는가를 다음과 같이 쳐들고 있다.

즉 "어린애들에게 부드럽고 솔직하게 참을성을 가지고 대할 것, 결코 남에게 자기의 괴로운 처지나 일로 불평을 하지 말 것, 이웃에게 공손한 말과 태도를 지닐 것, 언제나 시간을 정확히 지킬 것, 딴 사람의 단잠을 방해하지 않는 일, 마당이나 마루에 떨어진 휴지를 쓰레기통에 버리는 일, 남의 충고나 제안을 잘 새겨서 받아들이는 일, 병자를 찾아 위문하는 일, 가정부의 요리솜씨나 그 고달픔을 알아주는 일, 목마른 이에게 마실 것을 주는 일" 등등으로서 이러한 조그만 인정을 하나하나 실천해 나가노라면 놀랍고 위대한 사랑의 혁명이 자기 생활 속에 이루어지고 그것이 가정과 주위에 파급되어 가면서 나아가서는 그 사회를 화평의 집단으로 변혁케 하리라는 것이다. 그리고 그는 덧붙이기를, "큰 선행(善行)은 거기에 비례하는 능력과 기회라는 것이 필요하고 또 얼마쯤의 외적 영예(榮譽)가 따른다. 그러나 자기와 하느님만이 아는 작은 인정의 능력이나 기회는 누구에게나 쉴 새 없이 있는 까닭에 오히려 더 어려운 것이다"라고까지 깊게 통찰하여 갈파하고 있다.

참말로 우리는 자기가 내놓을 만한 인정이 없어서 못 쓰는 것도 아니요, 또 인정을 쓰고 바칠 기회나 대상이 없어서 못 쓰는 것이 아니다. 실제로 인정은 그가 지니고 있는 소유, 즉 물질이나 능력의 많고 적음이나 그 여건의 좋고 나쁨에 있지 않고 자신의 처지대로 얼마든지 그 질과 양을 확대 심화해 갈 수 있는 데 묘미가 있다.

여기서 극단적인 예를 하나 들면 불교의 보시행(布施行, 자선행위)에는 안시(顔施)라는 게 있다는데 그것은 남에게 베풀 힘도 없고 물질도 없는 사람이 평화스러운 얼굴, 자비스러운 얼굴을 함으로써 남의 마음을 평화스럽게 하고 즐겁게 하여 베풂을 삼는다는 얘기다. 이렇게 되면 신체가 구전(具全)하거나 말거나 막말로 전신불수(全身不隨) 상태에서도 가능한 인정의 승화된 본보기라 하겠다.

그리고 인정이란 결코 컵 속에 든 한 모금의 물처럼 누구에게나 한번 쓰고 나면 비어 없어지는 것이 아니라 마르지 않는 샘처럼 푸면 풀수록 더욱 솟아나고 풍부해지는 것이요, 도한 인정이란 어떤 대상에게서 우러나오고 또 그 대상의 보응(報應) 여하에 좌우되는 것이 아니라 스스로의 능력의 발휘와 그 육성으로서, 우리는 나눠 줄 인정이 없어서가 아니라 이것을 쓰지 않음으로써 녹슬어 있다는 것을 깨우쳐야 한다.

■ 《우주인과 하모니카》(1977)

취미 이야기

요새는 취미생활이 다양해지고 다채로워졌다. 작금년 정치가 K씨와 R씨가 유화전(油畵展)과 도예전(陶藝展)을 각기 열어 주목을 끄는가 하면 어느 대학 총장은 무려 천 편에 달하는 작곡을 하였다는 것이며, 아니, 우리 더통령께서도 친히 작사 작곡을 하셨다고 듣고 있다.

저렇듯 손꼽히는 분들이 아니라도 각계각층에서 그림·음악·글씨·공예·돌·분재·사진·낚시·바둑 등 취미생활을 즐기고 있고, 특히 주부들의 양재·공예·꽃꽂이·서도열 등은 대단하다고 듣고 있다.

그러나 저런 것은 일반적인 것이고, 특수한 취미가 되면 이것은 한량이 없다. 무선전신기로 세계 각 나라 동호인들과 대화를 즐기는 젊은이가 있는가 하면 잡초만을 캐다가 가꾸는 노인이 있고, 현미경으로 세균의 세계를 즐기는 회사원이 있는가 하면 곤충채집에 골몰하는 주부도 있어서 텔레비전의 특기자랑 같은 것을 보면 좀 해괴스럽다고까지 여겨지는 취미마저 있다.

그런데 저렇듯 취미로서 즐기는 똑같은 일이 전문가들에게는 고역으로 변한다.

가령 돌[水石]만 하더라도 이것을 취미로 하는 사람에게는 그것을 주우러 다니는 시간이 심신의 피곤을 푸는 시간이 되지만 이것을 직업으로 삼는 사람에게는 그 시간이 수고로운 일의 시간이 되는 것이다.
　이렇듯 취미로 하면 즐겁고 전문적인 일로 하면 수고가 되는 것은 무슨 까닭일까? 결국 일에는 그 목적이나 방법에 어떠한 형태든 강제성이나 제약이 있지만 취미에는 이것이 없기 때문이 아닌가 생각된다.
　앞에서 든 돌 채집의 예만 하더라도 취미의 경우에는 산이나 계곡 또는 냇가를 거닐면서 돌들을 보고 찾는 그 재미만으로 족하지만, 직업인이나 전문가의 경우에는 그저 허허실실 어느 산, 어느 계곡, 어느 냇가를 소풍 삼아 걷지도 않을 뿐 아니라 그 목적을 달성했는가 못했는가에 그 시간과 경비의 이해가 따져진다.
　그래서 우리는 자기 생활이 취미로 채워졌으면 하는 생각도 일지만 일반적인 인간으로는 그것이 불가능할 뿐만 아니라 만일 그런 생활이 주어진다 하여도 그때 그 생활은 아마 즐겁지만은 않을 것이다. 예를 들어 "너의 생활은 내가 다 봐줄 테니 네가 그렇듯 즐기는 낚시질만 다녀라!"고 한다면 제아무리 낚시광이라도 고개를 가로 흔들기 십상이다. 그러므로 인간은 경제적으로 아무 걱정이 없더라도 놀고서 제 좋은 일만 하도록은 되어 있지 않은가 보다.
　뚜렷한 자기 일이 있어 그것으로 자기의 삶을 쌓아 가고 생활을 꾸며 가면서 한편 그 여가와 여유를 이용해 그 가쁜 숨결과 비지땀을 가라앉히고 식히는 것이 바로 취미라 하겠다. 하기야 자기 일이라 하여도 될 수 있으면 자신이 좋아하고 즐기는 것을 선택하는 것이 바람직하지만, 일단 그것이 자기 직업이 되면 앞에서도 말했듯이 수고를 동반해야 하고 이 수고에 비례하여 그 성과가 달성되는 것이다.
　또 흔히들 취미와 일이 합쳐져서 썩 잘되었다고 치사도 하고 자랑도 하지만 엄밀히 말해서 이것은 취미의 포기를 의미한다. 즉 일과 취미를 구별하는 데 가장 쉬운 것이 취미는 금전적·물질적 이해를 벗어나고 있는 데 반하여 일은 이것이 뒤따르게 마련이므로 가다가는 취미로 하는 데서 물질적 이익을 얻는 수도 있으나 이것은 첫 번부터 목적한 바가 아니요, 만일 그런 목적에서 출발하였다면 그것은 벌써 취미로서의 즐거움을 삭감시켰을 것이 분명하다.

가령 사진기를 사는 사람이 그것을 이용해서 필름 몇 통만 버리고 나면 걸작을 만들어 콩쿠르에 내놓아서 대상을 받아 그 사진기 값보다 많은 부상을 노린다면, 그는 거기에서 재미와 즐거움은커녕 초조와 실망만을 맛볼 것이 뻔하지 않은가!

그런데 요새 우리 주변에는 저렇듯 취미에서 꿩 먹고 알 먹겠다는 사람들이 너무 많은 느낌이다.

그것이 꼭 물질적인 것에 한해서가 아니라 정신적인 호사를 탐내는 것 등도 이런 부류에 속한다. 심지어는 취미를 허영으로 갖는 사람마저 없지 않다.

■ 《우주인과 하모니카》(1977)

하와이 통신

내가 한국 문학 강의 첫 시간에 감상시킨 우리 시는 파인(巴人) 김동환(金東煥)의 〈웃은 죄〉였습니다.

> 지름길 묻길래 대답했지요.
> 물 한 모금 달라기에 샘물 떠 주고.
> 그리고는 인사하기에 웃고 받았지요.
> 평양성(平壤城)에 해 안 뜬대두 난 모르오.
> 웃은 죄밖에.

이 소박한 민요풍의 시를 왜 쳐들고 나섰는고 하니 하와이는 이와는 너무나 대조적으로 여인들이 낯선 남자들을 보고 공연히 미소를 곁들이기 때문에 처음에는 조금 당황했으면서도 가장 인상적이었기 때문입니다. 어찌 보면 좀 유치스럽다 할 인간의 친절과 호의가 곳곳에서 풍겨 삶의 신산(辛酸)과 각박 속에서만 살아오던 나에게는 흥겹다기보다 좀 멋쩍은 느낌이기도 하였습니다.

실상 여기서는 삶의 아비규환(阿鼻叫喚)이라 할까, 그런 격렬한 모습은 찾아볼 수 없습니다. 이것은 고도한 문명의 물질적, 사회적 안정이 갖다준 것이 아니라 오히려 자연적인 풍토의 혜택에서 오는 인간의 원초적인 선량성이 보존되어 있다고 말할 수 있겠습니다.

그러나 이곳에도 인간의 애환(哀歡)은 물론이려니와 역사와 시대의 물결이 들이치고 있어 반전(反戰) 데모 소동도 있고 히피족의 활보가 있습니다.

그렇지만 이곳은 그런 사태를 수용하는 자세가 퍽 유연합니다.

지난번 5월 7일부터 일주일간 대학 교수회의에서마저 통과되어 결행되었던 캄보디아 참전 반대 휴교 때도 각 과목마다 학생들의 다수결로 수업을 계속하는 교실이 얼마든지 있었고, 또 휴학에 참가한 교수나 학생들도 자기들 학과목의 보충을 위하여 야간 혹은 공휴일을 이용하여 학업진도에는 지장이 없도록 하는 것이었습니다.

그 기간 우리 한국인 교수들은 거의가 다 강의를 계속하였지요. 또 이즈음, 만일 학원 내에 폭동이 일어났을 때를 가상하여 경찰이 동원된다면 곤봉을 가지고 들어가지 못한다고 시장(市長)이 명령을 발한 것이 문제가 되어 방금 경찰이 행정소송을 걸어 논란이 되고 있습니다. 또한 호놀룰루의 호텔 거리에는 관광객을 상대로 한 소위 성(性) 영화 전문 소극장이 여러 개 있는데, 한국에서는 일부 탕객(蕩客)들이 비밀리에 보는 도색(桃色) 필름이 공공연하게 상영되고 있습니다. 지금 주정부(州政府)가 그 단속법 제정을 서두르지만 아직은 법률이 없으니까 호놀룰루 시장을 비롯한 종교가, 교육가, 사회사업가 등의 명사와 주부들이 풍기 숙정운동을 일으켰는데, 그중 제일 심한 극장 앞에 상영 개장시간에 몰려가 피켓을 치고 가로막는 진풍경이 벌어지곤 합니다.

미국 현대 물질문명 사회의 반역과 이단자로 등장한 히피족들은 그들의 이상이 자연적 생활에의 복귀이기 때문에 그런 의미에서 천연적 조건이 제일 좋은 하와이로 한 4, 5년 전부터 이동하기 시작하여 지금은 하와이 주 3대 섬의 하나인 마우이 섬, '라하이나'라는 해변가가 그들 본거지의 하나가 되어 있습니다. 나도 얼마 전 그곳에 가 본 적이 있는데 그들은 반나체로 군집생활을 하며 해발

5천 피트나 되는 원시림에서도 천막을 치고 사는 것을 목격하였습니다.

그러나 대체적으로 하와이 히피들은 반사회적 큰 사건을 일으키는 일은 없고 오히려 절대평화, 절대사랑, 절대자연의 정신주의를 표방, 실천하나 그 아류들이 환각제를 쓰고 거리를 휩쓸면서 좀 망나니짓을 하는 모양입니다.

대학 캠퍼스에도 남녀를 구별 못할 장발족과 수염을 길게 기른 젊은이들이 우글우글하고 더러는 교실 앞 잔디밭을 자기 집 침대인 양 누워 있는 남녀와 러닝셔츠 등에다 "나에게 '키스'를 마세요. 지금은 좀 바쁩니다" 등의 해괴한 표어를 써 붙인 소녀도 만나 보지만 그런대로 그들은 공부도 하고 학교생활도 유지합니다.

아니 그렇게 말하기보다 저들이 아무리 유난스럽고 괴상한 행색을 해 보았자 그야말로 '아이, 돈 캐어' 누구의 관심사도 아니니 그래서 여기서는 히피도 그리 핏대를 올릴 필요가 없어졌는지도 모릅니다.

내남없이 한국에서의 제주도 대학쯤으로 여기고 오는 하와이대학교는 와서 보고 그 큰 규모에 모두 놀랍니다. 첫째, 학생 수가 2만 3천3백60명이나 될 뿐 아니라 방대한 시설이 현대적으로 갖추어 있고 자연 풍토적인 매력 때문에 미 본토나 동서의 저명교수들이 정착, 또는 단기(短期)로 모여 와서 전 미국 대학교치고도 일류는 못 되나 중상(中上)은 된답니다.

내가 강의하는 곳은 아시아 및 태평양 언어학과로, 과라고는 하지만 교수가 백여 명에다 학생 수가 1천8백 명이나 됩니다. 여기의 과장이 양각용(楊覺勇) 박사라는 중국분인데 바로 고 창랑(滄浪) 장택상(張澤相) 선생의 서랑(婿郞)이십니다. 이분은 국제펜클럽 회원으로서 대학에 작가 초빙제도를 창설하였습니다. 우리 한국어 전공 학생은 현재 32명으로 미국 대학생 중에선 월등 인원이 많지만 이 대학의 일본어 전공 1천2백 명이나 중국어 3백여 명에 비하면 아직 너무나 미약합니다. 그러나 이들이야말로 한국어로 한국 연구를 시작하는 선구자들로서 장차 미국의 각 부문별 한국 전문가가 될 것이고, 또 진정한 우리의 벗이 될 사람들입니다. 나는 이들이 우리 문학을 번역해 낼 때에야 비로소 우리 문학도 세계시장에 진출되고 노벨상 같은 것도 차지하게 되지 않을까 하는 전망과 희망을 갖고 그들과 함께 공부하게 된 것에 큰 즐거움과 정열을 갖습니다.

우리 한국어반에는 이미 국내에서도 알려져 있는 국문학의 이학수(李鶴洙) 교수와 국어에는 언어학 전공인 이동재(李東載), 박재두(朴在斗) 두 교수가 계십니다. 또한 우리 과에는 중국어에 박승빈(朴昇彬) 교수, 일본어에 송진오(宋辰五) 교수가 계시고, 이 외에도 하와이 대학에는 각 부문에 한국인 교직원 수가 약 30명이나 됩니다. 이것도 아마 외국 대학에의 한국인 진출 수로는 기록일 것입니다. 또 여기다 널리 알려진 대학 부설의 동서문화연구소(東西文化硏究所)에도 언제나 몇 분의 우리 교수가 와 계시고 또 우리 장학생들이 약 50명 있으며, 이 외에 교포나 개인 유학생도 한 50명 되어 노상 얼굴을 접하니 어떤 때는 외국에 와 있는 느낌이 들지 않습니다.

내가 초청을 받을 때는 한국 문학을 한국어로 강의한다기에 한국 문학사와 한국 시 개관 등을 준비해 가지고 왔으나 직접 보니 학생들의 한국어 청취 능력이 도저히 그 정도가 아니어서 지난 학기엔 우리의 시, 시조, 소설, 수필 등의 감상을 주로 하였습니다. 그리고 통역을 둔 일반 공개 강연도 한 번 가졌는데, 연제는 '한국 고대시가(韓國古代詩歌=향가)와 그 설화에 나타난 인간상(人間像)'

으로, 스스로 말하기는 쑥스러우나 성황이었고 평판도 꽤 좋았습니다. 그 강연 원고는 〈현대시학〉에 보냈으니 머지않아 보실 것입니다.

이런저런 하와이대학에서의 한국인 활동은 그 '붐'을 일으켜 이미 국내에도 보도되었지만 대학 내에 머지않아 한국문제 연구소가 발족되며 오는 71년 6월에는 '전통적 한국 사회와 그 문화'라는 주제로 국제회의를 갖게 됩니다. 또한 이번 8월 29일부터 일주일간 동서문화연구소가 주최하는 제2차 아시아 근대화문제회의는 재작년 우리 고려대학교 아세아문제연구소가 열었던 연속회의로서 한국이 교체의장(交替議長)이요, 또 많은 학자가 참석하게 됩니다.

그런데 언제나 유감스러운 것은 이러한 한국의 국제적 문화 붐에 대한 국내적 무반응과 그 비협조입니다. 이번 아시아 근대화회의에도 그 비용의 일부 염출을 요청받고 당사자들이 정부에 요청했으나 거절당했다는 것입니다. 또한 여기 텔레비전에 매주 30분간을 한국어 시간으로 얻어 놓고 의사인 정순형(鄭筍馨) 여사가 단독 희생으로 해 오다가 그것도 중단하고 말았습니다. 그것이 큰돈이 아니라 1주 30불, 1년이래야 1천5백 불 정도의 돈입니다.

나는 물론 우리 가난한 정부가 돈 안 낸다고 탓하는 게 아니라 그 문화적 소홀을 말하려는 것이며, 우리 국내 문학재단도 이런 데 눈을 돌려 주고 또 현지 교포들도 호응이 있어야 할 줄로 믿습니다.

교포 얘기가 났으니 말이지 여기 이민국(移民國)별로 따지면 우리 교포가 일본 다음으로 교육이나 생활, 또 사회적 수준이 높다는데, 노년층은 아직도 독립운동시대의 회고나 파벌 싸움하던 망령에 사로잡혀 있는 것 같고, 2, 3세 층은 파티에나 얼굴을 내밀 뿐 일본인들처럼 어떤 모국을 위한 기여운동 같은 것에 전혀 관심이 없다 해도 과언이 아니라고 보여집니다.

하와이는 풍문대로 아름다운 곳입니다. 푸른 하늘, 옥색 바다, 맑은 공기, 따스한 기후, 특히 사시사철 피어 있는 이름도 모를 수많은 꽃들의 아름다움은 도저히 상상만으로는 못 미칠 정도입니다.

그러나 이보다도 더 아름답고 보기 좋고 감명을 주는 것은 동서(東西)의 각색 인종이 잘들 어울려서 사는 모습입니다.

여기 원주민은 하와이인을 비롯해 미국 본토에서 온 백인과 흑인, 일본인, 중국인, 한국인, 필리핀인, 인도인, 유럽계 백인, 아프리카 흑인들과 각 나라 각색 인종이 서로 아무런 사회적 트러블을 일으키지 않고 지낼 뿐 아니라 조금도 우월감이나 자격지심이 없이 살아가는 것입니다. 그래서 여기는 각 인종끼리의 혼혼(混婚)이 예사로 많습니다.

내가 마우이 섬이라는 곳에 가서 들은 이야기인데 우리 한국계 70명 중 순수한 한국인 부부는 오직 세 쌍밖에 없답니다. 저 W. H. 오든은 그의 시에서 "우리는 사랑하지 않으면 죽음뿐이다"라고 썼다가 인류의 단합에 회의를 느끼고 그 시구를 지웠다지만, 만일 그가 하와이에 와서 살아 보았더라면 이 명구를 다시 살렸을 것이라고 여겨집니다. 왜냐하면 나 자신이 여기 와서 '인류가 한가족'이라는 희망과 확신을 더욱 굳게 하였기 때문입니다.

그런데 내가 여기서 점점 더 이해되지 않고 비판적이 되는 것은 그들의 혈연적 가족생활에 대해서입니다. 물론 이것은 하와이만의 문제가 아니라 전 서양적 가족제도에 해당되는 것이라 하겠습니다. 조그만 예를 하나 들면 나는 지금 한국 미술사를 전공하려는 미국 젊은이 내외 집에 하숙을 하고 있는 셈인데 이들은 요새 젊은이들로는 보기 드물게 전통적인 건전한 윤리관과 성실한 생활관을 지니고 사는 모범적 학생입니다. 어느 정도 인정이 자상하고 경우가 밝은 사람들인고 하니 매월 정해 놓은 하숙비 중에서 내가 외식을 한 날짜의 밥값을 제하여 도로 내어주는 정도입니다.

그런데 하루는 마우이 섬에서 이 집 장인이 나들이를 왔습니다. 나는 그들의 가족적 단란을 위해 일부러 늦게까지 학교서 있다가 학교 식당에서 밥을 사 먹고 들어갔습니다. 그리고 집엘 가 보았더니 그 장인영감이라는 분이 주방에서 혼자 밥을 먹고 스스로 설거지를 하고 밤에는 응접세트 장의자(長椅子)에서 자는 것이 아니겠습니까? 물론 그 딸이나 사위가 고의적으로 그러거나 인정이 없어서 그런 게 아니라 그날 자기들의 용무를 평상대로 본 것뿐이겠지요.

또 하나 극단적인 예로는 한국의 어떤 노교수가 그 옛날 유학 시절에 낳아 놓은 아들이 이곳에서 꽤 유명한 배우가 되었는데, 어떤 분이 저희 아버지 도착할 날짜를 알리며 그 영접을 의논했더니 "메이비" 하고 대답하더랍니다. 나도 꽤 속을 썩이는 아들, 딸을 두었고 또 그들에게 의뢰심은 없지만 이런 식의 홀족일 수는 없고 또 그렇지는 않아야 된다고 생각합니다. 파스테르나크가 그의 소설 《의사 지바고》에서 "진정한 현실적 세계는 가족의 세계"라고 말한 것이 우리는 이미 체질화되었다고나 할까요.

서울사대에서 동서문화센터에 와 있던 이광규(李光奎) 교수는 여기 와서 《한국의 가족과 혈연관계》라는 역저(力著)를 쓰고 또 세미나도 가졌는데 그 결론에서 "우리야말로 무엇보다도 서양적 가족제도에서의 실패를 거울로 삼고 무턱대고 소위 근대화나 현대화에나 서양식 가족의 핵분열을 경계해야 된다"고 술회했습니다.

아직 그 유명한 '와이키키' 바닷물에도 한번 들어가 보지 못한 나라, 하와이의 명승이나 명물을 소개할 재비도 못 됩니다.

마침 어제(7월 4일)가 미국 독립기념일이라 주인집 학생 내외에게 이끌려 하와이언 '훌라쇼'를 가 보았는데, 엉덩이만 흔드는 줄 알았던 훌라춤에는 손끝 하나 발 하나를 놀리고 몸을 흔드는 데도 일일이 사연과 감정이 상징되어 있다는군요. 해설을 들으면서 감탄했습니다. 그러나 그 악기나 안무의 단순성은 우리 국악과 무용이 얼마나 최상급의 구비되고 세련되고 자랑스러운 예술인가를 새삼 깨닫게 하였으며 그것을 구경하면서도 멍하니 향수의 가락에 젖었었습니다. 벌써 이곳에 온 지 석 달, 그동안 생소한 생활과 강의에 몰려 약속하고 온 통신을 못 보내다가 이번에 이런 수감수상(隨感隨想)으로 문채(文債)를 때우며 이것으로 또한 고국의 문우(文友)와 친지들께 향한 문안을 대신합니다.

전후 일본 견문기

나는 일본에 전후(戰後)만 해도 세 번 다녀왔다. 처음엔 1957년 P. E. N. 대회로 갔고, 두 번째는 1960년 〈경향신문〉 도쿄지국장으로 갔고, 이번엔 신병의 치료를 위해 1966년 4월에 가서 2년 만에 돌아왔다. 또한 나는 1940년을 전후해서 3년간 도쿄서 학창생활을 보냈으니 전전(戰前) 일본도 숙맥은 아니다. 그럼에도 나는 돌아와서 문필을 통해 일본에 관한 이렇다 할 발언을 못하고 있다. 왜냐하면 우리에게 일본은 흔한 표현대로 너무나 가깝고도 먼 나라요, 너무나 알려져 있으면서도 실은 모르는 나라요, 국교를 맺고 문물 교류가 빈번한 오늘이지만 우리의 일본관이란 실상 치우치게 주관적이요, 과거 적대적인 선입관에 강렬히 지배되고 있기 때문에 어디서부터 어떻게 시정해 나가야 할지 말문을 열기가 난처한 때문이다.

우리의 일본관이 이대로 가다가는 동서(東西) 양 진영을 막론하고 세계에서 가장 뒤떨어진 나라가 되지 않을까 하는 느낌마저 든다. 그래서 나는 이 글에서 일본의 일반적 현상보다 그들의 의식 내용에 속하는 몇 가지를 들어 볼까 한다.

정치의식

내가 2년 가까이 일본인과 함께 생활하면서 제일 현격한 차이를 느낀 것은 정치의식이다. 한 가지 실례를 들어 얘기해 나가면, 여기서 우리가 생각하기에 일본의 정치가나 지도자들이 일본을 동서 양다리에 걸친 중립노선을 택하고 정경분리책(政經分離策)을 꾸며 나가고 있는 줄 알지만, 오히려 일본 국민의 의식 자체가 현 집권세력인 자민당(自民黨)의 친서방(親西方) 정책에 따라 서지 않는다는 게 더 정확한 실정이다.

　단적으로 일본인 하나를 붙들고 그의 세계정세에 대한 소견을 물어보면 "일본은 공연히 미국과 너무 친하다가는 앞날 중공에게 크게 코 다친다. 그러니 공산권과도 적당히 지내는 게 좋다"라고 당연하다는 듯이 말한다. 또 그들은 "전쟁은 어떤 성격의 것이든 부정한다. 우리는 전쟁으로 원자탄의 비극까지 맛보지 않았느냐"고 오히려 묻는 게 이상하다는 듯 반문한다. 이러한 단순 논리와 그들의 의식 속에는 그들의 경제부흥으로 말미암아 이데올로기의 문제가 그다지 필요치 않게 된 현실적 연유도 있다. 실상 그들은 현재 돈만 있으면 누구든 소련이든 중공이든 어느 곳도 자유로이 여행할 수 있는 백성들인 것이다. 그렇기 때문에 그들은 딴 나라의 정체나 그 인민의 복불복이야 아랑곳할 것 없이 자신들이 모처럼 이룬 부강을 누리려는 국제관을 지극히 당연스럽고 자연스러운 것으로 지니고 있는 것이다.

　그런데 문제는 이러한 일본인의 국민의식은 더 본질적인 그들의 생활철학이 밑받침되어 있다. 즉 그것은 그들의 범신적인 사물관(事物觀)인 것이다. 이것을 좀더 극단적으로 해석하면 일본인에게는 선(善)과 악(惡)의 분별과 그 대립의식이 희박하고 오히려 나아가서는 어떤 윤리기준이나 가치관을 반자연적(反自然的)인 것으로 파악한다. 돌이켜 말하면 그들에겐 공산주의와 민주주의의 우열(優劣)이나 그 대립이 문제가 되지 않으며, 미국이나 우리 한국이 베트남까지 출전하여 자유의 수호전쟁을 벌이고 있는 것을 본질적으로부터 우습게 안다. 그들 눈에는 자기들이 침략의 방패로 내세웠던 대동아 성전(聖戰)(?)이나 연합국의 베트남전이나 똑같이 비친다.

그래서 그들은 미국에게 한껏 충고한다는 것이,

"우리 일본의 1940년대 아시아에서의 실패를 미국은 되풀이하지 말라"고 미국 신문에 광고까지 내며 반전(反戰)운동을 벌이고 있다.

이러한 일본의 세계관이나 인간관계에 있어 유관념(類觀念)이나 윤리관의 결핍은 그들이 형성해 온 역사와 민족성의 산물로서 앞으로 국제협력, 특히 한국과의 유대에 큰 지장인(支障因)이 될 것이다. 그러나 한편 일본 스스로가 고립의 함정에 쇠망하리라고 속단해서는 안 된다. 그들은 세계적인 공동선(共同善)에는 방관하지만 자기 보존이나 이해(利害)엔 예민하고 계산이 빠른 국민이란 것을 잊어서는 안 된다.

현재 일본은 평화헌법을 갖고 무기를 버린 국민으로 자처하면서도 세계 11위의 군사비 지출국이 되어 있으며(한국은 34위) 여차직하는 날엔 완전 핵무장을 할 일보전(一步前)의 준비가 된 나라이기도 하다. 또한 일본 국민은 오는 70년 미국과의 안전보장조약 철회를 주장하고 오키나와의 귀속(歸屬)을 주장하면서도 연간 50억 불에 달하는 자유세계 시장을 조금도 사양할 생각은 없으며, 베트남 전쟁을 반대하면서도 연간 14억 불의 군수경기(軍需景氣)를 만끽하고, 나아가서는 소련과 중공과의 무역증대를 나날이 확장하고 있는 나라다. 아마 모르긴 해도 70년대에도 디일안보조약은 계속 연장하며 오히려 미국의 핵방비(核防備)의 그늘 아래서 그들의 슬로건인 정경분리책을 밀고 나가며 국력의 부강을 꾀하고 누리려

들 것이다.

물론 그들의 정치가나 지도자들이야 세계의 부강국의 하나로서 타력적(他力的)이나마 저개발지역에 국제협력 등을 추진하고 있지만 오늘날 일본 국민의 의식이 이를 따르지 못하고 있다는 게 실정이다.

문화역량

일본의 장점이나 특성이 여러 가지 있으나 문화적인 면에서 가장 부러운 것은 전통이나 민속에 대한 보존과 자연 풍토에 향한 애호정신이다.

외침(外侵)을 겪지 않은 탓도 있겠지만 고적 문화재는 물론, 민속 예능이나 향토의 토산품, 노리개, 장난감에 이르기까지 계승 발전되고 있으며, 심지어는 유서(由緖) 있는 산로(山路)나 언덕 고개까지 보존하고 있다. 나는 신문에서 옛날 노끈 하나를 복원하기 위하여 3대(代)가 생애를 기울이는 이야기를 읽었으며 텔레비전에서 5대 1백70년간 일기를 써 내려온 가족과 그 실물을 보았다.

자연이나 풍토에 대해서도 새의 울음소리만을 채집하는 사람이 있는가 하면, 도쿄 한복판에다 쓰르라미를 1만 마리나 길러서 도심(都心)을 즐겁게 한 벌레 애호가도 있었고, 정원의 숲을 울창하게 해 놓고 모여든 야조(野鳥)만을 기르는 사람의 이야기도 들었다.

이러한 전래(傳來)하는 것에 대한 보존의욕과 자연 풍토에 대한 예민한 감각은 일본의 경색(景色)과 정서를 북돋아서 세계 사람들로 하여금 일본을 현대의 가장 "신비한 나라"라고까지 칭송케 하며 동양의 천연공원(天然公園)으로 찬미케 한다. 뿐만 아니라 일본은 동양문화의 정수(精粹)의 나라로 행세하며 나아가서는 동서 문화의 집대성국(集大成國)으로서 세계에 군림하고 있는 것이다.

그래서 일본의 문물과 기물(器物)들은 좋은 거나 궂은 거나 아메리카나 서구에서 덮어놓고 동양의 상징으로 애완되는 바 있다.

일본은 이러한 높은 평가에 대처해 세계로의 문화적 창문을 활짝 열고 있는 것도 사실이어서 내가 있던 동안만 해도 영국의 유명한 석학 리처드 리드 경, 프랑스의 가브리엘 다르셀, 사르트르를 비롯한 세계적 석학과 사상가들이 방문해 왔으며, 소련의 노벨상 작가 솔로호프, 독일의 지휘자 카라얀, 스페인의 미술가 미로 등 작가와 예술의 거장들이 왔고, 베를린 필하모니교향악단, 소련의 볼쇼이 무용단, 로댕의 작품전, 이집트의 투탕카멘 전시회 등 세계적인 예술단체와 현대와 고대의 예술품들이 공연, 전시되어 일본에 앉아서 그것을 감상 향유할 수 있었다. 또한 세계적인 사상가나 예술가들도 일본을 교사적 입장이나 호기심의 장소로서가 아니라 하나의 지식의 대화장(對話場)으로서 임하고 자기 예술의 최상의 공연 전시장으로 일본을 택하고 있었다. 이 외에도 동서 과학기술 각 부분의 교류장으로서 일본은 그야말로 세계적 일익을 담당하고 있는 게 사실이다.

일본의 독서인구로 말하면 세계 1, 2위를 다투거니와 나는 일본 독서주간에 난 어떤 사진 한 장의 감명을 잊을 수 없다. 즉 종전(終戰) 후 2년째인 1947년 도쿄 간다[神田] 어느 책사 앞 풍경인데, 담요를 깔고 밤을 새는 군중이 줄지어 앉고 서고 누워 있는 것으로, 그 사진 설명에 《니시다 기타로(西田幾多郎, 戰前 철학자)》 전집을 사려고 밤을 새운 군중이라고 적혀 있었다. 나는 그 풍경을 보고 오늘날 일본의 부흥이 우연한 것이 아니었구나 하는 감탄을 금할 바 없었다. 또 이런 것이 사회문제가 되는 것도 보았다. 즉 학생들의 상급학교 진학 경쟁은 일본도 혹심한데, 동급생끼리 어떻게 성적을 다투는고 하니 학교에서 만나서 지난밤 텔레비전 본 얘기를 하여 상대방을 방심시키는 작전을 쓴다는 것이다. 그때 얘기는 텔레비전을 자기가 본 것이 아니라 자모가 보고 들려준 스토리만을 되뇌는 것이다.

이러한 비정(非情)의 얘기는 그야말로 비일비재로서 그 인정머리는 칭송할 바 못 되나 한 번 추상(推想)을 불령(不逞)하게 하면 저러한 동급생을 만년(萬年) 가진 우리임을 생각할 때 입맛이 쓰지 않은가!

이러한 면학면려(勉學勉勵)의 자세는 그들로 하여금 불원(不遠) 인공위성을 띄우는 나라를 만들고 있는 것이다.

이것은 나의 추단(推斷)이 아니라 지난해 사토[佐藤] 일본 수상의 정식 발표다.

이런 지력면(知力面)만 아니라 일본인의 체력적 향상은 급진적으로 상승하여 간다. 이미 평균 수명도 남자 68세, 여자 73세로 늘어났으며 지난 올림픽에서 발휘한 그들의 기록만 보아도 그들 체력의 우수성과 거기 기울인 노력임을 족히 알 수 있다.

일본인의 한국관

일본인의 한국관이나 한국인관은 불행한 일이지만 대체적으로 경모(輕侮)적이라는 게 정직하고 타당할 것이다. 솔직히 말해 그들의 뇌리나 안식(眼識)에는 조센징[朝鮮人-이 어휘에는 경멸감이 포함되어 있다]은 아직도 미개민족(未開民族)이요, 호전(好戰)국민이요, 트러블 메이커적인 존재다. 미개민족이라는 인식은 과거 일본의 식민지였다는 선입관념에서고 호전국민이라는 인식은 6·25동란을 일으킨 것과 베트남 파병 등에다 한국의 대공(對共) 대일(對日)

의 강경정책에 대한 인식이다. 또한 트러블 메이커족이라는 것은 일본에 있는 우리 동포들의 불안정한 생활에서 일으키는 여러 가지 사회문제나 범죄상, 또는 민단(民團)과 조총련(朝總聯)의 대립에서 연유하는 바라 하겠다. 실상 미개니 트러블이니 하는 비평은 우리가 현재 지니고 있는 일면도 있으니까 감수한다 해도 우리 국민을 사무라이[武士]와 침략의 나라인 일본 사람들이 호전국민시(好戰國民視)하는 데는 장래 한일 양 국민 간에 큰 장벽을 예고한다. 우리 편에서 말한다면 우리 국민은 남북 간의 누구 한 사람도 6·25동란을 단순한 동족상잔으로 여기는 사람은 없다. 최소한 우리의 허약한 역사에 인류의 복합적인 맹점이 뭉쳐서 그런 비극을 치른 것으로 믿고 있고 또 사실이 그렇다.

그러나 일본인들은 한국동란을 이념전쟁으로 이해하는 사람이라도 그런 값 있는 동정보다는 한국 민족이 미욱하고 호전적이어서 동족상잔에 나아갔다고 우선 생각하고, 더욱이나 베트남 파병은 그런 민족 본성을 여실히 드러냈다고 여긴다. 이러한 인식은 구세대에게 속한 것만이 아니라 신세대에게도 오십보 백보여서 전후세대에게 기대를 갖는 낙관은 속단이다.

이것은 나의 막연한 독단(獨斷)이 아니라 내가 약 6개월 동안 일본의 20대와 함께 어떤 연구소 생활을 하면서 직접 체득한 결론이다. 이러한 신세대들마저의 왜곡된 인식의 원인을 한마디로 하자면 그들은 가정이나 사회생활 속에서 새로운 한국관을 가질 아무 재료도 얻지 못하기 때문이다. 즉 그들이 현재 매스컴을 통하여 얻는 한국이라는 것은 언제나 사회의 혼란상과 비참상, 비난을 담아서 보도되는 일본에 향한 강경책, 또는 베트남에서의 과감한 전투능력이 아닌 잔인과 비정의 한국 병사들인 것이다. 내가 앞에서도 지적한 바와 같이 이러한 한국민에 대한 이미지의 악인상은 앞으로 양국 관계에 커다란 간극과 지장을 초래할 것으로 안다.

이것은 비단 일본의 매스컴뿐 아니라 한국도 이와 상대적이어서 평상시는 될 수 있는 한 상대방을 묵살하려 들다가 때마다 어떤 정치적 사태가 벌어지면 그야말로 국익(國益)과 국리(國利)의 선에 서서 일제히 공격의 포문을 열고 있는 것이 현재의 실정이다. 실례를 들면 북양어업(北洋漁業) 문제가 대두되었다고 하자. 그러면 일본 신문은 대서특필로 "한국은 또 북양을 소란케 한다"고 쓰고 한국 신문도 주먹만 한 활자로 "일본은 또 우리의 북양 진출을 훼방한다"고 쓰게 되니 이것을 읽는 양 국민의 감정은 어떻겠는가?

이러한 숙원의 축적이 오늘의 숨길 수 없는 사실이요, 이러한 감정이 앞으로 곪아 가기 전에 양국의 지도자들이나 특히 언론인은 자각하고 양 국민 간의 이미지 교정에 적극적인 협조를 보여야 할 것이라고 나는 생각한다. 현재는 일본인이 한국 사람에게 말하는 최대의 찬사는 "당신은 저쪽(한국) 사람 같지 않다"는 것이다. 즉 한국 사람이 한국 사람 같지 않다는 게 칭찬이니 일본 사람 자기들끼리의 최대의 욕은 "조센징 같다"는 것이 이상할 게 없다.

물론 일본 사람 중에도 일부에는 한일친화(韓日親和)에 극진히 노력하는 인사들이 있고, 역사나 고문화 연구가들 중에는 한국을 진심으로 존경하고 사랑하는 사람도 있고, 종교가들 중에는 일본 국민의 대한인식(對韓認識)에 죄책감마저 느끼는 사람도 없지 않다. 그러나 이러한 인사들은 그야말로 일본의 극히 일부로서 일본 사회의 그릇된 인식을 시정해 나갈 세력이 되기엔 아직도 멀었다. 그리고 한 가지 첨언해 둘 것은, 저러한 일본인의 대한인식의 잠재된 의식 속에는 한국이 장래 아시아에서 실력적으로 일본과 각축할 나라요, 민족이라는 것을 인정하고 이를 혐기(嫌忌)하는 면도 없지 않다는 점이다.

우리의 대일 자세

우리는 처음에도 지적한 바와 같이 일본의 본질과 그 현상의 내질적(內質的)인 면을 연구하고 이행하는 데 너무나 등한하고 있다. 그들의 생활철학이나 고유적인 정서생활을 연구하고 이해할 생각은 안 하고 그저 과거로부터의 적대감정에 빠져 원수의 나라 간악한 국민이라고 단정 짓고 있거나, 혹은 일본의 과거와 다른, 외면적(外面的)인 친절이나 저자세에 자홀(自惚)하거나 그들의 부흥상(復興相)을 평가하는 나머지 열등감에 사로잡히기가 쉽다. 실상 우리의 현재 일본관이라는 것이 전전(戰前)의 뿌리박은 것이 아니면 흔한 여행자들의 인상기(印象記)에 의존하는 경향이 짙다. 그들은 언뜻 돌아본 '매머드' 도시 도쿄를 관광하고서 일본을 진단한다. 혹은 밤의 유흥가를 돌아보고 와서 일본의 사회풍조를 입 담는다. 그리고 그런 세기 문명의 첨단을 걷는 도쿄의 도시성(都市性)을 가지고 일본의 문화력을 측량하고 퇴폐적인 일본이라고 착각한다.

또한 우리의 40대 젊은 국책회사(國策會社)의 장(長)이나 중역과 실업가, 경영가들이 가서 일본의 노련한 기업가나 상인들이 벗어진 머리를 조아려 굽실거리며 친절을 베푸니까 "일본 사람들 막상 대등하게 접해 보니 아무것도 아니더라"는 헛된 자만에 빠진다.

오늘날 우리가 스시와 오뎅, 스키야키를 먹고 다다미를 깔기도 하며 유행가를 부르고 유행 소설을 얻어 읽는다고 해서 일본을 안다고 할 수 있겠는가?

우리는 철저히 일본을 처음부터 다시 연구해야 한다. 대학에도 속히 일본어 강좌를 정식으로 설치해야 한다. 정부에서도 일본에 외교관공리나 정보수(情報手)만을 파견할 것이 아니라 일반 민간연구원을 파견하여야 한다. 그리고 정치 경제의 교류나 스포츠의 교환만을 할 것이 아니라 문화의 본격적인 교류가 있어야 한다.

일본! 이야말로 이 지구의 종말까지 영원히 떨어질 수 없는 이웃이다. 이 이웃과 화친하기에는 양 국민 의식의 저변에 깔린 지장인(支障因)이 암울하도록 많다. 이러한 문제의식들을 해결하기에는 먼저 상대방의 진상을 알고 이해하여야 한다. 그 위에 인류적이고 거시적인 안목에서 이를 화해시켜 나가야 한다.

1966년 12월, 대한일보사 주최의 강연 요지.

내가 본 일본 여성

일본 여성 하면 일본의 기생인 '게이샤[藝者]'와 더불어 세계 남성들의 호기심의 대상이 되고 있는 것만은 사실인 성싶다. 몇 해 전에 나는 국제펜클럽 도쿄 대회에 갔을 때 각국에서 모인 시인, 작가들과 교환석상(交驩席上)에서 이구동성으로 일본 여성에 대한 관심과 매력과 상찬을 들었을 때, 체질적인 면에서나 정신적인 면에서 우리 여성과 대비할 때 그리 큰 차이가 없고 결코 월등치도 않은 일본 여성에게 향한 이러한 신비한 선입곤은 어째서 조성되고 있는가 하는 회의(懷疑)를 느낀 일마저 있다.

실상이지 일본 여성은 중국 여성이나 우리나라 여성과 더불어 생태(生態)적인 면에서 공통할 뿐 아니라 다소의 차이는 있으나 그들이 이룩해 온 전통이나 밟아 온 사회 인습이라든가 부도(婦道)의 관념이나 미(美)의 입상(立像)들이 대동소이라 하겠다. 그럼에도 불구하고 조야(粗野)한 표현을 빌리면 서양식 거처와 중국 요리와 일본 여자가 남자의 지복(至福)이라는 속담은 왜 생기는 것일까. 역시 그들 일본 여성에게는 이색인종(異色人種)으로서는 물론이려니와 동방 여성으로서도 유다른 특징과 생태와 매력을 갖고 있다면 그것은 무엇일까?

이러한 의문과 반문이 이번 유학 이후 20년 만에 가서 일본 체재 3개월 동안 여행의 무료를 메우는 시간의 과제의 하나였다. 그러나 이렇듯 거창한 관찰의 자세는 아무런 수확도 없이 그저 상식적인

일본 여성관에 끝나고 말았으니 한마디로 그들의 친절함과 부지런함에 다시 놀랐을 뿐이었다. 참으로 일본 여성에게 이 친절이란 선행(善行)이나 미적(美的)인 것이 아니요, 그들이 '야사시미(優し み)'라 부르는 것은 우아(優雅)라기보다 사리(事理)나 사물에 임하고 접하는 여성의 기본 조건이라 하겠다. 이것은 또한 우리가 여성의 일반 특수성으로 삼는 유순(柔順)과는 구별되는 것으로 그들의 고유정서라고 하는 '모노노 아와레(物の哀れ)', 즉 무상감(無常感)에 영향된 감동과 연결되는 것이다.

이러한 소식을 저명한 문학평론가 가메이 가츠이치로[龜井勝一郎]의 《현대여성론(現代女性論)》〈여성의 아와레〉장에서 보면,

"본질적으로 악녀라는 것이 있다. 신분이나 연령이나 사회적 위치가 아니라 '모노노 아와레'를 모르는 그런 감정을 못 가지고 있는 여자라 하겠다. 현대의 표현을 빌리면 무신경한 여자 즉 욕망덩어리요 동정이나 친절이란 눈곱만큼도 없는 타산적인 여자다. '아와레'와 타산은 정반대요, 이것이 없으면 여성은 감정적 타락의 최대의 원인이 된다"라고 갈파한다.

친절, 우아, 섬세, 공손

일본에 밝기로 자타가 공인하는 김소운(金素雲)은 일본에 부치는 편지 《목근통신(木槿通信)》에서 저와 같은 '아와레'와 '야사시미'의 뉘앙스가 있는 일본 여성의 친절의 일례를 감명 깊은 필치로 예기하고 있다.

"태평양전쟁이 시작되던 바로 그 이듬해 이른 봄, 달 없는 어두운 밤길을 나는 나카노[中野]에 어느 친한 분을 찾아갔다가 돌아오던 길입니다. 등화관제 중이라 지척을 분별하기 어려운 데다가 비

가 개인 직후라 길이 몹시 질었습니다.

 물구덩이를 밟지 않아야 하겠는데! 나는 어느 길모퉁이에 서서 잠시 발을 멈추고 망설였습니다. 그때 저쪽에서 오는 등불 하나가 눈에 띄었습니다. 여인네들이 두서넛 무슨 이야기를 지껄이면서 내가 서 있는 쪽으로 걸어옵니다.

 저 등불이 지나가기 전에 물구덩이를 보아 두리라.

 그렇게 생각하고 기다리다가 그 등불이 내 옆을 채 지나기 전에 나는 약삭빠르게 발을 앞으로 내놓았습니다. 그진 이삼십 보! 딴 생각을 할 겨를도 없이 빠른 걸음을 옮겨 겨우 큰길에 나왔습니다. 그러고는 짐짓 뒤를 돌아보았습니다. 어렴풋이나마 길이 보이는 것이 이상해서……. 내가 망설이고 섰던 그 지점에 위로 치켜든 등불이 그냥 머물러 있었습니다. 내가 물 괸 땅을 다 지나가도록까지 길을 비춰 주고 있었던 것을 그때야 알았습니다. 눈물겨운 마음으로 나는 그 순간에 '내 향토의 어느 밤거리에서도 이런 인인애(隣人愛)의 촌경(寸景)을 다시 한 번 볼 수 있을까' 하고 생각해 보았습니다. 그리고 또 하나 가슴에 솟아오른 것은 '나라가 망할지나 이 인정이 아까웁구나' 하는 애처롭고 애절한 생각이었습니다.

 연전에 나는 글쪼각 속에 이 이야기를 쓴 일이 있습니다. 이런 글을 씀으로 해서 내가 내 조상에 죄를 진다면 주저 없이 나는 조상을 저버리겠습니다."

 소운께서 든 가화(佳話)가 아니라도 일본에 산 사람이면 그 여성들의 우아하고 섬세하고 공손을 다한 친절을 사교면에서나 가정에서나 직장에서나 일반 사회생활에서나 얼마든지 쉽게 맛볼 수 있으며, 이러한 그들의 친절이 상업화된 백화점, 호텔, 유흥오락장 등 접객시설이나 장소에서 오히려 그런 환대에 익숙지 않은 외국인에게는 너무나 비개성적으로 보이며 낯간지러울 정도다. 그러나 이들은 여성으로서의 본바탕을 닦는 '다시나미'나 '시츠케' 즉 예의작법(禮儀作法)을 다도(茶道), 꽃꽂이, 가무(歌舞), 서화, 시가 등으로 연마하고 이것을 실생활에 반영시킴으로써 전체 사회와 가정의 순화(醇化)와 질서와 활기를 발양한다.

관능주의의 풍조

물론 전후 일본의 도쿄를 비롯한 도회지의 여성 풍조는 많은 변모를 가져오고 있다. 이제 일본 여성이 친절하다고 해서 여관집 문방에서마저 꿇어 엎드려 손을 영접하거나 전송하는 등의 풍경은 사라지고 아파트가의 직업여성 출신들은 여름이면 정강이 위까지 노출하는 '팬티' 하나만을 걸치고 시장을 활보하는 미국풍이 휘몰아치고 있다. 그러나 그들의 사언행동(思言行動)이나 생활감정과 그 양식은 야사시미를 상실치 않고 있음을 볼 때, 개성적이기는 하나 예법(禮法)이나 생활규범이 파괴당하고 거칠어지고 허전한 우리 여성 풍조가 저으기 민망스러워 옴을 느끼게 한다.

둘째, 일본 여성의 근면은 그 민족의 장점과 더불어 특징으로서 특히 우리 한국민에게는 깊은 반성을 준다. 세계에서 굴지에 드는 공업생산국가가 된 일본은 그 노동력의 일익도 여성이 담당하게 되었다. 전후 여성의 직장 진출은 도읍(都邑)을 막론하고 과반으로써 그 사회나 공장의 고도한 복지후생시설이나 교육, 오락, 기관 등으로 말미암아 일본 여성의 경제적 자립과 더불어 문화적 품성 향상에 남성과 균등한 기회와 혜택을 누리게 하였다. 구체적으로 말하자면 아주 궁벽한 농촌에서 의무교육(일본은 6, 3제 중학까지)만 마치고 직장에 진출한 소녀라도 그 직장 기숙사엘 가면 아주 현대식 최신 과학의 문명생활을 하게 된다. 즉 거기 교양기관에서 자신의 장기에 따라 지식과 취미와 기능을 확충하고 후생시설과 오락시설 등이 그들의 신체 발전과 그 체능과 건강 관리 등을 책임지므로 한 달이 다르고 두 달이 달라져서 반년이나 1년 만에는 아주 딴판의 현대적 교양과 능력을 갖춘 여성이 된다는 것이다. 이것은 아직도 공장의 직공녀라면 불쌍한 심청(沈淸)이나 피해계급을 연상케 하는 우리의 처지에선 참으로 부러운 일이다.

내가 이번 3개월간 있던 도쿄 나카노구[中野區]의 작은 호텔의 사환을 하는 소녀 셋만 해도 하나는 편물수예(編物手藝)를 배우고 하나는 꽃꽂이, 하나는 피아노 이렇게 셋이서 고대로 학원에 나가고 있었다. 그들의 저와 같은 경제적 자립과 지적 자각과 사회적 활동은 일본의 여성과 사회문제를 자연스럽게 해결해 가고 있을 뿐 아니라 일본의 부력(富力)을 증대하고 있다 하겠다. 좀 여담이지만 미군들에게서 흘러나온 얘기로는 창녀들마저도 일본의 빵빵걸은 매음을 하고 나서도 "우리나라를 부탁해요" 하는데 한국의 양공주들은 그저 "내라"는 게 고작이라는 야유이니 여성들의 의식수준의 '바로미터'가 그대로 나타났다 하겠다. 그러나 이들의 생활의 유족(裕足)과 본래의 현실 치중에서 오는 향락주의나 찰나주의 또는 성적(性的) 문란이나 사회적 퇴폐는 우리가 또한 상상할 수 없을 정도다. 미시마 유키오[三島由紀夫]라는 유행 작가의, 제목부터 어마어마한 《부도덕강좌(不道德講座)》라는 책을 읽으면 처녀, 비처녀는 문제로 삼지 말라는 대목에서,

"요즘 처녀라든가 순결이라는 말은 퍽이나 여러모로 쓰이고 있다. 술집 같은 데서는 오늘 밤은 나는 아직도 처녀예요 하고 농담으로 늘어놓는가 하면 일부 아가씨들 사이에서는 제가 싫은 남자와 한 번이라도 잤으면 그것은 처녀가 아니지만 제 좋은 남자와 자면 처녀대로다……라는 사상이 유포되고 있어 이렇게 되면 처녀라

는 말의 의미는 자유의지와 같아서 자유의지를 짓밟지 않는다면 영원히 순결이 보전된다는 아주 용감한 정신주의가 있다."
라고 언급되어 있고, "남자의 동정(童貞)은 일각이라도 빨리 버려라"라는 대목에서도,

"적선(赤線=공창(公娼))도 폐지된 오늘에는 동정을 깨뜨릴 상대가 부자유스럽게 되었으나 결코 처녀를 상대로 함은 피함이 좋다. 동정과 처녀의 배합은 서로 성적으로 미숙하기 때문에 흥도 없을 뿐 아니라 서로 이득도 없다. 그러나 세상은 잘되어 있어서 처녀가 아닌 연장(年長)의 여성들 중에는 특히 동정을 진기하게 아는 '동정따먹기'라는 종류의 여족(女族)이 있다. 이러한 여족은 바야흐로 분기해서 보살도실천(菩薩道實踐)을 위하여 정신(挺身)할 바로서 한 사람으로 백 사람이나 이백은 한몸에 감당 인수할 각오를 가져라."
고 적어 놓고 있다. 이것이 무슨 외설 출판물이 아니라 일본에서 베스트셀러인 것을 보면 일본 여성과 그들의 성생활이 얼마나 방종할 것인가를 미루어 짐작할 수 있을 것이다. 아니 이건 읽을거리가 아니고 순수한 창작에 속하는 다니자키 준이치로[谷崎潤一郎]의 《열쇠》 같은 작품의 성 쾌락의 극한이나 소토무라 시게루(外村繁)의 《젖지 않고도 젖어 있다》 등의 음심(淫心)의 추구 등은 전후 일본의 성 해방과 관능적 자극의 욕구가 얼마나 극단에 달해 있었는지를 반증해 준다. 그러니까 자연히 여성미의 표준도 달라져 온다.

지성미에서 야성미로

대체로 동서의 경향이 다 그렇지만 일본의 당대 미인화의 제1인자인 이토 신스이[伊東深水]의 《삼대미인론(三代美人論)》에 의하면 메이지[明治]시대는 백치미(白痴美), 다이쇼[大正]시대는 지성미(知

性美)인 데 비하여 현대는 야성미(野性美)라고 구분하였다. 그 일절을 인용하면,

"메이지 말부터 다이쇼 초까지는 미인이라면 낳을 때부터 용모가 뛰어나면 이것을 미인의 자격으로 쳤다. 그게 바보든 맹추든 후지히타이(후지산[富士山] 산정과 같이 이마가 부채 쪽같이 오므라든 것)에다 오이같이 갸름한 얼굴, 가는 허리면 되었다. 그러던 것이 다이쇼 중기에서 쇼와[昭和] 초까지 단지 아름다운만으로는 안 되고 영리하고 교양이 있어야 한다는 소위 지성미가 존중, 요구되었다. 좀 코가 납작해도 눈이 가늘어도 어딘지 애교가 있고 말이 통하는 여성이 팔렸다. 이런 백치미에서 지성미로 변한 것은 자연지세로서 퍽이나 건전한 진보였는데, 전후파 세상은 모든 질서가 뿌리로부터 파괴되어 오늘에는 지성미보다도 야성미가 팽창해 갔다. 옛날에는 유방이나 엉덩이가 나오면 실격이었는데 이제는 그 반대다. 남성의 취미도 야만적이고 동물적으로 타락되었다면 과언일까? 야성미도 좋으나 그것이 원시야만의 흥분 상태나 토인(土人) 취미로 돌아가서는 안 될 것이다"라고 개탄조로 설파하고 있다.

드높이 오르는 여성의 기치

그래도 한편 일본의 지식층 여성들은 전래의 부도(婦道)에 향한 깊은 자긍과 그 책임마저 느끼고 있다. 또한 정신미(精神美)를 그들의 이상으로 삼는다. 그들 여학교 교과서 고문(古文)에는 아부츠니[阿佛尼]라는 옛 가인(歌人)의 《유모의 편지》가 실려 있다.

"가려(佳麗)한 미인이 있어 이 세상에 그를 견줄 바 없어도 마음의 안전이 없는 것은 쓸데없는 것이다. 마음이 바로잡히고야 그를 미인이라고 말할 수 있다."

이것이 그들의 여성 입상(立像)이다. 그래서 일본 여성 중에 추앙받는 인물들을 들면 황족 이외의 서민 출신으로 첫째 황후가 된 고메이[光明]황후나 열녀 호소카와[細川] 가라시아와 같은 여성이 부도의 귀감(龜鑑)이 되고 《겐지모노가타리[源氏物語]》의 작자 무라사키 시키부[紫式部]나 《마쿠라노소시[枕草子]》의 세이쇼 나곤[淸少納言], 히구치 이치요[樋口一葉]와 같은 작가나 츠타 우메코[津田梅子], 야지마 가지코[矢島楫子], 나카지마 도시코[中島俊子]와 같은 교육자, 사회운동가가 그들의 경애의 적이 되고 있다. 이로 보아도 내질적으로 일본 여성은 계층은 달라도 '마음이 바로잡힌다든가' '속이 든 여자라든가' 하는 심성치중(心性致重)의 동양적 전통을 계승하고 있는 것만은 사실이다.

이상과 같은 여성 풍조의 변화는 그들의 남성관의 변화도 일으켰음은 물론이다. 과거 그들은 동양 여성의 공통적 남성관, 즉 신앙의 대상으로 혹은 생활지주(生活支柱)로서의 남성관으로부터 사랑의 대상으로 인격의 대상으로 나아가서 생활동반자로서의 남성관으로 진보하였다. 이것을 뒷받침한 것은 앞에서도 말한 바와 같이 그들의 경제적 자립과 지적 자각과 사회적 신장이다. 또한 사랑이나 남성이 드라이한 유희나 그 대상물로 보이는 '비트' 세대의 성행(盛行)도 놓칠 수 없다.

여하간 오늘날 일본 여성은 첫째 생활기술을 충분히 가지고 있다는 확신과 여성으로서의 교양이 아니라 인간으로서의 지성을 체득하려는 자각을 가지고 가사노동의 합리화와 가장의 협력, 사회기구의 개선에 기치를 높이 내걸고 박차를 가하고 있다. 그들의 오늘날 쟁취한 성공이나 승리나 행복은 우리의 여성도 가야 할 길이며 그들의 고민이나 실패나 파탄도 우리의 여성과 직결된 것이기에, 우리는 지구 종말까지 이웃인 그들 일본 여성의 동향을 주목해야 할 것이다.

나의 인생 회포

이제 마금으로 2회는 본고(本稿)의 구색을 맞추기 위해 나의 생장이나 정신편력이나 현재의 심회 같은 것을 털어놓아 볼까 한다.

나는 스무 살 전후해서 세 가지 의식혁명을 치르기로 작정했다. 즉 첫째는 반상(班常)관념이요, 둘째는 지방색이요, 셋째는 남녀차별이다. 이것을 내가 완전 불식하진 못했으나 의식적으로 노력하게 된 것은 당시 인도적인 사회주의 사상을 접하게 된 영향에서다.

그래서 나는 평소 집안에 대한 내력이나 고향 같은 것을 똑바로 대지 않아 왔다. 그것은 숨길 게 있어 그런 게 아니라 나는 대대(代代) 반가(班家)의 후예로 서울서 태어났고, 네 살에 함경도로 내려가 거기서 소지주의 아들로 자랐기 때문에 그것을 굳이 밝히는 것이 구차스러워 고향은 함경도라고 공표하고 집안도 소농(小農) 출신으로 자처하여 왔다.

그러나 이제 그런 계급의식이나 지방색을 개의할 정도의 세상도 아니니 그대로 밝히면 나의 할아버지 명자희자(命字喜字)는 오늘의 한국공업센터인 울산부사를 지내신 분이요, 증조는 음통덕랑(蔭通德郎)의 추증을 받으신 분이고, 고조는 호조참판을 지내셨다.

내 아버지 종자진자(鍾字震字)는 7형제나 되었는데 맏이 되는 분이 창녕현감을 지내셨고, 둘째 분이 첨지중추부사이시고, 넷째 분이 영해·현풍의 두 고을을 사셨으며, 당신은 금내부 주사(主事)로 계시다가 한일합방 당시 왜성대에서 하사금인가 퇴직금을 기백 원

받고 나오시면서 그 층계에서 찢고 투옥을 당하셨는데, 경부총순이셨던 셋째 백부의 주선으로 풀려나와 순사교습소(경찰학교) 한문교관이 되셨었다. 결국은 일제에 굴복하여 취업도생을 한 셈이니 결코 명예로울 것은 없다. 그리고 왜 나의 선대가 저렇듯 한말(韓末)인가 하면 나의 아버지는 7형제 중 여섯째로서 나는 그분이 오십에 본 만득(晩得)이기 때문이다.

그 후 아버지는 전기 직장에서 11년간 근속하여 소위 은급(1年金)이 붙고서는 사퇴하셨는데 그때를 전후하여 나의 외숙의 감화로 천주교에 입교하신다.

여기서부터 우리 집과 현재 왜관에 자리 잡은 독일 베네딕도(분도) 수도회와 관련이 시작된다. 즉 그때 우리 집은 이화동에 살았고 그 수도회는 오늘의 혜화동 천주교회를 맡고 있어 그 본당 소속이었다가 1923년인가 수도회가 원산지구 포교를 맡고 이동을 하게 될 때 아버지가 교육사업을 위촉받고 따라가서 원산 주변 소읍에다 3, 4개소 해성(海星)학원을 설립하게 된 것이다.

어머니는 나를 마흔넷에 낳으셨는데 태몽에 "사슴이 내 허벅다리를 꼭 물어 주었기 때문에, 그래서 멀쩡해 가지고 애를 많이 태운다"는 술회이셨다. 그도 그럴 것이 다섯 살엔가 천자문을 떼는 총기는 가지고 있었던 모양인데 어려서부터 악지가 세고 자라자마자 그렇게 말리는데도 불구하고 신학교(神學校)엘 들어가더니 뛰쳐나오질 않나, 서울에 유학, 동성상업(東星商業)을 보냈더니 퇴학을 당하고 노동판으로 굴러다니질 않나, 일본에 밀항을 하질 않나, 아무튼 일찍부터 동네서 주의자(主義者)로 호가 나고 유치장 출입을 자주 하는 불령선인(不逞鮮人)이 되었으니, 부모님께 끊임없는 불안과 상심거리였던 것이 숨길 수 없는 사실이다.

그래서 아버지는 돌아가실 때 "너는 매사에 너무 기승(氣勝)을 하지 마라. 아무리 의롭고 바른 일이라도 기승을 하면 위해(危害)를 입느니라"라는 유언을 남기셨고, 어머니는 매양 "나는 네가 세상에서 잘났다는 소리를 듣느니보다 그저 수굿이 살아 주는 게 소원이다"라는 애원에 가까운 당부를 하곤 하셨다.

> 울먹이도록 화창한 적도(敵都)의 봄,
> 미사 경본(經本)*과
> 《빈보모노가타리》**를
> 옆구리에 겹쳐 끼고
> 종일 향방 없이 헤맨다.
> —졸시 〈모과(木瓜)의 옹두리에도 사연이 6〉의 1절

나의 인생편력을 시화(詩化)한 저 구절만 보아도 나의 열띤 청춘의 오뇌는 저렇듯 복합적으로 엉켜 있었음을 엿볼 수 있으리라고 믿는다.

그래서 내가 살아온 인생을 솔직히 술회하자면 어느 글에서도 밝힌 바 있듯이,

"내 일찍 열다섯 살에 가톨릭 사제가 될 것을 지망하고 수도원 신학교에 갔다가 3년 만에 환속하였다. 이런 의미에서 자화상을 결론한다면 '인생을 결론부터 출발하였다가 실패하였다는 것은 탕아의 비극—즉, 끊임없는 방황을 운명과 약속함이나 다름이 없다' 하겠다."(졸문 〈구[具], 불구[不具]의 변〉의 1절)

이다.

---

* 미사 경본(經本): 가톨릭 제례용(祭禮用) 기도문집.
** 《빈보모노가타리[貧乏物語]》: 일본 사회주의 경제학자인 가와카미 하지메[河上肇]의 저서.

그리고 저러한 인생 속에서 제2출발로 대치시킨 것이 문학이었다. 그러면서도 대학도 종교과를 택하였고 또 어지간하나 세상의 하수구 속을 꼴딱꼴딱 헤엄쳐 오면서도 본향(本鄕)에 대한 향수 속에 살아 결국 이날까지도 승(僧)도 속(俗)도 못 되고 항상 마치 변통 위에 앉은 엉거주춤한 상태에 살고 있는 것이다.

그러므로 나는 현실적으로 아무것도 이루어 놓은 것이 없고 문학적으로도 남길 작품이 없이 카프카의 말을 빌리면 "성급(性急)과 나태" 속에 산다.

또 한편 사회적 행색만 하여도 어떤 친구는 나를 '급진'으로 여기고, 어떤 친구는 나를 '보수'로 여기고, 어떤 친구는 나를 '경건주의자'로 여기고, 어떤 친구는 나를 '퇴폐주의자'로 여기고, 어떤 친구는 나를 '여파(與派)'로 여기고, 어떤 친구는 나를 '야파(野派)'로 여기고, 심지어 어떤 친구는 나를 '기회주의자'로까지 여긴다.

그렇지만 나에게 말을 시킨다면 어느 것도 부실하다는 의미에서 저 전체가 나의 참모습이라 하겠고 사르트르의 말대로 "그(인간적) 허약성으로 말미암아 살아간다"고 하겠다. 그리고 그 허약성 때문에 나는 인간과 장점으로 사귀는 게 아니라 허물로써 트고 지내기 때문에 친구가 많고 누구보다도 인간의 우애만은 뜨겁게 맛보았다.

그래서 나의 저러한 역려반생(逆旅半生)을 수치로 임할지언정 결코 후회하지는 않는다. 오직 머물지 않고 다시 시작하고 다시 출발할 뿐이다. 폐수술을 두 번이나 한 이 또한 허약한 체력으론 평균연령도 살지 의문이고 또 지금 나에게 있어 갈 길도 온 길처럼 안 보이기는 마찬가지다. 그러나 나는 운명도 넘는 손에 매달려 있음을 믿고 있다. 그러면서 나의 용렬(庸劣) 인생과 부실한 문학을 그나마 지탱하고 자위하는 나름의 비방(秘方)이라면 아시시 프란체스코 성인의,

"하느님께서 네게 주신 모든 은혜를 거두어 드둑놈들에게 나누어 주셨던들 진정 감사를 받으실 것을!"
이라는 말씀을 섬기고 있는 덕분이라 할까?

    뜻한 곳 저절로
    이를 양이면

    그제사 숨 한 번
    크게 쉬고

    끝없는 쉼의
    그늘로 들라.
    -졸시 〈나그네〉 1절

■ **《우주인과 하모니카》**(1977)

한국의 현대시, 시인

편집자의 요청에 소박히 응해서 오늘날 우리 시와 시인들에게 품고 있는 나의 소견과 그 소회 같은 것을 솔직히 털어놓아 볼까 합니다.

가령 시인이라는 직분 속에 '프리스트(사제(司祭))'적인 면과 '아티전(장인(匠人))'적 면의 두 가지가 있다면 내가 요새 우리 시를 읽고 느끼는 것은 그 양면 중 장인적인 면만은 아주 숙련되어 가는데 사제적인 면은 아주 희박해 가고 저하되어 가는 느낌입니다. 내가 여기서 쳐드는 예술에 있어서 사제적인 면이란 어떤 것을 가리키는고 하면 창조자로서의 핍진(逼眞)하는 추구력과 거기서 얻는 고양된 심혼(心魂)의 개안(開眼)을 뜻하는 것입니다.

저런 느낌에 대한 구체적인 예를 들면 내가 이달 〈현대시학〉지나 새로 나온 시지(詩誌) 〈심상(心像)〉의 대부분의 세련(?)된 시를 읽었을 때, 그 시의 기법들은 혀를 찰 만큼 능수능란은 하였지만 그 시에서 오는 감동은 정직히 말해 거의 공허하다고 할 정도였습니다.

이것에 대해 곰곰 생각해 본 결과 나의 해석은 이렇습니다. 즉 그처럼 숙달된 기교로 서술된 시의 내용이나 메시지가 일반적 문제의식으로서는 아주 교묘하고도 명확하게 제시되어 있습니다만 그 문제의식의 개성적인 창조적 확장이나 추구발전이 이루어지지 않고 있다는 사실입니다.

좀더 작품과 밀착시켜 설명하면, 특히 일부 젊은 시인들이 제재

(題材)로 삼은 이 시대나 이 현실에 대한 문제의식이 아무리 은유로 훌륭히 묘사되었다 하더라도 그 내용이나 메시지라는 것이 "우리는 부자유스럽다"든지, "우리의 삶은 질식 상태"라는 비명이나 절규에 그쳐 있어 일반적 체험이나 그 항설(巷說)의 영역을 벗어나지 못한다는 것입니다. 즉 이 시대의 이 현실을 긍정적으로 보건 부정적으로 보건, 우리의 '부자유'나 각박한 '삶'의 구조적인 또는 내적인 의미나, 전략적 가치로서의 타당성 여부, 나아가서는 보편적 인간으로서의 수용과 거부 등이 제시되지 않고 또한 뼈저린 자기 체험으로서의 신음이나 각성이 엿보이지 않는 것입니다.

한편 저러한 현실적 상황을 피해 쏟아져 나오는 감각적 서정이나 서경(敍景) 같은 것도 봄은 따뜻하고 새순이 아롱지며, 여름은 더워 바다가 좋고, 가을은 선선하며 단풍이 지고, 겨울은 춥고 흰 눈이 있다는 통념에 빠져 있다고 하겠습니다. 한마디로 말해 저 T. S. 엘리엇의 "잔인한 4월"도 저 성삼문의 "금야숙수가(今夜宿誰家) 리요의 황혼(黃昏)"도 오늘의 우리 서정 속에선 도저히 찾아볼 수 없다는 것입니다.

이렇듯 독자들이 자기의 가장 평범한 경험의 세상살이와 시인들의 창작 세계에 아무런 차이를 못 느낄 때 어찌 그들의 감동을 불러일으키겠습니까?

여기에다 그러한 창작을 하는 주인공인 오늘의 시인들이 지니는 바 개인적 품성이나 사회적 품격 역시 일반 시정인(市井人)이나 사회인들의 행색과 행세보다 못할 때 비록 훌륭한 시를 썼대도 그 메시지가 어찌 독자들에게 먹혀들겠습니까?

시인이란 이미지가 거리의 방일자(放逸者) 아니면 생활의 탈락자로 보이는 것은 오히려 그래도 애교인 편입니다만, 자기 이해나 그 선전을 위해서는 시장의 얌생이꾼들보다도 더 꼬리를 치며 염치가 없고 약 광고보다 더 허황스러운 짓도 사양치 않는 부류들이 언제나 시단(詩壇) 전면에 나서고 있는 것입니다. 또 시인들의 사회적 행동이라야 한국시인협회니, 현대시인협회니 또 한국문인협회니 하고 갈려서 때마다 소란을 피우니 우리가 무슨 민족 단합을 외치며 정치적, 사회적 파벌을 규탄할 자격을 갖는다는 말입니까?

물론 나도 이상 범주에 속하는 사람으로서 누구를 규탄하거나 더욱 우리 시인들을 힐난하자는 것이 결코 아니라 함께 성찰하고 함께 재출발하려는 자기 요청이올시다.

또 물론 이것은 내가 우리 시인들에게 개인생활이나 사회생활에서 도학자(道學者)적인 윤리성을 요구하는 게 아닙니다. 오히려 이런 물질 위주의 각박한 세상살이 속에서 우리 시인들이야말로 진정한 풍류와 쇄락(灑落)과 탈속(脫俗)을 보여 주고 싶은 것입니다.

세상에서는 가장 아름답고 멋진 것을 보면 아직도 시적(詩的)이라고 합니다.

우리 시인들은 이런 영예를 더하지는 못해도 추한 행동으로 더럽히지는 말자는 것입니다. 오늘의 시대, 특히 우리 현실처럼 참된 시인이 요구되는 때는 없습니다.

저 휘트먼이나 우리의 공초 오상순 같은 정신적 거인이 나와 이 물질과 기술만능의 해독으로 만신창이가 된 우리의 심혼을 치유하고 다시 불러일으켜야 하겠습니다.

이야기가 너무 길어졌나 봅니다. 내가 오랜만에 귀국하여 우리 시나 시인들에게 이런 어쩌면 무리할 만큼의 주문을 늘어놓는 것은 결국 어느 시대나 사회든지 본질적 구심점은 결국 시인과 그 작품 외에는 없다는 자부심과 사명감이 이런 말을 나에게 하게 하는 것입니다.

이중섭 이야기
−그의 치명(致命)·예술·인간

이해 1958년 9월 6일로 향우(鄕友) 중섭을 죽인 지 두 돌이 된다.
내가 이렇듯 살해자의 하나로 자처하며 그의 죽음을 비통하게 표현하는 것은 우정을, 더욱이나 사후(死後)에 과장하려 함이 아니라 어쩌면 한 위인의 치명을 앞에 가로놓고서도 너무나 무정하고 무력하고 무도(無道)했던 자신이 뼈아프게 뉘우쳐지며 때마다 가슴을 찢어 놓기 때문이다.

세상에서는 중섭이 병들어 미쳐 죽었다고도 하고 굶어 죽었다고도 하고 자살했다고도 한다.

정신병원엘 두 차례나 입원까지 하였으니 병들어 미쳐 죽은 것도 사실이요, 식생활마저 보장치 못했으니 굶겨 죽인 것도 진상(眞相)이요, 발병 1년 반, 그나마 음식을 완강히 거부했으니 자살했다 하여도 무방하리라.

그러나 그를 살게 하고 죽게 한 것은 오로지 '그림'이었다. 중섭은 너무나 그림밖에 몰랐다. 그의 생존의 무기란 오직 그림뿐이었다.

그가 생전 취직이란 원산사범(師範) 미술교사랄까! 이것도 불과 2주여에 낭패에 돌아갔음을 당시의 동직(同職)이었던 내가 목격한 바다.

이러한 그에게 부닥친 해방 조국의 남북 현실상이란 화구(畵具)는커녕 호구(糊口)와 거처에 한시나마 안정을 줄 수 없었던 것이다.

오직 줄을 대 볼 곳이란 1·4후퇴 때 동반 월남했다가 친상(親喪)

의 부음(訃音)으로 일본에 귀환한 처자를 찾아가는 길뿐이었다.
 "내 보고 겪은 그대로, 이 고장의 피나는 소재를 가지고 말이야, 도쿄 가서 그려 올게. 큰 캔버스에다 채색을 마음껏 바르고 문질러서 그림다운 그림을 그려 올게. 남덕(南德, 부인)이 보고 싶어 가는 줄 오해 말어. 방 하나 따로 구해 노라고 편지했어. 구상, 알았음마?"
 이 일루(一縷)의 희망을 걸고 첩보선(諜報船)을 탄다고 군통(軍通)이라는 나를 대구로 찾아왔다가 지쳐 넘어지자 그만 발병하고야 만 것이다.
 시초 그의 심신의 증상은 자학으로 나타났다.
 "나는 세상을 속였어. 미술을 한답시고 공밥을 얻어먹고, 놀고 다니며, 후일 무엇이 될 것처럼!"
 "남들은 저렇게 세상과 자기를 위하여 바쁘게 봉사하는데 그림만 신주처럼 모시고 다니고 이게 뭐야?"
 "내가 도쿄에 그림 그리러 간다는 게 거짓말이야. 남덕이와 어린 것들이 보고 싶어서 그랬지!"
 중섭은 이날부터 일체 음식을 거절하기 시작하였고 병원에 드러누웠다가도 외부에서 자동차나 사람들의 소리만 요란해지면, 소위 세상이 활동하는 기척만 들리거나 느끼면 벌떡 일어나서 비를 들고 이층서부터 아래층 변소에 이르기까지 쓸고 닦고, 밖에 나가 길에 노는 어린애들을 수돗가로 끌고 와서는 목욕을 시키며, 자기도 이제부터는 남과 세상에게 봉사를 해 본다는 것이다. 또한 도쿄행도 처자에게 향한 개인적 욕망이었기에 음신(音信)을 자신이 단절할 뿐만 아니라 1주를 거르지 않는 그의 애처의 서신을 죽을 때까지 한 번도 개봉 않고 나에게 돌려주며 도로 반송하라는 것이었다.
 이 글을 쓰는 순간에도 나의 벽장 상자 속에는 애절이란 형언만으론 표현할 바 없는 남덕부인으로부터의 적중(積重)되는 서간 중 나도 끔찍하여 개봉 못한 5, 6통이 남아 있다.

중섭아! 네 넋이라도 와서 뜯어 펴 보고 가렴!

이러한 그의 정신적 증세(?)는 뒤집어 말한다면 진정한 예술가로서 이 사회 현실에 향한 무서운 도전과 항거였으며 자기 예술에 대한 오롯한 순도(殉道)이기도 하였다.

막말로 하면 그림으로 세상이 안 먹여 주니 안 먹겠다는 것이요, 이 사회가 예술은 소용없다면 안 그린다는 것이요, 이 치명의 세계에는 처자도 불가침이라는 것이다.

신고(呻苦)하는 일 년 반 동안 기복의 차는 있었으나 이게 그의 병이었으니 치료란 주로 그를 붙잡아 매고 목구멍에 고무줄을 넣어 우유 등을 먹이는 것이었다면 저간 소식이 짐작될 줄 믿는다.

중섭은 쾌쾌히 말해 천재요, 용출(湧出)하는 사랑과 시적인 미와 황소 같은 화력(畵力)의 소유자였다. 나는 문외한이라 그의 작품이나 작기(作技)의 진가는 모른다.

오직 그가 풍기던 인품의 천진은 모든 인간에게 무구한 애정을 분배해 주었고, 그의 성실하고도 정확한 직관과 직정(直情)은 금수나 어개(魚介)나 초목에 이르기까지 생동하는 시정(詩情)을 자아냈으며, 그의 불령(不逞)하리만큼 힘찬 화력은 강인하면서도 정열적인 선과 순하면서도 낭만적 색채로 화폭에 미를 재현시켰던 것이다.

그래서 그는 즐겨 오만 가지 동자상(童子像)을 그렸고, 황소와 사슴을 그렸고, 연꽃과 복숭아꽃을 그렸고, 물고기와 게를, 나비와 학을, 고목과 초가(草家)를, 열애와 열망을 가지고 한데 어울려 놓았다.

하루는 중섭이 빙글빙글 웃으며 예의 낡아빠진 양담배 갑의 은지(銀紙)에다 파조(爬彫)한 그림 한 장을 내보이며 "음화(淫畵) 한

장 보여 줄게……" 하는 것이었다.

참으로 음화라면 거창한 음화였다. 그 화면에 전개되고 있는 것은 위에서 말한 산천초목과, 금수 어개와, 인간이, 아니 모든 생물이 혼음(混淫) 교접하고 있는 광경이었다. 나는 이것을 보고 언뜻 느낀 것은 그가 범상치 않은 사상을 지니고 있음을 발견하였다.

이는 구태여 범신론적인 만유협동(萬有協同)과 같은 관념이 아니라 사랑으로 배합된 창조주의 의지와 직결되는 것이며 만물을 사랑의 교향악으로 부감(俯瞰)하는 원숙한 자의 풍치였다.

여기서 한 가지 밝히고 싶은 것은 중섭이 비록 영세(領洗)는 받지 않았으나 기독교 신자가 되었다는 것이다.

그가 1955년 4월 14일 나에게 직접 전달하여 온 편지의 거두절미한 고백을 여기에 그대로 옮기면,

"제(弟)는 하나님을 믿으려고 결심했습니다. 가톨릭교회에 나가 모든 잘못을 씻고 예수 그리스도님의 성경을 배워 정성껏 맑고 바른 참사람이 되겠습니다"라고 적혀 있었다. 그 후 즉시 성경을 읽었고 대구 성가병원 수녀간호사가 준 성패(聖牌)와 성경을 임종 시까지 간직하고 애중하였던 것이다.

그가 또한 얼마나 애국자라기보다 국토애를 지니고 있었느냐 하는 것은 다음의 일화에서 엿볼 수 있다.

부산 피난 때 밀선(密船)을 타고 한 2주일 처자를 만나러 갔다 온 일이 있는데, 내가 도카이도센 차창에 비친 일본의 울창한 산림을 예찬 겸 물었더니 즉답하기를,

"상(常), 아니야! 일본의 산림은 빽빽이 나무가 서서 첫째 답답하고 인정이 안 가! 우리 산들이 아름다워! 더러 벌거벗어 살들이 들여다보이는 우리 황토산이 따스한 친근감이 들어" 하고 무심히 던지는 그의 말에 당장에는 나도 예술가의 일종 정취로 여겼으나 오

늘날에 와서는 어떤 애국자의 발언보다 중섭의 이 말을 믿는다.
 중섭의 그림을 너무 문학적 요소가 짙다고 평하는 편도 있으나 그의 미에 향한 시적 '이데아'가 순결하고 신비하리만큼 동정성(童貞性)을 지녔기 때문에 범접하여 시비될 것이 아니라고 나는 생각한다.
 내가 병상에 누웠을 때 그는 큰 복숭아 속에 한 동자가 노니는 그림을 그려 가지고 왔다. 이것은 어쩌자는 것이냐고 물었더니 그 순하디순한 표정으로,
 "그 왜, 무슨 병이든지 낫는다는 천도복숭아 있잖어. 이걸 네가 먹고 얼른 나으라고……."
 그의 시심(詩心)은 이렇듯 청징(淸澄)하였다. 그는 처자를 사랑함에도 얼마나 극진했던지 발병하기 전까지는 주(週) 1회 정도 정기로 서신 왕래를 했는데, 거기 어린것들에게 보여 주기 위한 그림을 그려 넣어 보내기 위하여 다른 그림을 그릴 사이가 없다는 토정(吐情)이었다. 그래서 그의 은지화(銀紙畵) 대부분의 모티브가 되어 있는 것은 가족에 대한 향수로 꽉 차 있다.
 절필(絶筆)이 된 〈돌아오지 않는 강〉(조영암[趙靈巖] 씨 소장)은 눈물 없이는 쳐다보지 못할 별리(別離)에 놓인 가족화(家族畵)였다.
 그러나 중섭은 뭇 천재들이 그랬듯이 비참히 살다가 가엾게도 너무나 빨리 갔다. 그는 현재의 자기 작품을 가짜라고 불렀다. 전람회장에서 어쩌다가 빨간 딱지가 붙을 양이면 "잘해! 또 한 사람 업어 넘겼어(속였다)!" 하고 친구들에게 귓속말로 속삭이고 나서는 상대방에게 아주 정중히,
 "이거 아직 공부 다 안 된 것입니다. 앞으로 정말 좋은 작품 만들어 선생이 지금 가지고 가시는 것과 바꾸어 드리렵니다."
 이런 투로 부도수표(?)를 떼고 자기 현재 작품에 대한 불만과 장

래 할 대성에 극도의 초조를 가지고 있다가 그만 꼴딱 가 버렸다.

그래도 그 은지화와 황소 데생 두 점이 어찌어찌하여 뉴욕 현대 미술관에 흘러 들어가 당대 거장들과 어깨를 나란히 영구보존 진열케 되었으니, 이를 사후 영광이라고나 할까? 이것만으로는 억울하다고 할까?

중섭의 천도(天桃)를 먹어선지 나는 그 후 세 번이나 고질(痼疾)로 쓰러졌다가도 일어나서 이렇게 남루인생(檻褸人生)을 살고 있으며, 인정 또 남루하여 기일(忌日)이라고 그를 곡하고, 천도를 먹여준 중섭은 죽어 후인의 가슴을 찢으니 무상하기 그지없구나!

포대령 이기련의 진문(珍聞)

　나는 1953년 바로 휴전 직전 수도사단(首都師團)을 방문했다. 거기에는 나의 친구 이기련(李錤鍊) 대령이 포병단장을 하고 있었기에 위문을 겸한 것이었다.
　이 친구의 생애에 대해서는 내가 요즈음도 다른 지면에 썼기에 여기서는 생략하기로 하고, 오직 경성제대(京城帝大) 법과를 나온 수재로서 국방경비대 사병으로 입대하는 그런 기인(奇人)이었고, 1·4후퇴 때 중부전선인가에서 괴뢰군이 피난민 속에 섞여서 잠입해 오자 이것을 안 포병대대 미 고문관은 무차별 포격을 하라거니 대대장인 그는 못한다거니 승강이를 벌이다가 마침내 그는 쏘라는 피난민 포격은 안 하고 미 고문관을 권총으로 쏘아 다행히 경상(輕傷)만을 입히고 군대에서 파면을 당했다가 도로 복귀한 일이 있는 그런 수많은 일화의 소유자였던 것만을 우선 밝혀 둔다.
　그런데 이 속칭 포대령(砲大領)이 내가 찾아갔을 때 마침 전초기지 참호엘 다녀온다면서 사뭇 감격해서 들려주는 이야긴즉,
　"상(常)! 내가 지금 어느 참호엘 들르니 우리 병정들하고 흑인 병정들이 막걸리판을 벌이고 있더란 말이야! 그래서 나도 한축 끼었지. 처음에는 이자들이 경계를 하지 않겠어! 그래서 한 잔 두 잔 어울리면서 그 왜 내 재간 있지 않아, 장타령도 하고 영어로 수심가도 들입다 불러 댔지. 나도 그만 취했단 말이야' 그쯤 되니 우리 애들도 깜둥이 녀석들도 활개를 펴고 제멋대론데 그중 흑인 병정 한

놈이 우리 녀석 하나를 껴안고 좋아서 못 견디겠다고 지껄여 대는데 우리 애가 알아들을 게 뭐야. '오케 유 넘버 원' 소리만 연거푸 해 댈 수밖에! 그래서 내가 통역을 자청하고 나섰지 않았겠나(그는 영어가 유창하였다). 그랬더니 깜둥이 병정 한다는 소리가,

—너와(우리 병정) 나와는 어머니가 다르고, 고향이 다르고, 인종이 다르고, 생일도 다르고, 피부 빛깔도 다르고, 이렇게 모두가 다른데 오직 같은 게 둘 있으니 그것은 이등병이라는 것과 죽을 날짜가 같다. 그러니 모두가 달라도 죽을 날짜가 같은 종신(終身)의 형제라 이렇게 가까운 사이가 어디 있겠느냐?

그러는 게 아니겠어! 그리고 그 녀석이 이어서,

—우리는 이래서 부모님보다도, 형제보다도, 고향보다도, 국가보다도, 아니 애인보다도 더 가까운 사이요, 얼굴색이 검고 누른 것이나 서로 다른 환경에서 자라고 살아온 것쯤은 문제도 아니다. 라는 말씀이야! 실로 거창한 말씀을 하는 게 아니겠어? 그 깜둥이 녀석 어디서 그런 궁리가 나오고 또 터득했는지 모르겠어. 나는 술이 다 확 깨더군. 그래서 우리 애들에게 알아듣게 설명을 해 줬더니 우리 애들도,

—그거 '반공통일'보다 더 옳소!
—그거 성경 말씀보다 더 좋다.
라고들 그러더군. 허허 그것 참!"

나 역시 그 소리에 감격 안 할 수 있었겠는가. 내가 들고 간 정종 두 병을 우리는 그 자리에서 냉주(冷酒)로 소금도 없이 비우면서 저 흑인 병정 입에서 흘러나온 '종신형제'라는 위대한 잠언을 음미하고 또 음미했다.

물론 나는 우리 병정과 그 흑인 병정이 그의 말대로 우리 어느 산비탈에 쓰러져 숨졌기보다 그 둘 다 훈장이나 하나씩 덜렁덜렁 차

고 고향으로 돌아가 살아남아 있기를 비는 마음 지금 이 글을 쓰면서도 간절하다.

　그리고 저 내 친구 포대령은 준장이 되면 자전거에다 별판을 달고 다니겠다더니 장군도 못 되고 4·19 후 제대하여 새 삶을 모색하다가 1961년 불과 44세로 행려사망자(行旅死亡者)가 되어 거적에 덮여 나가는 비참한 최후를 마쳤음을 여기에 덧붙여 둔다.

■ 《우주인과 하모니카》(1977)

소설가에게 요망한다
―작중 인물이 시시하고 이야기가 너절하다

나의 독서의 3분지 1은 소설이다.

이렇듯 정신적 양도(糧道)의 중요한 배급주(配給主)들에게 모처럼 투정할(?) 기회를 얻었으니 평소 독자로서의 소감을 솔직히 적어 볼까 한다. 그러나 투정이라는 것은 일종의 생트집이니 장님이 눈뜬 사람 이끌기와 같은 망발(妄發)이 튀어나와도 소설가 제공(諸公)은 과히 허물 말기를 바란다.

내가 우리 소설을 읽으며 느끼는 것을 두루두루 일괄해서 표현한다면 재미가 없다는 한마디가 된다. 이것은 읽어 가는 재미(흥미)도 재미려니와 읽은 후에 오는 감동의 허전을 더욱 의미한다. 실상 읽는 재미 없기로 말하면 작금의 노벨상 작품 《의사 지바고》나 《드리나 강의 다리》도 억지로 읽어 나갔으나 읽어 나가면서 얻은바 지식이나, 읽고 난 후에 정신적 감동은 웬만한 실제적 인식이나 경험에 비할 바가 아니다. 이와 반대로 나는 우리 몇몇 소설가의 단편에서 이 읽는 재미는 보기도 하지만 지적 충족이나 정신적 고양 면으로서 적막(寂寞)을 느낀다. 아마 우리에게 읽히는 해외 소설이라는 게 고전명작이나 현대의 문제작이기 때문에 이와 대비해서 더 그런지도 모르겠다.

하여간 내가 우리 소설을 읽으며 제일 시시하게 여기는 것은 작중인물이다. 일간신문 연재장편에 등장하는 인물들의 그 천박과 유치는 말할 나위도 없거니와 문학지 단편소설의 인물들을 보아도 좋게 말해서 숙명적 성격이나 정신적 품격 같은 것은 부조(浮彫)되지만 사상적 골격이나 선각자적 면목을 찾아낼 길이 없다.

흔히 등장하는 향토적 인정세계의 돌쇠와 순이, 역사나 현실의 희생, 또는 수난자로서 사병과 상이군인, 자아망실(自我忘失)의 실업청년, 애욕세계의 정상모리배(政商謀利輩)와 우한마담과 천둥벌거숭이의 대학교수, 세대상충(世代相衝)의 완고한 몰락지주와 대학생 아들, 회고(懷古) 취미의 소요거사(逍遙居士). 이런 통념으로서 유형화한 인물들이 개인적 본능이나 숙명의 테두리 속에서 놀아(?)나다가는 한심스러운 종말을 고하는 것이다.

그들 인물들은 작중에서 직접이든 간접이든 자기의 존재를 명백히 인식하고 증언하지 못할 뿐 아니라 사건의 전개 속에서도 선입관에 의하여 수동적으로 대응할 뿐, 그 당위 여하를 인식 설명하거나 하나의 기반(羈絆)을 벗어나려는 대결정신과 행동의 결단을 갖지 않는다. 손쉽게 말하자면 우리 소설의 인물들은 엑스트라뿐 아니라 주인공까지 너무나 범상하고 친근한 우리와 이웃의 자화상이며 초상화로서 그들에 향한 재발견과 새로운 투시(透視)의 평가 없이 재현되기 때문에 우리의 흥미는커녕 짜증마저 자아낸다.

연전, 일본의 아쿠타가와상[芥川賞]을 받은 바 있는 엔도 슈사쿠[遠藤周作]라는 친구는 그의 수상작 《백인(白人)》인가의 작중인물이 전부 서양 인명(人名)임을 힐난받자 "일본의 인명 사부로[三郞]나 하나코[花子]로서야 어찌 신이나 존재의 문제를 다룰 수 있느냐"고 반문하며 응수한 것을 보았다. 이것은 인명의 이미지에 국한되지 않고 우리 소설에서 인물을 다루는 데 강렬한 시사를 준다. 얻어들은 풍월을 한마디 더 덧붙이면, 프랑수아 모리아크는 "참다운 소설가는 인물을 그리지 않고 인물을 낳는다. 곧 예술가가 실재와의 신비적인 결합에서 새 인물을 탄생시키는 것이 소설이다"라고 말하며 인물 창조의 중요함을 강조하였다. 사실 우리는 소설의 작중인물에서 실존의 각자(覺者)나 역사의 수행자(遂行者)나 현대의 새로운 영웅의 모습을 찾고 싶으며, 그렇지는 못하더라도 우리의 남성상과 여성상, 새로운 엘리트의 입상을 갖고 싶은 것이다.

칠죄의 연못 속을 헤쳐 나와도 더럽히지 않는 천사는 못 낳아도 불가살(不可殺)의 악마나 영웅이 아니면 예외자라도 보여 주었으면 한다.

그 오손(汚損)되고 타락되어 구더기같이 너절한, 아니 오히려 현실보다도 음영(陰影)의 핍진성(逼眞性)이 없는 인물들의 등장은 딱 질색이다. 말의 비약이기는 하지만 '자유부인'이나 '또순이'를 가지고 배경을 바꿔서 '보바리 부인'이나 '카추샤'로 대체할 수는 없지 않은가.

이러한 작중인물과 병행하여 안이한 것이 이야기의 전개다. 우리 예술가에게 남다른 특혜나 재산이 있다면 상상이다. 이런 의미에서 나는 우리 소설가들의 예술적 상상능력을 의심할 때가 있다.

새로운 신화를 창조하여 보여 달라는 것은 무리지만 어쩌면 그리도 이야기가 심심하고 싱겁고 신통치 않단 말인가.

역사물을 내놓고는 장편소설은 하나같이 애욕, 한 줄거리에만 매달려서는 수로(水路)싸움, 입도선매(立稻先賣), 머슴의 비련(悲戀)이 향토적 소재요, 도회로 오면 다방과 술집 호텔의 풍정(風情), 창굴(娼窟)을 비롯한 우범지대나 자유시장에 일어나는 공설(公設)된 사기와 폭력과 매음, 그 후에 으레 따르는 비명횡사, 전선(前線)이면 학병 출신의 체험과 반발, 그렇지 않으면 의기상실자(意氣喪失者)들의 저회취미(低徊趣味)가 이 역시 일반적 상식과 통념 범주 내의 사건들로서 조립된다. 웬만큼의 상상력의 소유자로서 우리 소설을 읽어 온 사람이라면 몇 줄 안 읽어서 그 이야기의 전말을 알게 된다. 그래서 우리는 발자크나 도스토옙스키에게서 받는 의미심장은 두고라도, 오 헨리나 키플링에게서 받는 다양의 기경적(奇警的) 재미도 못 얻는다.

한편 이것은 소설가의 상상력도 상상력이려니와 우리 소설가들의 생활의 편협과 지식의 빈곤에서 연유하는 것일 게다. 하다못해 목수나 기계공 하나의 생활을 그리려 한들 그들의 직능(職能)이나 생활내용을 파고들어 알아야 할 것이 아닌가. 하물며 정치적인 판세나 산업이나 기업의 경영실정을 모르니 덮어놓고 열 닷냥금으로 실업인이나 사장은 모리간상배(謀利奸商輩)요, 정치인이나 공익단체인들의 생활은 정상배(政商輩)로 볼 수밖에 없고, 과학자나 교수도 그의 연구나 학문의 심오함이 제시되는 것이 아니라 세정(世情)의 소원(疏遠)함만이 이용되는 것이다.

우리가 현실로 아는 정치현상만 해도 그처럼 무책임할 수는 없는 것이며, 산업건설이나 기업경영도 그렇듯 엽색축재자(獵色蓄財者)들 소행이 아니며, 또 얼마든지 자기 분업에 골두 헌신하고 있는 인간과 그들이 부닥치고 있는 극복해야 할 과제와 난관들이 제출되고 있다. 이러한 작가들의 사회현실에 향한 구지와 맹목은 우리 소설의 병폐일 뿐 아니라 우리 사회와 국민 전반에 악영향을 끼치는 것이라 하겠다. 그래서 노상 저널리즘에 오르내리는 문학자의 사회참여란 시대를 합리화하는 작품을 쓰는 것이 아님은 물론, 또 어떤 현실적 행동인으로 나서라는 것도 아니요, 바로 작품상에서 이 사회현실에 향한 개안(開眼)과 그 문제점의 정확한 파악과 이를 식별 제출함에 있는 것이다.

여기에다 문장의 부실도 들먹이지 않을 수 없다. 단적으로 말하면 논리적 밑받침이 없기 때문에, 이야기가 형이상적 명제나 사회문제에 이르면 선문답(禪問答)같이 애매해지거나 시정(市井)의 문답을 넘지 못한다. 그렇다고 여체(女體) 같은 데도 심미적 묘사가 있는 것이 아니라 언제 읽어도 옷 벗기면 노출되는 품목(?)과 음욕의 설명으로 끝난다. 나는 얼마 전 일본 작가 다니자키 준이치로의 《광풍노인일기(狂風老人日記)》를 읽으면서 며느리 여체의 발뒤꿈치까지 탐미하는 그 황홀한 묘사력에 압도당했다. 우리 소설 문장엔 산문정신의 근기(根氣)가 없을 뿐 아니라 독창적 심미감이나 스타일이 결여되었다고 하겠다. 대체적으로 운치랄까 격조가 있는 문장수(文章手)들은 그 제재가 토속적이고 몰(沒)현대상황적이고, 현대정신의 명제를 갖고서 쓴다는 작자들은 생경하고 작품 속에서 자의식의 노출이 심하다.

이렇게 우리 소설을 매도해 가다가는 소설가들에게 몰매를 맞을 것 같아 그만해 두기로 하며, 위에 열거한 것은 그야말로 우리 소설 일반에 향한 나의 투정이요 요청이다. 우리 소설이라고 해도 천층, 만층, 구만층으로 내가 읽은 것 중 기억만으로 꼽아도 황순원(黃順元)의 《별과 같이 살다》, 김동리(金東里)의 〈무녀도(巫女圖)〉, 최정희(崔貞熙)의 〈정숙일순(靜寂一瞬)〉, 장용학(張龍鶴)의 〈요한시집(詩集)〉, 선우휘(鮮于輝)의 〈불꽃〉, 오영수(吳永壽)의 〈명암(明暗)〉, 최인훈(崔仁勳)의 〈열하일기(熱河日記)〉와 하근찬(河瑾燦), 유현종(劉賢鍾) 등의 작품과, 방금 〈동아일보〉 연재 《속솔이뜸의 댕이》는 나의 저러한 욕구불만을 채워 주는 작품이라 하겠다.

이것은 여담이지만 나는 권투나 운동경기를 가 보지는 못하고 라디오 중계 같은 것을 즐겨 듣는데, 거기서 느끼는 것은 그들이 자기 훈련이나 경기에 얼마나 혼신몰입(渾身沒入)해 있는가를 자신의 문학생활과 대조해 보며 참괴를 금치 못한다. 물론 이들과 문학인들의 자기 집중은 차원이 다르다. 하지만 솔직히 고백하면 우리들 오늘의 문학인들의 작업태도는 나태하고 정혼(精魂)을 기울이지 않고 있다 하겠다. 이에 대하여 오늘의 예술이나 예술가의 다면과 다양을 내세우기도 하고 역사적 현실의 각박과 또 생활의 궁핍을 호소도 하고 변백의 구실을 삼기도 하리라. 그러나 진정한 예술가에게는 이러한 예술 내외 여건의 압박이나 곤경이 장애가 되기는커녕 플로베르의 간질(癎疾)이나, 프루스트의 천식(喘息)이나, 베토벤의 이농(耳聾)이나, 반 고흐의 색맹(色盲)처럼 신체적 실함(失陷)이나 역경마저 그의 예술창작의 내용과 양식을 풍부하게 하고 완성에 이르게 하는 데 플러스되어 왔음을 명념(銘念)하여야 할 것이다.

한국민의 실존감정

여기 망망한 동해에 다다른
후미진 한 작은 갯마을

지나새나 푸른 파도의 근심과
외로운 세월에 씻기고 바래져

그 어느 세상부터
생긴 대로 살아온 이 서러운 삶들 위해

어제는 인공기(人共旗) 오늘은 태극기
관언(關焉)할 바 없는 기폭이 나부껴 있다

  앞의 시는 유치환이 동란 중 종군을 하면서 쓴 〈기(旗)의 의미〉라는 작품으로 동해의 조그만 어촌이 남북 양군에게 번갈아 점령당하는 모습을 그린 것입니다. 이데올로기도 정치도 모르고 또 관여하려고도 않는 주민들의 희생의 무고함이 여실하게 나타나 있습니다.
  실상 한국의 일반 민중은 8·15해방까지 일본 군국주의의 지배를 받으면서 망국민으로서의 압박과 설움을 맛보았지만, 이데올로기의 정치적 경제적 질서의 차이나 그 생활에 대하여는 전혀 백지상태였던 것입니다. 그러다가 해방의 사자(使者)로 진주한 미·소 양군에게서 거의 타력적으로 양립하는 이데올로기의 사회체제를 구축하게 되었고 또 그들이 쥐어 준 소련제 무기와 미국제 무기로 소위 이데올로기의 청부 전쟁에까지 나갔던 것입니다.

저 고대 부족국가 이후 통일이 되어 천여 년을 단일민족국가로 살다가 미·소 양군의 분단 진주로 말미암아 불과 나뉜 지 5년, 그 동족의 형제들이 소련제 따발총과 탱크를 몰고 강도떼처럼 몰려왔을 때, 또 이와 미국제 무기로 맞섰을 때, 이것을 동족의 의지나 행위로 여기거나 그렇게 이해하는 한국 사람은 한 사람도 없었습니다.

> 겨누는 것은
> 분명히 적이라는데
> 적이 아니라
> 그것은 나다.
>
> 포탄은
> 터져 날아갔는데
> 적의 심장을 뚫었다는데
>
> 죽은 놈도
> 자빠진 놈도
> 그것은 나다.

이 시는 역시 동란 중 안장현(安章鉉) 시인이 쓴 〈전쟁〉이란 작품인데, 제목을 일반화하여 인간의 실존적인 전쟁의 부정으로 표현되어 있지만 이것은 당시 '총후(銃後) 사회에서 반전적 발언'을 은폐하기 위한 수단으로 짐작되며, 그 의도는 앞서 말한 타력적 이데올로기의 동족상잔에 대한 전면적 부정의 시라고 하겠습니다.

> 기중기(起重機)는
> 망가진 케시어스 클레이의 철권 수만 개를
> 들어 올린다
> 흔들린다
> 헛기침도 않고
> 건달 같은 자세로
> 시장한 벽(壁)에
> 부딪힌다
> 압도해 오는 타이거 중전차(重戰車)에
> 거뜬히 육탄한다
> 나를 매달아 놓았던 내장의 사슬이 끊어진다
> 기중기를 벗어난 철추는
> 현실 밖으로 뛰쳐나간다
> 한 마리의 새가
> 포물(抛物)로 날아간다

이 시는 김광림(金光林) 시인의 〈풍경〉이란 작품으로, 일반적 문명비평이요, 우리의 역사적 상황을 직접적으로 표현한 것이라고는 보지 않습니다.

그러나 오늘까지의 역사즈 현실이나 그 상황은 기중기 같은 강자, 혹은 강대국의 의지나 힘으로 형성되었다가 그들의 형편이나 편의에 의하여 또다시 임의의 자세로 돌아가는 것이 사실입니다.

마치 한국에 빚어졌던, 아니 한국이라는 가장 약하고 불행한 지역에다 벌여 놓았던 세계사적인 이데올로기의 대결은 그 상처와 맹점을 그대로 내던져 놓은 채 강대국끼리만 "이데올로기의 종언"(다니엘 벨)을 고하고 마는 것입니다.

　물론 나는 강대국이라 하여도 소련이나 중공 등 공산주의 국가의 우리에게 행한 악의적인 의지나 힘과 미국을 비롯한 민주주의 세계의 선의적인 의지나 힘을 도매금으로 동일시하려 들지는 않습니다. 그렇지만 우리의 삶을 근본적으로 파괴하려 드는 공산주의 의지나 폭력은 물론이려니와 민주주의 의지나 힐도 우리의 비극을 해소하거나 해결하지 못하고, 오히려 공산주의와 손을 맞잡고 우리의 삶을 더욱더 부조리 속에 몰아넣어 왔다는 사실을 묵과할 수가 없는 것입니다.

　이러한 비극적 체험과 부조리한 삶을 통하여 이제 우리 민족은 남북한을 막론하고 우리가 살펴본바 민족의 실존적 삶과는 배치하는 이데올로기의 장벽을 누구도 아닌 우리 힘으로 뚫고 헐어 가야 하는 것입니다.

■ 《우주인과 하모니카》(1977)

한국 지식인의 당면 문제의식

−1970년 10월 3일 하와이대학 '단산학회'(檀山學會, 한국유학생학술단체)에서의 강연 요지

　오늘 저녁 이 동서문화센터라는 국제적 학문교류의 전당에서 비학술적이요, 또 나의 전공인 문학과 동떨어진 화제를 가지고 이야기하게 된 것을 저어하지 않을 수가 없습니다.
　그러나 내가 이렇게 비학문적이요, 비전문적인 과제를 택하게 된 것은 망신을 하더라도 여러분과 대화를 현실적으로 밀착시켜 보려는 성의 이외에 아무것도 아닙니다. 솔직히 말씀드려 그대로 잠잠히 지내면 여러분에게 존경은 못 받더라도 망신까지는 안 할 것입니다만, 우리의 절실한 문제의식들은 여러분 개개인과 대화해 볼 수도 없는 노릇이니 이렇게 나 스스로가 지니고 있는 문제의식이나 과제들을 여러분에게 털어놓음으로 말미암아 장래 우리 한국 각 부문에 기둥이 될 여러분의 참고에 기여하려는 오직 나의 충정(衷情)인 것입니다.
　그런데 내가 먼저 말씀드려 둘 것은 나의 이야기 중의 그 표현이야 어떻든 그것은 내가 여러분이나 총체 우리 지식인들의 결함이나 단점을 지적하고 지탄하려 든다기보다는 나 스스로의 고백이요, 나 스스로의 요청 이외에 아무것도 아니라는 것이올시다. 이 점을 특히 명심해 주시기 바라며 본 화제에 들어가 보겠습니다.
　맨 처음 우리 한국 민족의 특성을 내 나름대로 생각해 보고자 합니다. 이것은 8·15해방 후 우리 정부가 수립되는 1948년의 일입니다. 그때 남한 단독 정부수립을 위해 UN한국위원단이 설치되었고

그 초대 의장에 인도 대표 메논이란 분이 왔었습니다. 그는 그 후 인도의 외무장관도 하고 주소(駐蘇) 인도 대사를 역임하면서 소위 미소(美蘇) 냉전 화해에 크게 기여했는데, 이분이 UN본부에 보내는 제1차 한국위원단 보고서에 우리 한국을 어떻게 말했는고 하니,

"일본에 진주한 맥아더 장군은 그 이튿날부터 일본 천황과 대치(代置)되어 전 일본 국민의 숭앙의 표적이 된 데 반하여, 한국에 진주한 하지 중장은 그 이튿날부터 한국민의 아동주졸(兒童走卒)에 이르기까지 시비(是非)의 대상이 되었다. 이것을 볼 때 한국은 일본 국민보다 민주주의적인 국민성을 가지고 있다고 할 것이며 나아가서는 일본보다 한국은 민주주의적으로 앞섰다고 말할 수 있다"고 하였던 것입니다.

'여아선(與我善)이면 선(善)'이라는 문자대로 우리를 좋게 말한 것이니 좋다고 받아들일 면도 있지만, 또 한편 정치가의 함축 있는 말을 액면 그대로 받아들이기에는 두려운 면도 없지 않습니다. 그러나 여하간 여기서 내가 주목하고 싶은 것은 우리 한국 민족의 특성을 잘 드러냈다는 사실입니다. 즉 우리 국민성의 특성을 든다면 나는 시비정신이 밝다는 것을 말하고 싶습니다. 실로 우리는 사리와 사물의 옳고 그름과 좋고 나쁨에 아주 예민합니다.

저 조선의 사색당쟁을 상기해도 알겠지만 우리는 어떤 정치적 이념이나 방법의 논쟁에서 윤리적 생활 논의, 나아가서는 의례준칙(儀禮遵則)을 가지고도 생명을 건 시비를 벌였던 것입니다. 그러면 그 당시 일본은 어떠했는고 하니, 소위 무단정치(武斷政治)시대여서 군인의 독재시대인데 우리는 좋건 궂건, 아니 그것 때문에 국가가 쇠망하는 지경에까지 갔지만 현대적 의미의 정당정치와 이념과 이론의 정치를 펼쳐 놓았던 것입니다.

개인에게 있어서도 그 특성을 잘 쓰고 잘 발휘하면 그것이 장점

이나 미덕이 되는 것이요, 잘못 발휘하면 결함과 악덕이 되듯이 국가 사회에서도 마찬가지올시다. 즉, 우리 민족의 특성인 시비정신이 잘못 발휘되어 남의 눈에 티끌만 보고 자기 눈의 대들보는 못 본다는 격이 되었기 때문에 저러한 조선시대의 고도한 정치의식도 당화(黨禍)만을 빚어냈던 것입니다.

그러나 궁극적으로 말하면 나는 오늘날 우리가 민주주의를 선택하고 있는 가장 본질적인 동기와 이유는 이 우리의 시비정신 속에 있다고 보는 사람입니다. 지난번 공개 강연 때도 이런 표현을 한 번 쓴 일이 있지만 저 붉은 러시아 대륙과 중국 대륙에 돼지꼬리만큼 매달려 붙어 있는 한반도에서, 그것도 그 반쪽에서 민주주의를 하겠다고 버티는 것은 미국이 갖다 줘서 하는 것도 아니요, 또 하라고 해서 될 것도 아니고, 우리가 본질적으로 지니고 있는 이 특성, 즉 시비정신이 이를 선택하지 않을 수 없게 하는 것이라고 나는 믿습니다. 솔직히 말해서 나 같은 연대의 지식인으로 사회주의 세례를 안 받은 사람이 누가 있겠으며, 또 아까도 말한 바처럼 한국의 지정학적(地政學的)인 면에서 볼 때, 또 역사적으로 뿌리 깊은 사회적 악순환을 고려할 때 전체주의적이고 사회주의적인 방법을 생각 안 해 본 사람이 누가 있겠으며, 민주주의가 이 땅에 개화결실(開化結實)될까 회의를 안 가져 본 사람이 누가 있겠습니까.

그러나 앞서도 말한 바대로 우리 민족의 특성, 즉 시비정신이 그런 전체주의를 종당에는 받아들이지 못한다는 결론을 나는 가지고 있기 때문에 이 민주주의를 지지 수용하고 있다고 말하고 싶습니다. 그러니까 민주주의는 우리에게 방법이 아니라 본질적 특성 그 자체인 것입니다.

그런데 문제는 이러한 시비정신이 왕왕 소아(小我)에 빠져서 대아(大我)를 저버리고, 소리(小利)를 탐해서 대리(大利)를 잃어버리고, 소국(小局)에 집착해서 대국(大局)에 눈머는 수가 많다는 것입니다. 흔히 우리가 매국노(賣國奴)라고 부르는 이완용이도 아마 자기 나름의 계산 속에서는 자기 일신상은 물론 자기 일족의 부귀와 영화가 지탱되리라고 믿었기 때문에 한일합방을 서둘렀지, 자기도 비극으로 끝나고 일족도 멸망할 줄 알았다면 나라와 민족을 일본의 노예로 만드는 데 앞장서지는 않았을 것입니다. 이렇듯 소아와 소리와 소국에 대아와 대리와 대국을 몰아넣어 그르치는 것 역시도 우리의 특성의 결과인 것입니다.

이것은 아까도 말한 대로 개인에게도 마찬가지입니다. 경솔하다고 하는 사람이 그 특성을 잘 발휘하면 민첩한 사람이 되는 것이고, 침착한 사람이 그 특성을 잘못 발휘하면 둔증하고 미련한 사람이 되는 것입니다. 따라서 민족이나 사회도 이와 동일한 인과(因果)를 낳는 것입니다.

둘째로 얘기해 보고 싶은 것은 이런 것입니다. 지난번 미국에서 우주인들이 월세계 착륙을 했을 때, 이것의 성공을 뒷받침하는 30만인가 하는 인원의 협동을 신문이 높이 평가한 것을 보고 나도 감격했습니다. 사실 인간에게는 본질적으로 두 가지 측면이 있다고 나는 봅니다. 즉 한 가지는 '홀로서' 사는 면과 또 한 가지는 '더불어' 살아야 하는 면입니다. 이 두 가지 측면을 어떻게 조화시키느냐가 우리 인간의 인격 형성의 가장 초점이 되는 것입니다.

오늘날 무신론적 실존주의자들은 이 두 가지 중에 '홀로서' 사는 면만 너무 강조합니다. 그러기에 사르트르 같은 사람은 "타자(他者)가 있다는 것부터가 지옥이다"라고 말합니다. 한편 우리가 요새 흔히 볼 수 있는 히피족들은 이와 반대로 인간이 '더불어' 살 수 있고 또 함께 살 수 있는 면만을 너무 강조하여 성(性)의 공유까지를 포함하는 군집생활을 주장합니다. 이것은 너무나 인간 존재의 단독자적인 면을 무시한 것이라 아니할 수 없습니다. 그런데 내가 왜 이런 소박한 전제를 내거는고 하니, 우리 지식인들에게는 이 두 가지 면, 즉 혼자 사는 면과 함께 사는 면에 대한 철저한 인식과 각오가 결여되어 있기도 하고 또 조화를 이루지 못한 절름발이 상태에 있는 수가 많기 때문입니다.

그래서 자기 학문이나 소업에 단독자로서 투철성이 없거나, 그 고독을 견디지 못하여 금시에 이것저것 손을 대고 우왕좌왕하다 끝을 맺는 일이 많습니다. 프랑스 격언에 "네거리 길을 가지 못한다"는 말이 있지만 우리나라에 얼마나 많은 지식인 학자들이 자기 한길을 안 지키고 이리 찝쩍 저리 찝쩍, 약장수나 방물장수 노릇을 하는 사람이 많습니까? 남과 함께 사는 면, 즉 연대의식에 대해서도 우리의 지식인들은 확고한 파악이 없습니다.

내가 예를 하나 들면, 얼마 전에 미국 본토 대학에서 교편을 잡고 있는 우리 교수 한 분이 고국엘 나갔다가 돌아오다 여기에 들렀는데 그분은 나의 친지 한 분의 소개장을 가지고 왔기 때문에 두어 번 자리를 함께한 적이 있습니다. 그 교수가 나에게 전한 귀국 소감을 요약하면,

"한국은 많이 변했더군요. 그러나 부익부 빈익빈으로 너무 경제적 격차가 심하더군요. 그 호화판 주택도 못마땅하지만 판잣집도 다 뜯어야겠구요, 택시는 탈래야 탈 수 없고 버스는 콩나물시루 같은데 그 악을 악을 쓰는 여차장의 포악한 소리는 아수라(阿修羅)를 연상케 하더군요. 또 교수들을 만나고 왔는데 학문의 자유는 있는 것 같지 않고 경제적으로도 살 수 없구요."

이렇게 말하고는 결론적으로 하는 말이,

"더욱이나 이번 한국에 가 보니 전쟁에 대한 불안이 절실히 느껴져 솔직히 말해 한국으로 들어갈래야 돌아갈 생각이 나지 않더

군요."

하는 것이었습니다. 뭐 이 이야기는 보통 외국에 있는 분이 한국에 갔다 오면 흔히 하는 얘기로 별로 개의할 바도 못 됩니다만, 다른 얘기는 다 두고라도 나는 그 결론인 "한국에 전쟁이 날까 봐 돌아가지 못한다"는 전제를 하고서 그가 조국을 걱정하고 비난할 자격이 있을까? 하는 생각이 문득 들었습니다. 그는 어디까지나 자기희생만은 제외한 조국의 발전과 번영을 염원하는 것이 아니겠습니까. 또 그가 한국 경제의 부익부 빈익빈의 절름발이 상태를 걱정할 때는 그에게 대놓고 말은 안 했지만,

'당신은 경제학자인데 오늘날 한국의 모든 경제 여건을 기초로 하여 소위 고도성장정책과 긴축정책을 함께 병진시키면서 이를 해결할 수 있는 대안을 가지고 있소? 만일 가지고 있다면 내가 한번 나서서라도 경제기획원 장관이나 국무총리에 밑탁되도록 해 볼 것이오' 하고 싶었고, 판잣집이 흉해서 다 뜯어야 되겠더라는 이야기에는,

'누가 판잣집이 좋아서 사는 줄 아오? 또 우리 민족이 본래 판잣집 속에 산 줄 아오? 《삼국유사》도 못 보았소? 거기 또렷이 헌강왕 때, 그러니까 서기 879년경에는 경주에서 울산 어귀까지 집들이 총총 들어서 있는데 초가가 한 채도 없었다고 적혀 있다오. 우리의 오늘 이 빈상이나 빈곤은 우리가 본래적으로 가지고 있던 게 아니라 우리의 쓰라리고 욕된 역사의 소산이라는 것을 왜 모르오? 우리의 국토를 폐허로 만든 6·25동란을 잊어버리고 판잣집만 보기 흉하다고 뜯어 버리자는 말이 성립될 수 있겠소? 또 버스 차장의 목쉰 소리인데 그 소녀에게도 정당한 보수와 8시간 노동제와 손님이 붐비지 않는 버스에 태워 보구려. 얼마든지 더 친절해질 터이니' 하고 반문해 주고 싶었고,

'저러한 우리의 역사의식과 단절된 문제의식이나 비판의식으로 어떻게 조국의 발전과 번영을 요청할 수 있겠는가?' 하고 쏘아붙이고 싶었습니다.

진실로 우리는 이러한 자기희생만을 제외한, 마치 굿이나 보고 떡이나 먹으려는 격의 지식인을 어떻게 존경할 것입니까?

또한 학문과 언론의 자유 문제만 해도 그렇습니다. 누구나 지식인이면 그 발상 자체에서부터 시간과 공간의 제약을 받고 싶지 않고, 또 이상적으로 말할 때 받아선 안 되며 더욱이나 나는 소위 시(詩)라는 창작에 종사하기 때문에 오히려 더 절실한 자이기도 합니다. 그런데 만일 오늘날 한국에 다시 저 4·19 후의 자유라든가 지금 미국 시민이 누리고 있는 모든 자유적 요소를 한국 사회에 한 3개월만 적용한다면, 나는 단언하지만 우리 사회는 그 채로 와해되고 붕괴되리라고 봅니다. 아마 십중팔구는 공산당 천하가 되겠지요. 이렇듯 한국의 사회기반이라는 것이 미약한 것입니다.

오늘날 그 유치할 정도의 통제 그것이 그나마 한국 사회를 유지해 간다고 하겠습니다. 이것은 내가 정부를 옹호해서 하는 말이거나 우리 민도(民度)를 얕잡아 봐서 하는 말이 결코 아닙니다. 오직 우리의 현실상황에 대한 정확한 파악을 강조하는 것뿐입니다.

연전에 문화방송 사장이던 황용주(黃龍珠) 씨 사건이라는 게 있지 않습니까. 그 내용이라는 게 무엇인고 하니 그분이 〈세대(世代)〉라는 잡지에다 통일문제에 대하여 언급하고 결론짓기를,

"북괴 수상 김일성도 침략의 의지를 버리고 경제건설에서도 남한의 중경공업 발전과 견주어 균형 있는 발전을 해 나가기를 바란다"는 민족적인 요청론이었습니다. 그런데 이것이 국가보안법에 저촉되고 감옥까지 갔었습니다.

우리 지식인으로 볼 때는 만화 같은 느낌입니다마는, 또 오늘에

와서는 정부도 이러한 통일에 민족적 평화적 요청론을 제시하고 나옵니다만 이것은 지식인의 정치적 시간성의 제약을 받는 극단적인 한 예입니다.

문제는 결국 상대적인 것이긴 하나 북괴 김일성 집단이 침략을 않겠다는 국제적 선언이나 우리의 거기에 대한 확신이 선다면 모든 우리의 발상은 달라질 것입니다. 적어도 우리가 서독과 동독 사이같이 불가침의 불문율만 갖고 있은들 이런 지식인의 고민은 반감될 것입니다.

그래서 내가 말하고 싶은 것은 우리 지식인들이 오늘의 역사적 현실의 부당성을 수월히 입담기 앞서 우리의 역사적 상황에 대한 투철한 인식 속에서 그것을 극복할 의지를 갖자는 것입니다.

나는 오늘날 한국 사회에 만연하는 부패와 부정을 통탄하는 사람입니다. 한마디로 부정부패라고 하지만 한국의 사회악에는 여러 가지 복합적인 요소가 엉켜 있습니다. 첫째는 빈곤에서 오는 것, 둘째는 무지(無知)에서 오는 것, 셋째는 역사적인 악순환에서 오는 것 등으로, 이 외의 것은 인간의 본성에 있는 소위 '카인'적인 요소, 이런 것 등입니다. 이 인간 본성의 '카인'적 요소는 아무리 물질이 풍요하고 민도가 높고 순탄한 역사를 가졌어도 모든 인류의 문제로서 종교적인 영역이라 할 것이고, 저 빈곤에서 오는 사회악은 결국 국민의 의식(衣食)이 족해야 해결되는 것이고, 무지는 교육의 힘으로 타파해 나가는 것이고, 역사적인 악순환은 새로운 역사의 창조 속에서 서서히 아물어 가는 것입니다. 그래서 우리는 어느 하나, 즉 경제만 해결하여서 되는 것도 아니고 교육만 잘하면 되는 것도 아니고 이것이 모두 병진 해결해 나가야 할 문제들인 것입니다. 거기다가 오늘의 민족 추진세력인 역군(役軍)들의 문젭니다. 실은 오늘의 민족 중추세력, 즉 간부라는 사람들, 국(局)·과(課)·계장(係長)

들을 생각할 때 그들의 인격 형성기가 허무했던 것이 사실입니다. 여기서 국, 과, 계장이라면 행정 요원만을 의미하는 게 아니라 국가 사회 전반의 각 부문을 뜻하는 것인데 그들의 평균 연령이 대략 35세가량이라고 추정됩니다. 그렇다면 그들은 해방될 때 열 살 전후로서 8·15 이후 60년대 중반까지는 거의 우리 한국 사회가 가정적인 규범도 파괴되고 사회적인 규율도 파괴된 시대를 의미합니다. 그들은 그런 속에서 살아 나온 비극적 세대로 학력도 정확하지 못할 것은 뻔한 일입니다. 그래서 그들 중에는 행정대학원 학생이 많고 가짜 박사 사건을 일으키는 것도 그런 콤플렉스의 작용일 것입니다. 그러니 이런 세대가 모든 사회를 좌우하는 시기이기 때문에 오늘의 사회 각 부면의 운영이 조잡하고 불건전한 것은 어떤 의미에서 자연적인 귀결입니다. 이것은 내가 그 세대를 특히 비난해서 하는 얘기가 아니라 우리 사회의 인적 구성을 인식하는 한 방법입니다.

그렇다면 저러한 복합적인 사회악을 안고 저러한 조잡한 세대가 운영하는 한국 사회를 너는 절망하느냐고 물으실 것입니다. 만일 그렇지 않다면 네가 절망하지 않는 이유를 말해 보라고 하실 것입니다. 물론 나는 절망하지 않습니다. 그리고 절망하지 않는 이유를 이런 데서 발견합니다.

나는 한국 국군 초창기부터 꽤 오랫동안 거기 복무했습니다. 그리고 동란 중에는 국방부 기관지 〈승리일보〉의 주간으로 일했습니다. 그래서 우리 국군의 성장 과정을 아는데 솔직히 말하면 6·25 동란 당시의 우리 장성이나 고급장교들의 그 교양면이나 품성이란 참말 보잘것없었습니다. 아니 한심할 정도였습니다. 여러분도 아시다시피 '똥별'이란 별칭이 떠돌 정도가 아니었습니까? 또 그 부정부패에 있어서도 사회 어느 부분보다 제일 심하던 곳 아닙니까?

그런 국군이 언제부터 자리가 잡히고 자연적 숙군이 되기 시작했는고 하니 정규 사관학교 졸업생들이 소대장·중대장이 되고 난 다음부터입니다. 그들의 젊은 양심과 지성력(知性力)이 이를 이루어 놓았던 거죠. 또 그 '똥별'이라고까지 불리던 서른 전후의 장군들도 '아이 커서 어른이 된' 것이죠.

상탁하부정(上濁下不淨)이란 말도 있지만 또 아래나 중간이 맑아지고 확실해지면 위도 맑아지는 게 인간 사회이기도 합니다. 지난번 여기 호놀룰루에서 열린 '한미 국방회담'에 온 군 수뇌들을 보니 이제는 머리가 희끗희끗한, 세계 어디다 내노도 대견한 모습이더군요.

나는 이와 같은 한국군의 숙정 과정을 우리 일반 사회에도 적용시켜 기대하는 것입니다. 우리의 정규대학 졸업생들의 배출을 65년으로 보고 오는 80년대에서 우리 사회의 각 부면 초중급 간부들이 그들로 찰 것을 예상하여 그들의 젊은 양심과 지성력에 희망을 걸고 기대한단 말씀입니다. 그다음부터는 우리의 경제적 성장과 견주어 좀더 합리적이고 새로운 샘이 솟는 사회를 기대한단 말씀입니다. 물론 '옵티미즘'적인 이런 기대를 거는 나도 벌써 그들이 기성세대의 악습에 모두 젖어서 '미라'잡이가 '미라'가 되는 결과밖에 안 나오리라는 기우도 없는 바 아닙니다. 그러나 어떤 철인의 말대로,

"희망을 갖는 자만이 쓰러져도 행복하다"고 했듯이 내 나라 내 사회를 끝까지 절망할 수야 있겠습니까? 또 우리 민족에게는 저렇듯 무식하니 썩었느니 해도 우리 속에 지닌 슬기가 있으니까요.

저 《삼국유사》에서 벌써 보여 주는 인간의 높은 심성(心性)의 세계가 있으니까요. 이것이 반만년 역사를 가진 문화민족의 긍지라는 게 아니겠습니까?

아니, 이렇게 어떤 세대 전체나 역사를 놓고 막연히 기대하기보다 여러분이나 내가 이 현실을 개혁하고 변혁시켜 이상의 길로 한 걸음이라도 끌고 나가야 할 것입니다. 진실로 그가 참된 지식인이라면 조국에를 전쟁이 무서워 못 들어가겠다고 하기보다는, 판잣집과 버스 차장의 악쓰는 소리를 탓하기보다는, 스스로가 그 위험한 조국 속에 몸을 던져 판잣집과 버스 차장의 목소리보다도 그것을 자연 해결할 더 근본적 문제를 자기의 문제로 삼고 해결하려 들어야 할 것입니다. 즉 자기 재능의 투입은 물론이려니와 수난과 희생을 각오해야 할 것입니다. 한 걸음 나아가서 말하면 자유란 것도 누가 보장해 주는 것이 아닙니다. 스스로가 전취(戰取)하고 향유하고 행사하는 것입니다.

우리가 왜 소크라테스를 지식인의 아버지로 삼는 것입니까? 그것은 독배를 마시면서까지 자기 지식, 즉 진실을 실천했기 때문이 아니겠습니까.

다음의 우리 지식인들에게 지적할 수 있는 것은 존재론적 인식의 결핍입니다.

저 데카당스의 비조라고 불리는 샤를 보들레르의 수상록 《벌거숭이의 내 마음》의 한 구절을 보면 "우리 생활의 거의 전부는 실로 부질없는 호기심을 채우는 데 소비되고 있다. 그럼에도 불구하고 인간의 호기심을 최대한도로 자극시켜야 할 것은 이와 반대로 세상 사람들의 일상생활 상태에서 판단하면 아무런 호기심도 끌지 않는가 보다" 이렇게 전제해 놓고는 보들레르는 다음과 같은 인생의 제일의적(第一義的)인 의문들을 열거하는 것입니다.

"우리의 죽은 벗들은 어느 곳에 있을까?"

"무엇 때문에 우리는 여기 사는가?"

"우리는 어디로부터 왔는가?"

"자유는 무엇이며 자유와 운명의 법칙은 일치하는 것인가?" 등등 인간의 본질과 목적과 그 여건에 철학적이요 신학적인 의문을 제출해 놓는 것입니다.

즉 그는 자기 존재에 대한 물음을 가질 것을 요구하고 있고 너무나 많은 사람이 일상적인 항다반사(恒茶飯事)에 팔려서 자기 존재에 대한 물음을 망각하고 있다고 지적합니다.

하이데거는 현대 자체를 "존재 망각의 밤"이라고 불렀습니다마는 한국 지식인들에게도 이 말은 합당한 말이라고 나는 생각합니다. 그런데 이러한 존재에 대한 물음을 가지지 않는다는 것은 곧 삶의 맹목을 의미하며 이 생명의 맹목감 속에서는 역사관이나 가치관도 우러나올 수가 없는 것입니다.

나의 연대를 여러분에게 과장하는 것 같습니다만 우리가 학생 때는 그가 인문과학을 공부하든 사회과학 혹은 자연과학을 공부하더라도 대강 동서(東西)의 철학이나 문학 고전들을 거의 독파했습니다. 아니, 다 독파는 못해도 치장으로라도 서가에 꽂아 놓는 것이 대학생의 풍조였습니다. 그래서 정치과나 법과 학생도 파스칼이나 노장(老莊)을 입담으며 수학과나 의과 학생들도 아우구스티누스나 루소의 《참회록》을 화제로 삼았습니다. 그런데 지금 대학생이나 소위 지식인들은 자기의 비전문적인 이야기나 일상적인 이야기 외에 저런 존재론적인 화제나 인생론이 나오면 "자식! 골치 아프다. 집어치워라" 하기가 일쑤요 고작입니다. 이것은 실상 위험한 풍조입니다. 더욱이나 이것이 물질적인 풍조와 겹쳐서 우리의 삶을 향락주의나 찰나주의적인 인생관에 몰아넣게 되니 말입니다.

그렇다고 나 자신도 어떤 각성, 즉 존재의 깨달음을 가진 사람은 결코 아닙니다. 오직 구도자적인 방황 속에 있는 사람입니다.

그러나 여러분이 만일 새로운 지식인, 특히 세계적인 지식인으로 자기를 자처할 때 이런 존재론적 인식의 결여 속에서는 그 지식만으론 자기의 사상적인 전개도 형성도 불가능하다는 것을 나는 말하고 싶은 것입니다.

이와 함께 내가 덧붙이고 싶은 것은 우리 의식 내용의 정리와 통어력입니다.

실상 우리 현대를 사는 한국인만큼 복합적인 의식 속에 사는 사람은 거의 이 세상에 없을 것입니다. 우리 머릿속에는 봉건주의 상투를 튼 의식이 들어 있는가 하면 최첨단의 현대도 들어 있고 《정감록(鄭鑑錄)》이 들어 있는가 하면 기독교, 불교, 유교의 영향이 들어 있고 이에 따라 생활도 원시로부터 현대에 이르는 각양의 것이 일상적 생활 속에 교합(交合)하고 있습니다.

가령 결혼할 때 사주를 보고 궁합을 맞추고 택일을 해 가지곤 예배당이나 혼례식장에서 서양식으로 예식을 하고는 신부는 시부모께 폐백을 바치고 그리고 온천으로 밀월여행을 떠나는 것입니다.

나도 아마 여기 이렇게 '모던'한 강당에 있지만 얼마 후면 무교동 막걸리집과 장판방 위에서 살 것입니다. 이런 정신과 생활 속에서 우리 의식이란 분열되기 쉬워서 자기 개인 생활원리를 확립하기 힘들 뿐만 아니라 사회원리를 수립하는 데 큰 지장을 가져옵니다.

그러기 때문에 우리가 민주주의, 민주주의 하고 입담기는 쉬워도 지방관념·씨족관념·반상관념·파벌의식·남존여비사상을 자기 인격 속에서 청산하기는 힘듭니다. 이런 전근대적 요소를 자기 안에 두고 민주주의를 남에게만 요구한다는 것은 공염불에 지나지 않습니다.

여기에 각자의 의식혁명, 즉 인격혁명이 필요합니다. 결국 이러한 개인적인 인격혁명은 앞서 말한바 존재론적인 인식의 충일로서 어떤 신앙의 형태로 발전될 것이나 우리 사회 전체에 일어나야 할 도덕혁명은 저러한 인격들의 연대로서 비로소 가능해지는 것이라고 생각합니다.

여러분! 그렇습니다. 이제 우리가 한국 사회에 바랄 수 있는 것은, 또 우리가 수행해야 할 것은 도덕혁명입니다. 소위 무력혁명 아닌 의식혁명입니다. 무력혁명이나 동족상잔이 또다시 나서야 이는 정말 우리 민족이 저주받은 민족이 되는 거겠죠. 오직 일어나야 하고 일으켜야 할 것은 이제 의식혁명 즉 도덕혁명, 이뿐입니다.

이제 마금으로 덧붙이고 싶은 이야기는 한국 지식인들의 자기 작업에 향한 전신투(全身投)와 그 항속성(恒續性)입니다. 우리는 흔히 경주 석굴암에 가서 석불상이나 반부조상(半浮彫像)들을 보고 천의무봉이니 하며 우리 선인들의 기예에 감탄해 마지않습니다. 이것은 우리뿐 아니라 외국인들도 보는 사람마다 누구나 침이 마르도록 칭찬하는 바입니다.

그러면 그런 절품(絕品)의 예술을 낳은 선조를 가진 우리는 왜 오늘날 그런 훌륭한 것을 못해 낼까요. 이것은 신라의 불상뿐 아니라 고려의 청자도 마찬가지요, 조선의 백자와 청기와도 그렇습니다. 그런데 저 천하절품을 빚어낸 석공들이나 공장(工匠)들의 작업을 좀 상기해 볼 필요가 있습니다. 만일 오늘이라도 어떤 조각가가 하루 여덟 시간씩 30년이나 50년을 계속 돌을 단지거나 일심불란(一心不亂) 흙을 빚는다면 아마 돌이나 흙이 아니라 대리석이라도 떡고물 가루처럼 자유롭게 될 것입니다. 그리고 나서야 영감이라는 것도 내려앉지 그런 기술의 수련 없이 오직 '신장대만 잡고 신이 내려앉아 떨리기를 기다렸자' 미(美)의 신은 결코 내려앉지 않을 것입니다.

이것은 예술뿐 아니라 모든 학문 분야에도 적용되는 얘기라고 생각합니다.

서두에서도 말씀드렸지만 결코 나의 얘기는 "나는 그렇게 하고 있으니 여러분이 따르라"는 얘기가 아니라 오히려 과도기에 나서 실패하고 가는 자신의 경험에서 여러분의 완성을 희구하는 그 염원이 이런 말까지 하게 합니다. 여러분이 지금 택한바 그 학문이나 소업을 오늘날 우리 조국의 역사적 현실에 기여하고 그것을 민족 고유 유산으로 정립시키고 나아가서는 세계적인 업적을 만들어 내기엔 정녕 몰아(沒我)의 전신투와 항속성이 요청되는 것입니다.

그 외에 건강문제 등 부탁할 것이 많습니다. 작업이 어느 수준에 이르면 결국은 상상력의 경쟁, 즉 '에너지'의 싸움이 되니까요. 이렇게 두서없이 얘기해 나가다가는 한이 없겠습니다. 그러니 내가 생활의 지침으로 삼고 있는 이퇴계 선생의 잠언을 소개하면서 이야기를 이쯤해서 끝마치겠습니다.

"나는 무엇을 알아서 행하는 것도 아니고 또 행한다고 아는 것도 아니고 오직 성(誠)으로써 임할 뿐이다."

오랜 시간 감사했습니다.

박 대통령 재취임식 참관기
― 잘살기보다 골고루 살게 되길

그저 그 얼굴 그 표정이다. 허식이나 제스처라곤 눈곱만큼도 없고 마치 언덕 막바지 길에 앞장서 수레채를 끌고 있는 세찬 일꾼의 모습이다. 오늘의 영광을 누리는 이로서의 만족은 결코 엿보이지 않으나 한참 물기 오른 일꾼으로서의 자신과 자부만은 충만해 보인다. 오직 육(陸) 여사와 그 자녀들의 맑고 밝은 화기(和氣)가 그 둘레를 부드럽게 한다.

간소하나마 아취 있게 꾸며진 단상에 국내 삼부요인들과 59개국의 하례객(賀禮客)들을 좌우에 나란히 하고 지금 이 순간 박 대통령 그는 무엇을 생각할까.

저 흙벽과 초려(草廬) 속에서 자라던 상모동(上毛洞) 어린 시절일까. 뼈저리게 겪은 가난을 물리쳐 보릿고개를 없이 한 그 감회일까.

어쩌면 목숨을 내걸고 전설을 치구(馳驅)하여 자유의 이 땅을 지키던 역전(歷戰)의 그 장면들일까.

아니면 한강의 밤안개를 뚫던 결단의 그 아침일까.

그러나 이것은 나의 문사(文士) 취향적인 상념일 따름으로, 곧 연단에 올라 국민 앞에 나선 박 대통령은 그 엄숙한 취임 선서를 통해 그가 맡은바 대임(大任)과 사명의 중대성으로 장내에 긴장을 감돌게 한다.

이제 그는 예의 가라앉은 목소리로 앞으로의 4년 동안 펼쳐 나갈 국정 방향과 포부를 밝히기 시작했다. 스스로가 생사를 걸어 손댄 민족중흥작업의 마무리와 그 판가름을 건 이 마당에서 그가 굳은 결의와 다짐을 하고 또 하는 것은 당연한 일이지만 국민으로서도 이 다짐은 받고 또 받고 싶은 그런 심정인 것이다.

박 대통령의 일상적 언동이 그렇듯이 취임사에서도 기언경구(奇言驚句)가 튀어나오지는 않는다. 그러나 그이만이 아니라 3천만 국민이 다함께 명백히 인지하고 파악하고 있는 이 나라 이 민족의 문제의식과 당면한 과제와 절대적 염원을 앞에 놓고 허장성세(虛張聲勢)가 무슨 필요가 있으랴.

오직 이 장엄한 출범 앞에서도 우리 국민의 머리와 가슴에 왕래하는 일말의 의구감(疑懼感)은 없지 않다.

솔직히 말해 저렇듯 대통령도 알고 우리 국민도 아는 문제와 과제들을 저기 늘어앉은 각 부문의 실무 담당자들이 우리 소망 그대로 구현해 줄까 하는 생각에 미치기 때문이다. 다른 것은 고사하고 취임사에서도 역점을 둔 이 사회의 부조리와 타락 현상에 박 대통령이 갖는 건곤일척(乾坤一擲)의 열의와 의지를, 또 우리 국민의 열망을 저들 실무자들이 과연 저 5·16 당시의 청교도적 자세로 되돌아가 실천궁행(實踐躬行)해 줄 것인가.

물량적 근대화의 그늘에서 '미라'잡이가 '미라'가 되려는 저들의 타성이 이 시점에서 참괴로 변하여 내일부터 국민생활의 의범(儀範)을 보여 줄 것인가.

가장 소박한 주문이지만 저들 중 일부가 오늘에 지니고 누리고 있는 부정한 축재(蓄財)와 몽리(蒙利)를 공공복지에 자진해 환원시키고 그 특권과 행패를 민권신장(民權伸張)에 종속시킬 것인가. 그래서 우리 국민이 갑자기 잘살지는 못하더라도 골고루 함께 사는 사회를 만들 것인가.

흔히 오늘의 지도층은 자신들의 반윤리적 전락(轉落)을 합리화하기 위하여 전체 국민의 타락을 개탄하고 국민의식의 전면적 개혁을 요구한다. 그러나 실상 오늘날 국민 각자의 생활이 불법적이고 불합리한 상태에 놓이게 되어 마치 속담의 "목구멍이 포도청"에 걸려 있는 생활을 하는 것은 국민의 타락에서 오는 것이 아니라 곧 저들 정치력의 빈곤과 그 조악성(粗惡性)에서 연유한 것이라 하겠다.

그러니까 한마디로 말해 우리 국민은 지금 일부 집권자나 부유층과 같은 호화생활을 탐내거나 요구하는 것이 아니라 우리 생활이 이대로라도 좋으니 합법화되고 합리화되기를 바라는 것이며 사농공상(士農工商) 어디를 종사해도 천진양심(天眞良心)을 지키고 살아가기를 요구하는 것이다.

이러한 요청은 저들에게 어찌 보면 비현실적으로 들리고 또 자칫 오해하면 계층적 의식의 저항으로 돌려세울지 모르나 그것만이 우리의 모든 당면 문제나 과제 해결의 선행적(先行的) 조건이요, 이 길만이 국민 전체를 일체감(一體感) 속에 있게 하는 가장 첩경인 것이다. 결국 오늘의 박 대통령의 재취임을 있게 한 저 6백20만의 찬성표나 이를 저지하려던 5백40만의 반대표 속에도 바로 국민의 이 요구와 다짐이 다함께 들어 있는 것이다. 그래서 지난번 취임 때에는 참석을 거부하고 취임을 성토하던 야당의원들도 오늘 이 자리에 흔연히 나와 어깨를 가지런히 하고 있지 않은가.

식전(式典)은 우리 고유의 가락이 흘러 퍼지는 가운데 박 대통령 부처에게 축하의 꽃다발이 안겨진다. 외국 경축사절들 속에서 더 많은 박수가 일어난다. 우리의 새 대통령과 국민에게 산(山) 첩첩 수(水) 첩첩의 민족의 고비들이 가로놓여 있다 해도 이것은 역시 민족의 새 역사를 창조하는 세계사적인 인류의 시련이요, 또 이것을 극복하는 능력이 우리에게 있음을 무언중 더욱 일깨워 주고 격려해 주는 느낌이다. 이런 흥겨운 장면 속에서도 박 대통령은 그저 그 얼굴, 그 표정이다. 앞장서 수레채를 잡은 그 모습이다.

저 박 대통령의 오늘의 다 피지 못하는 영광이 4년 뒤 그와 우리 국민의 영광으로 활짝 피기를 한 시민으로서, 또 마음 가난한 우애(友愛)로써 정성껏 빌며 나도 해산되는 군중 틈에 낀다.

제4부

전승문화 산고

한국의 해학
한국의 여속
의례와 세시풍속
국악과 전승무용
건국신화

*제4부에 수록된 전승문화산고(傳承文化散稿)는 1970년부터 1973년까지 하와이대학 초빙교수였던 저자가 이 대학에서 강의한 교본의 일부를 발췌한 것으로, 원문에는 허다한 참고문헌이 일일이 밝혀져 있으나 이 책의 성격상 생략한다.-편집자

한국의 해학

해학(諧謔)이란 한마디로 풀이하기가 어려워서 어떤 때는 희극적인 것의 모든 형태나 요소, 즉 익살(골계[滑稽])·빗댐(반어[反語])·비꼼(풍자[諷刺])·슬기와 재치(기지[機智]) 등 웃음거리 전반을 말하기도 하고 또 어떤 때는 오직 인생의 달관에서 오는 멋(풍류[風流]·운치[韻致]·쇄락[灑落])과 그 회심(會心)의 미소만을 뜻하기도 한다.

본고(本稿)에서는 해학의 개념을 광의(廣義)로 사용하여 한국의 전승되어 오는 해학 일반을 살펴보고자 하거니와 해학의 고유성이란 국민의 생활정서 전반에 깃들어 있는 것이지만, 한편 그 시대와 계층과 교양에 따라 차이를 보이기도 하는 것이기 때문에, 어떤 것만을 쳐들어 이런 것이 한국의 특색 있는 해학이라고 하기는 곤란하기 짝이 없다.

그래서 한국의 먼 옛날부터 널리 구전(口傳)되어 오거나 기록되어 온 설화·민담의 기이희담(奇異戱談)을 비롯하여 고전문학상에 나타난 풍류·풍자·골계와 야사(野史)·만록(漫錄)·소화(笑話)·민요·속담 등의 반어·기지·희롱 등 비교적 풍토색이 짙은 해학으로 시대순 혹은 종류별로 적출(摘出)해 볼까 한다.

먼저 한국의 해학을 설화에 거슬러 올라가 보면 건국신화 자체부터가 해학적 비유로 구성되어 있다. 즉,

"우리 민족의 국조(國祖)인 하느님의 아들 환웅(桓雄)이 인간세상을 다스리고 싶어서 지상에 내려왔더니 어떤 곰과 호랑이 역시도

인간이 되고 싶어 하므로 그들에게 쑥과 마늘을 주어 그것을 먹게 하고 백일금기(百日禁忌)를 명했는데, 참을성 없는 호랑이는 도중에 탈락이 되고 곰은 이를 잘 지켜 여자가 된 다음 결국 그 하느님의 아들 환웅과 결혼하여 우리의 국모(國母)가 되었다."
는 것이다. 이 비유의 민속적 역사적 해의(解義)야 어떻든 간에 한국민은 곰의 형상이나 습성 자체부터 악의와는 먼 우스꽝스러움과 외골수의 끈기 같은 것을 즐기고 있다.

또 민간에 구전되어 굴러다니는 국토에 대한 창성설화(創成說話)에는,

"단군보다도 훨씬 전에 이 땅에 한 거인이 있었는데, 그는 언젠가 먹을 것이 없어서 들판의 흙을 퍼먹고 목이 말라 바닷물을 들이켰다가 배탈이 나서 배설한 것이 대변은 백두산을 비롯한 산맥들이 되고 소변은 압록강, 두만강 등의 강이 되었다."

고 하며, 제주도에 관해서는,

"'선무데 할망'이라는 거녀(巨女, 女神)가 치마폭에다 흙을 싸서 담아다 쏟아부은 것이 한라산이 되었고 그 치마폭의 뚫어진 구멍들에서 새어 나온 흙들이 섬 각처에 있는 작은 산들이 되었다."
는 등 희화적으로 전해 온다.

삼국시대의 전설로는 고구려의 '바보 온달 이야기', 백제의 '서동(薯童)의 꾀와 선화공주(善花公主) 이야기', 신라의 '김춘추(金春秋)의 연담(戀談)' 등이 한국민에게 어릴 때부터 듣고 익혀서 사랑받고 흥그러움을 자아내는 이야기로, 간추려 보면 다음과 같다.

첫째, 온달은 고구려 평원왕(平原王, 재위 559~590) 때의 사람으로, 용모도 우습게 생기고 가난하나 마음만은 착하였다. 그는 홀어머니를 봉양하느라고 걸식을 하며 항상 거리와 문전을 두루 돌아다녔는데 사람들은 그를 바보라고 놀려 댔다.

이때 왕실에 어린 공주가 울기를 잘하므로 부왕(父王)이 희롱하는 말로,

"너는 늘 울기만 하니 커서도 점잖은 사대부(士大夫)의 아내는 될 수가 없고 바보 온달에게나 시집보낼 수밖에 없다."
고 거듭 놀려 왔다.

그런데 바로 이 평강공주(平岡公主)가 자라 16세가 되었을 때 왕이 그녀를 귀족자제 상부(上部)의 고씨(高氏)에게 시집을 보내려 하니 공주는 이를 거부하여 말하기를,

"대왕께서는 항상 말씀하시기를 너는 꼭 온달에게 시집보내겠다고 하셨는데 어찌 이제 와서 딴 말씀을 하십니까? 필부(匹夫)도 식언(食言)을 해서는 아니 되옵거늘 황차, 지존(至尊)하신 왕자(王者)로서 희언(戱言)을 하실 수 있으오리까!"
하니 왕은 크게 노하여 공주를 궁궐에서 추방하기에 이르렀다.

이렇게 해서 온달을 찾아간 공주는 그 집 모자(母子)가 놀라 귀신의 작희(作戱)로 의심도 하고 또 귀천(貴賤)이 달라 부적(不適)하다고 사양하는 것을 별별 희비극(喜悲劇)을 다 겪어 가며 설득하여 그 바보의 아내가 되고 마는 것이다. 그 후 공주는 지혜롭게 남편 온달의 직심(直心)과 직정(直情)을 잘 살려서 무술을 연마시켜 전공을 세우게 함으로써 부왕을 탄복게 하고 공명을 누렸다는 이야기요,

둘째, 서동은 백제 제30대 무왕(武王, 재위 600~641)의 아이 때 이름인데 이는 그가 소싯적에 마[薯蕷]를 캐어 생업을 삼았으므로 사람들이 그렇게 부른 것이다.

그는 일찍 신라 진평왕(眞平王)의 셋째 공주 선화가 아름답기 짝이 없다는 소문을 듣고 신라 서울로 마를 지고 가서 아이들에게 나눠주며 노래 하나를 지어 가르쳤다.

> 선화공주님은
> 남 몰래 시집가서
> 서동(薯童)이를
> 밤이면 안고 간다.

는 헛소문의 노래를 퍼뜨린 것이다.

　이 노래가 대궐에까지 들어가서 백관(百官)이 들고 일어나는 바람에 임금은 할 수 없이 공주를 귀양 보내기에 이른다.

　이런 유배(流配)의 길에 서동이 나타나 호위를 자원함으로써 공주의 마음을 사게 되고 마침내는 서로 짝이 되었는데, 공주가 떠나올 때 그 모후(母后)가 준 황금을 견본으로 삼아 마를 캘 때 발견해 둔 금광을 경영하여 부를 얻고 처가(신라 왕실)와 화해도 되고 마침내는 인심을 얻어 왕위에 오른다는 이야기요,

　셋째, 김춘추는 삼국을 통일한 신라 무열왕(武烈王, 재위 654~661)의 이름으로, 그의 비 문명왕후(文明王后)는 바로 통일대업을 함께 이루고 어려서부터 친구이던 김유신 장군의 작은 누이동생 문희(文姬)다.

　이 문희는 어느 땐가 언니 보희(寶姬)가 꾼 "서악(西岳)에 올라가 오줌을 누었더니 그 오줌이 서울에 가득 차더라"는, 처녀로선 좀 망측스러운 꿈을 비단치마를 주고 산 일이 있다.

　이런 일이 있은 지 열흘 후 유신은 춘추와 함께 자기 집 앞에서 공을 차다가 짐짓 춘추의 옷을 밟아서 그의 옷고름을 떨어뜨렸다. 위에서 '짐짓'이라고 쓴 것은 유신이 춘추로 하여금 매부로 삼으려는 계략이 있었기 때문이다.

　이에 자기 누이들을 시켜서 춘추의 옷고름을 달게 하였는데 맏누이 보희는 사양하고 꿈을 사듯 적극성이 있는 문희가 이것을 하

게 됨으로써 결국 그들 연애의 발연(發緣)이 되었다.

그런데 춘추는 문희와의 사이가 깊어져 아이까지 배게 하고도 남부끄러워선가 결혼을 안 하고 있으므로 유신은,

"부모에게 고하지 않고(결혼도 안 하고) 아이를 배었으니 죽일 수밖에 없다."

고 사방에 엄포를 놓고 어떤 날 한국의 성모(聖母)로 추앙받는, 인자한 선덕여왕(善德女王, 재위 632~647)이 남산에 놀러 가심을 때맞추어 자기 집 뜰에다 나무를 쌓고 불을 질렀다.

왕이 그 연기 나는 것을 바라보고 까닭을 물으니 춘추가 그 자리에 있다가 안색이 변하므로,

"빨리 가서 목숨을 구하라!"

고 하여 왕명으로 이를 말리고 그 후 혼례를 정식으로 거행하였다는 이야기다.

저러한 고대의 설화, 민담들이 첫 기록에 남기로는 고려시대인 13세기에 저작된 《삼국사기》와 《삼국유사》인데, 그 속에는 기담(奇談), 일사(逸事), 시화(詩話), 선담(禪談) 등이 풍성하게 실려 있어 한국민의 본래적인 인간성이나 그리는 인간상에 멋과 슬기와 재치 등 해학미가 넘쳐 있었음을 알 수 있다.

즉 기담, 일사로는 '음경(陰莖)이 길어서 거기에 알맞은 배필을 고르는 지철노왕(智哲老王, 재위 500~514) 이야기', '나귀처럼 큰 귀를 가진 경문왕(景文王, 재위 861~875)의 흉이 세상에 알려지는 이야기', '어머니의 충고로 혹(惑)한 기생집에 발을 끊었으나 자기 애마(愛馬)가 옛 버릇대로 그 집으로 발걸음을 하여 눈물을 머금고 말목을 버혔다는 김유신(595~673) 장군 이야기' 등이 있고, 시화로는 '산중 도적떼를 만나서 조금도 놀람이 없이 초연한 노래와 언동으로 그들 전원을 회개시키기에 이르는 영재우적가(永才遇賊

歌)'나 '자기 아내가 간통하고 있는 현장을 목격하고도 살벌(殺伐) 대신 노래하고 춤을 추며 물러났다는 처용가'와 앞서 기술한 '서동가(薯童歌)' 등을 쳐들 수 있다. 한편 선사(禪師)들의 일화로는 '자신에 향한 세속적 존경이나 찬양을 파괴 탈피하기 위하여 광고해 가며 요석(瑤石)이라는 공주와 파계를 감행하는 원효의 이야기'나 '절에 있을 때는 우물 속에 들어가 수도하고 밖에 나오면 삼태기를 지고 거리를 미친 것처럼 취해서 노래하고 춤추며 다녔다는 혜공(惠空) 이야기'나 '현(現)과 환(幻)의 두 가지 모습을 나타내 현상이 가탁(假託)임을 모든 사람에게 보인 혜숙(惠宿)의 이야기' 등이 있다.

저런 이야기 중에서도 신라의 음악가요, 당시 우리의 고유 종교인 풍류의 도인이었던 백결(百結) 선생의 일화는 백미(白眉)라 하겠다. 기록에서 추리면,

"선생은 자비왕(慈悲王, 재위 458~479) 때 사람으로 경주 낭산(狼山) 밑에서 살았는데 몹시 가난하여 옷을 백 군데나 기워 입었으므로 그때의 사람들이 그를 백결(百結) 선생이라고 불렀다.

선생은 '살려지라'는 생의 철학을 갖고 있어 '사람을 살려지이다' '물건을 살려지이다' '힘을 살려지이다' '재주를 살려지이다' '나라를 살려지이다' '천지를 살려지이다'라고 축문(祝文)처럼 외우면서 우주만물의 최상의 발휘와 조화를 주장하였다. 한편 그는 거문고를 잘 타서 모든 희로애락을 그것으로 표현하고 심회(心懷)를 달랬다. 어느 세모(歲暮)에 이웃에서 집집마다 떡방아를 찧어 설쇨 준비하는 소리가 들리자 선생의 부인이 '우리는 어떻게 무엇으로 과세(過歲)를 한담!' 하고 탄식하니, 그는 이 말을 듣고,

'대저 죽고 사는 것은 명(命)에 달리고 부(富)하고 귀(貴)한 것은 하늘에 달린 것이라 운(運)이 오면 받을 것이요, 운이 가는 것도 막

지 못할 일이니 구태여 그것으로 마음을 상해 무엇하리요? 내 그대를 위하여 떡방아 찧는 소리를 냄으로써 그 슬퍼함을 위로하리라.' 하고 곧 거문고를 타서 정말 떡방아 찧는 소리를 냈는데 이것이 세상에 전한 바 되어 대악(碓樂)이라고 이름하게 되었다."
라고 전한다.

이상과 같이 우리의 고대 설화나 민담들이 풍기는 해학성은 자연스럽고 슬기롭고 나아가서는 초탈(超脫)한 경지를 보여 주지만 그 기교면에서는 단순 소박을 면치 못하고 있다.

저러한 우리의 해학이 고려시대에 오면 세태와 인정에 대한 날카로운 풍자와 능란한 기지로 변하여 가며 그 기교면에도 현저한 세련을 보인다. 그것은 또한 당시 외환내우(外患內憂)의 사회상으로 말미암은 것이기도 하여서 이 시대의 해학은 현실염기(現實厭忌)나 그 도피에서 오는 향락적 유희성이 농후하다.

그래서 당시 민중의 풍조를 가장 엿보이게 하는 평민시가(平民詩歌)인 속요(俗謠)에서는 저러한 특성이 두드러지게 나타나고 있다. 〈청산별곡(靑山別曲)〉의 세태에 향한 격조 높은 풍자를 비롯하여 〈동동(動動)〉, 〈서경별곡(西京別曲)〉, 〈가시리〉, 〈만전춘(滿殿春)〉 등의 정한(情恨)에 있어서의 그 기지에 찬 수사(修辭)는 오늘날 문학 서정(抒情)에서도 혀를 차리만큼 교치(巧緻)를 보여 주는데, 그중에서 좀 외설적이라 할 만큼 희화(戱畵)된 노래 〈쌍화점(雙花店)〉을 현대어로 고쳐 소개하면 다음과 같다.

> 만두(饅頭) 가게에 만두를 사러 가니
> 회회아비(색목인[色目人], 몽고인)가 내 손목을 쥐더이다.
> 이 소문이 이 점포 밖에 나며 들며 한다면
> 조그마한 새끼광대(소괴뢰[小傀儡], 소인형[小人形] 혹은 점원[店員]

소년?)
　　네(가 퍼뜨린) 말이라 하리라.
　　(이 소문을 들은 다른 여인들)
　　그 자리(침소)에 나도 자러 가리라.
　　그 잔 곳(성대[性帶]?)같이 울창한 것이 없다.

　　삼장사(三藏寺) 불을 켜려고(불공을 드리려고) 갔더니
　　그 절의 사주(寺主, 주지[住持])가 내 손목을 쥐더이다.
　　이 소문이 절 밖에 나며 들며 한다면
　　조그마한 새끼 상좌 네 말이라 하리라.
　　그 자리에 나는 자러 가리라.
　　그 잔 곳같이 울창한 것이 없다.

　　두레 우물에 물을 길러 갔더니
　　우물의 용(龍)이 내 손목을 쥐더이다.
　　이 소문이 이 우물 밖에 나며 들며 한다면
　　조그마한 두레박아 네 말이라 하리라.
　　그 자리에 나도 자러 가리라.
　　그 잔 곳같이 울창한 것이 없다.

　　술 파는 집에 술을 사러 갔더니
　　그 집 아비(주인) 내 손목을 쥐더이다.
　　이 소문이 이 집 밖에 나며 들며 한다면
　　조그만 시궁바가지야(술구기[酒杓]) 네 말이라 하리라.

인용된 〈쌍화점〉에서 (　) 안의 내용은 필자 주.

그 자리에 나도 자러 가리라.
그 잔 곳같이 울창한 것이 없다.

위의 노래에서 보이는바 황음(荒淫)의 노골적이요 유희적 표현은 그 작자가 유녀(遊女)였으리라는 점에도 있지만 또한 퇴폐적 세태에 대한 풍자이기도 하였을 것이다.

한편 고려 상류계급의 시형(詩形)이던 별곡(別曲), 즉 〈한림별곡(翰林別曲)〉, 〈관동별곡(關東別曲)〉, 〈죽계별곡(竹溪別曲)〉 등은 저와는 취향을 달리하나 현실도피에서 오는 해조(諧調)를 그 내용과 형식에서 함께 담고 있으며, 그들의 수필이던 소위 패관문학(稗官文學)의 이규보(李奎報)의 〈백운소설(白雲小說)〉, 이인로(李仁老)의 《파한집(破閑集)》, 최자(崔滋)의 《보한집(補閑集)》, 이제현(李齊賢)의 《역옹패설(櫟翁稗說)》 등도 만필(漫筆)로 이루어져 반속(反俗)에서 오는 해학적 아취를 듬뿍 풍기고 있다. 더욱이 물건이나 식물, 동물을 의인화한 소설의 전신(前身)인 가전체(假傳體) 작품, 임춘(林椿)의 〈국순전(麴醇傳)〉과 〈공방전(孔方傳)〉, 이규보의 〈국선생전(麴先生傳)〉과 〈청강사자현부전(淸江使者玄夫傳)〉, 이곡(李穀)의 〈죽부인전(竹夫人傳)〉, 이첨(李詹)의 〈저생전(楮生傳)〉, 석식영암(釋息影庵)의 〈정시자전(丁侍者傳)〉 등은 그 우화적 비유 자체에 희극성이나 풍자성을 지니는데 여기에다 종이[紙]를 의인화한 〈저생전〉의 줄거리를 간추려 본다.

"생(生)의 성은 저(楮)씨요 이름은 백(白)이며 자(字)는 무점(無玷)이니 한(漢)나라 상시(常侍)며 상방령(尙方令)인 내윤(奈倫)의 후손이다. 그는 형제가 열아홉이나 되었으나 다 친목하여 조금도 그 질서를 잃지 않았고 그는 본시 성격이 정결해서 무인을 좋아하지 않고 언제나 문사와 더불어 놀았다. 그중 모학사(毛學士, 붓)와는 계우(契友)로 매양 친절히 지내서 모학사가 그의 얼굴을 더럽힌다 한들 씻지를 안 했다. 한나라 때 과거에 급제하여 백주자사(白州刺史)가 되어 만자군(萬字軍)을 통솔하고 진(晉)나라 때 좌대충(左大冲)이 〈성도부(成都賦)〉를 지으니 그가 그것을 기록했으며 양(梁)나라 때는 소명태자(昭明太子)와 함께 《고문선(古文選)》을 찬술하고 위수(魏收)와 더불어 국사(國史)를 편찬하였고, 또 소작(蘇綽)과 함께 호적부(戶籍簿)를 만들었다. 진(陳)나라 후주(後主) 때는 안학사(安學士)의 무리와 임춘각(臨春閣)에서 시를 즐겼고 대업년간(大業年間)에는 수(隋)나라 양제(煬帝)에게 봉사하였으며 당(唐)나라 때는 홍문관(弘文館)의 본관(本官)과 학사(學士)를 겸하여 공헌하였고 송(宋)나라 때는 주염계(周濂溪)를 비롯한 선비들과 문치(文治)를 베풀었으며 사마온공(司馬溫公)이 《자치통감(資治通鑑)》을 편술하는 데 협력하였다. 원(元)나라 초에는 본업에 힘쓰지 않고 장사를 익혀 몸에 돈꾸러미를 차고 다방이나 술집에 드나들다가 원이 망한 후 명(明)에 이르러서 다시 벼슬하고 왕의 사랑을 받았으며 그 자손들도 시작(詩作), 역사편찬, 문서기록 등 다방면으로 직무에 열중하게 되었다."

이 작품은 종이에다 중국 문치(文治)의 역사를 가탁(假託)하여 고려 의종(毅宗) 24년(1170) 무신(武臣)들의 발호(跋扈)와 전횡(專橫)에 대한 은유적인 풍자가 담겨 있는 것이다.

앞에서 말했듯 고려의 해학성은 삼국시대의 해학이 지녔던 그 상승된 내용에 비하여 격이 떨어져 풍자와 유희성이 농후하지만, 그 의미의 이지적인 복합성이나 기교에서의 용어와 수식의 세련은 한문화(漢文化)의 풍미(風靡)와 함께 크게 새로운 발전을 보이고 있다.

이제 다시 조선으로 내려오면 문학에 있어서만도 해학작품이 그 취사선택에 곤란을 느끼리만큼 풍성하다. 이것은 조선 초 세종의 한글 창제로 말미암아 어문일치의 문자를 쓸 수 있게 되어 문학이 점차 대중화되었고 나아가서는 그들 손에서 이루어지게 된 까닭이다.

그러나 조선의 해학문학을 쳐들자면 역시 한문을 사용하여 좀 유감이지만 시에는 김립(金笠)과 소설에는 박지원(朴趾源)을 먼저 쳐들지 않을 수 없다.

속칭 김삿갓 김립(1807~1863)의 본명은 병연(炳淵)으로, 과거에 급제함과 동시에 자신이 폐족(廢族)의 자손임을 알게 되자 그때부터 곧 삿갓을 쓰고 일생을 방랑으로 마쳤다. 그는 천부적 시재(詩才)로 표랑(漂浪) 속에서 체험하는 세태나 인정의 염량(炎凉)을 기지나 풍자로써 자유자재로 노래하며 살다 간 한국이 낳은 희세(稀世)의 해학가였다.

아래에서 한두 편 그 원시(原詩)와 함께 국역(國譯)하여 음미해 보자.

無題(무제)

四脚松盤粥一器(사각송반죽일기)
天光雲影共徘徊(천광운영공배회)
主人莫道無顔色(주인막도무안색)
吾愛靑山倒水來(오애청산도수래)

네 다리 소나무 소반에는 죽 한 그릇이 놓였는데
푸른 하늘과 하얀 구름 그림자가 어른거리도다.
주인이여 조금도 무안(미안)하게 생각지 마시오.
나는 청산이 거꾸로 비쳐 오는 것을 사랑한다오.

이 절구(絶句)는 어느 집 마당에서 죽 한 그릇을 얻어먹으며 지은 것이다. 그 집은 아마 몹시 가난하여 대접하는 죽이 어찌나 멀건지 햇빛과 구름 그림자가 그릇 속에 어른거릴 정도였던 모양이다. 그러나 김삿갓은 이를 불쾌하게 생각지 않고 도리어 쇄락(灑落)한 감정으로 전환시킨다. 즉 그다음 구(句)에 있어 '그러나 주인이여! 죽이 멀겋다고 무안해하지 말라, 나는 청산이 물속에 거꾸로 비쳐 오는 그런 자연의 경치를 자못 사랑하는 풍류객으로 음식의 좋고 나쁜 것에는 구애 않는 사람'이라는 것이다. 최상의 해학은 초탈적이요, 몰아(沒我)적이요, 또 심미적이라고 할진대 저렇듯 고통이나 슬픔 앞에서도 이를 제어하여 마음의 여유를 가지고 바라보며 나아가서는 거기서 쇄락한 쾌감을 불러일으키기까지 한 이 시의 경지는 바로 그와 같은 것이라 하겠다.

還甲宴(환갑연)

彼坐老人不似人(피좌노인불사인)
疑是天上降神仙(의시천상강신선)
其中七子皆爲盜(기중칠자개위도)
偸得碧桃獻壽筵(투득벽도헌수연)

저기 앉은 노인이 사람 같지 아니하니
의심하건대 하늘에서 신선이 내려오셨나?
그 가운데 칠 형제는 모두 도둑이로군!
벽도를 훔쳐다가 잔치에 드리더라.

이 시는 그 제목대로 김삿갓이 어느 환갑 잔칫집에 가서 한상을 받기 위하여(당시 풍속엔 낯선 행객[行客]이라도 그가 시를 지을 줄 아는 곧 선비면 그 잔치에 참여할 수 있었다) 지은 노래인데 한시(漢詩)니까 주인이 운자(韻字)를 부르는 데 따라 즉석 즉흥으로 읊어야 했다.

그래서 김삿갓은 첫 구에서,

"저곳에 앉은 노인은 사람 같지 않다."

고 환갑의 주인공을 평하자, 그의 아들들이 "사람 같지 않으면 짐승 같으냐?"고 노하며 덤비니 그는 다음 구에 섬기되,

"하늘에서 내려온 신선인가 하노라."

고 하니 아들들의 노여움은 일시에 풀려 버렸는데 김삿갓은 그 아래 구에서 다시,

"그 가운데들 앉은 일곱 아들은 모두 다 도둑이다."

라고 험구를 했다. 이에 아들들은 다시 한 번 크게 성을 내니 그는 이번엔,

"벽도(碧桃)를 도적해다가 잔칫상에 놓아 (아버지께) 드렸다."

고 하여 그들은 모두 웃고 크게 좋아하였다는 것이다. 벽도란 어린 복숭아나무에 달린 첫 열매를 이르는 것으로, 이것이 장수(長壽)에 신효(神效)하다는 민간의 전설이 있으며 이것을 몰래 따도 허물로 안 치는 풍습이 있었다. 그러니 자기들 아버지의 장수를 위하여 벽도를 훔쳐다 바치도록 효자들이라는 들입다 칭찬이니 그 아들들이 얼마나 좋아했으랴.

위의 예시(例詩)들에서 보다시피 김삿갓의 시재(詩才)는 신기(神技)여서 인간과 사물을 자유자재로 손아귀에 넣고 주물러 희롱도 하고 또 쇄탈(灑脫)의 세계로 이끌어 올리기도 하였다. "웃음은 긴장한 예상(豫想)이 문득 오유화(烏有化)하였을 때의 감정이다"(임마누엘 칸트)라고 말하였듯이 김삿갓은 사람들을 노기(怒氣)의 절정에

몰아넣었다가는 이를 최상의 환희로 풀어 주기도 하고 또 이 반대의 야유 풍자로 임하기도 하였다.

또한 그의 시는 이러한 섬광 같은 기지 외에도 언어의 첩음(疊音), 첩어(疊語), 첩구(疊句)나 한시(漢詩)의 문의(文意)와 배반되는 우리말 한자성음(漢字成音)의 이용 등으로 해학상(諧謔上) 표현 기교의 극치를 보이고 있다.

다음 박지원(1737~1805)의 호는 연암(燕巖)으로, 문벌도 좋고 천재적인 재질과 비범한 경륜을 가지고 있었으나 그 진보적인 사상이 당시 부유(腐儒)들의 양반사회와는 타협도 할 수 없고 또 도저히 용납되지 못하여 불우한 일생을 보냈으되 이러한 삶이 오히려 풍자와 해학에 가득 찬 문학으로 성공을 보았다.

그의 작품 중에서도 〈호질(虎叱)〉, 〈양반전(兩班傳)〉 등은 저러한 부유나 양반들의 위선적이요, 허례적이며 무위(無爲), 무능한 생활상을 여지없이 폭로, 풍자한 것인데 〈양반전〉의 줄거리를 적어 보면 다음과 같다.

정선군(旌善郡)에 한 양반이 살고 있었는데 그는 현명하고 박식하며 새로 군수가 부임하면 인사를 올 정도로 그 고을에서 존경을 받았으나 실제 생활에는 무능하였다. 그래서 해마다 관곡(官穀)을 꾸어다 먹고 이를 갚지를 못한 것이 천석(千石)에 달하여 마침내 형사적 책임을 지기에 이르렀지만 무책(無策)이었다.

이때 그의 이웃에는 한 서민 부자가 있어 양반을 부러워하여 그 곡식을 대신 갚아 주고 그의 양반 칭호와 권리를 물려받기로 하였다. 그래서 이 양반 매매(賣買) 성립을 확인하는 예식을 거행하게 되었는데 이를 관장하는 군수가 그 서민에게 먼저 양반의 행동규범을 열거하기를,

"양반은 글을 쓰되 한 줄에다 백 자를 박아 쓸 수 있어야 하며,

쌀값을 물어서[問議]는 안 되고, 더위도 버선을 벗지 말아야 하고, 소나 말을 꾸짖지 못하고, 성이 나도 아내를 쳐서는 안 된다."
라고 하며 이에 대한 이행을 서약시키려 하니 그 서민이 청하기를,
"양반이라는 것은 신선 같은 줄만 알았더니 이렇게 구속이 많아서야 어디 살 수 있겠습니까? 좀더 편리하도록 고쳐 주십시오."
하였다.
이에 군수는 이번엔 양반의 특전을 쳐들기를,
"양반이 되면 이웃집 소를 마음대로 끌어다가 밭을 먼저 갈 수 있고, 농민들을 잡아다가 공짜로 자기 밭의 김을 맬 수도 있으며, 만약 저런 처사에 거역하는 자가 있으면 코에다 잿물을 붓고 수염을 뽑아내도 괜찮다."
고 하니 이 말을 듣던 서민 부자는,
"모두가 맹랑한 소리! 에쿠. 그러면 나를 도둑놈을 만들 작정이요?"
하고 머리를 흔들고 달아나더라는 이야기다.
"해학이 웃음과 쇄탈한 감정의 결합이라면 풍자는 웃음과 공격적 태도의 결합"이라는 셜리의 말처럼 위와 같은 박지원의 소설들은 그 시대와 사회의 결함, 악습과 악폐(惡弊), 불합리 등을 지적하여 공격하고 이를 풍자하여 야유 조소하고 있다. 이러한 경향은 한국 사회가 그 역사적 악순환으로 모순과 불합리를 많이 안게 되는 근세(近世)에 이를수록 더 짙어 간다 하겠다.
그러나 한편 조선의 우리 한글 문학작품 중 특히 시조에는 저러한 사회적 풍자성이 의식 또는 무의식적으로 배제되고, 주제나 기교에 있어서 고도하고 절묘한 해학미를 풍기는 작품이 허다하게 많다. 가령 고산(孤山) 윤선도(尹善道, 1587~1671)의,

> 내 성이 게으르더니 하늘이 알으실사
> 인간 만사를 한 일도 아니 맡겨
> 다만당 다툴 리 없은 강산을 지키라 하시도다.

를 보아도 그가 온갖 시대적 쟁화(爭禍)를 다 겪으며 조정에 출사(出仕)하다가 결국 실패하고 자연에 돌아온 그 체관(諦觀)을 아주 격조 높은 해학으로 노래하고 있고, 또 가령 황진이(黃眞伊)의,

> 어져 내 일이야 그릴 줄 모르더냐
> 있으랴 하더면 가랴마는 제 구태여
> 보내고 그리는 정은 나도 몰라 하노라.

는 그저 정한(情恨)의 진솔한 표현이면서도 되읽고 되씹어 보면 그 속에 그윽한 해학의 맛이 스며 있다.

또 조선 중엽 이후 평민문학의 대두로 이루어지게 된 창극본(唱劇本) 소설들인 〈춘향전〉, 〈흥부전〉, 〈배비장전〉, 〈옹고집전〉, 〈장끼전〉, 〈토끼전〉, 〈변강쇠전〉이나 〈이춘풍전(李春風傳)〉 등은 그 내용과 문장 묘사에 있어서 간단없이 기지와 풍자로 짜여 있어 우리 민중의 해학에 대한 애호성을 반영하고 또 그 목적과 효과를 유감없이 발휘한다.

여기서 가장 유명한 〈춘향전〉 중 아무 대목이나 몇 줄 빼내서 적어 본다.

이도령이 어사가 되어 남원(南原) 가까이 와서 어떤 농부와의 수작 중,

"이 골 원님 정사(政事) 어떠하며 민폐는 없으며, 또 호색(好色)하여 춘향이를 수청들였단 말이 옳은지?"

농부 중을 내어 하는 말이,

"우리 원님 정사는 잘하는지 못하는지 모르거니와 참나무 조 휘어댄 듯이 하니 어떻다 하리오."

어사 하는 말이,

"그 공사(公事) 이름이 무엇이라든요?"

농부 대소(大笑) 왈(曰),

"그 공사는 쇠코투리 공사라 하니이라. 욕심이 있는지 없는지 민간의 전곡(田穀), 목포(木布)를 다 고미질하여 들이니 어떻다 하리오. 또 음물(淫物)이라 철석같이 수절하는 춘향이 수청 아니 든다고 엄형엄수(嚴刑嚴囚)하였으되 구관(舊官)의 아들인지 개아들인지 한번 떠난 후 종무소식(終無消息)하니 그런 쇠자식이 어디 있으리오."

저렇듯 신임 군수의 학정을 고발하는 동시에 바로 앞에 마주한 어사 이도령을 매도함으로써 폭소를 터뜨리게 한다. 저러한 창극본 소설들의 특성으로는 아주 유식한 고전적 수사(修辭)로부터 아주 저속한 재담희롱(才談戲弄)이 혼합되어 있으나 이것이 혼연히 용해되어 있고 또 내용이 가장 윤리적이고 전개되는 사건이 아무리 비극적이라도 그 해학적 묘사력으로 이를 더욱 부각승화(浮刻昇華)시키고 있다는 점이다.

위와 같은 조선 문학상에 나타난 해학 말고도 구비(口碑)나 야사(野史)로 전하는 희담(戲談), 소화(笑話)·우언(寓言)·재담(才談)·음담(淫談) 등이 무궁무진한데, 그런 전설적 인물로는 '돼지의 눈으로 보면 돼지로 보이고 부처의 눈으로 보면 부처로 보인다는 반어(反語)를 써서 이태조(李太祖)를 무색게 했다는 무학선사(無學禪師)'를 비롯하여 '옳은 말이고 그른 말이고 가부(可否)를 표시치 않았다는 황희(黃喜) 정승', '싸움(당쟁)은 그렇듯 잘하면서 왜적은 왜 막아내지 못했느냐고 풍자한 이항복(李恒福)', '호랑이 탄 양반도둑이 세상에서 제일 무섭다고 양반 앞에서 양반을 조롱한 정수동(鄭壽銅), '주인이 있을 리 없는 대동강 물을 팔아먹었다는 봉이 김선달(鳳伊 金先達)' 등이 손꼽히며, 문헌으로는 서거정(徐居正)의 《태평한화골계전(太平閑話滑稽傳)》, 편자 미상의 《대동기문(大東奇聞)》, 송인(宋寅)의 편저(編著)라는 《고금소총(古今笑叢)》, 유몽인(柳夢寅)의 《어우야담(於于野談)》, 열청재(閱淸齋)의 《어수록(禦睡錄)》, 이희준(李羲準)의 《계서야담(溪西野談)》 등이 유명하다.

또 이와는 달리 민중 속에서 구전으로 익혀 불려지던 각 지방의 민요에도 해학성이 풍부한데, 예를 들면 〈각씨요(謠)〉(성진 지방), 〈두꺼비요〉(울산 지방), 〈방귀요〉(예산 지방), 〈시집살이요〉(충주 지방) 등이 그런 것으로, 여기서는 의주 지방의 〈신랑요〉를 하나 소개한다.

> 노랑두 대가리
> 물레쭐 상투
> 샘문 턱에서
> 밥광이 달라구
> 훌쩍 훌쩍

그 시대(조선)의 통례로 나이가 5, 6세나 아래인 어린 신랑이 부엌문턱에 와서 밥 짓는 아내에게 누룽지를 달라고 조르는, 너무나 우습고도 또 웃지 못할 내용이다. 성숙한 신부가 이성(異性)도 모르고 철도 안 난 신랑 행실의 그 어떤 단면을 폭로하여 조혼제도(早婚制度)의 모순을 풍자한 해학미 만점의 민요다.

이에 또 빼놓지 못할 것은 한국의 무진장한 속담에 담긴 해학성인데 손쉬운 예를 몇 개 들어 보면,

"하룻강아지 범 무서운 줄 모른다."

"바늘 도둑이 소도둑 된다."
"개똥도 약에 쓰려면 없다."
"눈감고 아웅."
"핑계 없는 무덤 없다."
등, 설명 없이도 그 토속적인 해학미가 감득(感得)되리라고 믿는다.

이상 시대순으로 또는 종류별로 한국의 해학을 개관해 볼 때 한국민은 고대로부터 쇄락한 해학, 즉 멋을 즐기고 지닌 민족이었으나 시대가 내려올수록 역사적 악순환과 그 누적으로 인한 사회적 모순과 불합리가 확대되자 풍자와 기지에 의한 신랄한 조롱이나 저속한 유희적 해학만이 성행하게 되어 오늘에 와서는 현실의 각박 속에서 우리 본래의 탁월한 해학정신마저 쇠잔해 가는 느낌이다.

이러한 현상을 감안해서랄까, 국제펜클럽 한국본부는 1970년에 '동서문학(東西文學)의 해학'이라는 주제로 세계작가대회를 열어 국내적으로나 국제적으로 해학정신의 작흥(作興)을 고취한 바도 있다. "웃는 낯에 침 뱉으랴"는 우리 속담이나 "부드러운 것으로 억센 것을 제어한다(柔能制剛)"는 중국 격언처럼 해학은 화목한 인간관계나 융화스러운 사회를 이루는 데 절대 불가결의 요소로서 오늘의 한국민이나 한국 사회는 저 전래(傳來)하는 왕성하고 쇄락한 해학정신의 회복과 그 활발한 발휘가 긴절(緊切)하게 요청되는 바이다.

한국의 여속(女俗)

고대 여성의 지위

"고구려 사람들은 노래와 춤을 좋아하여 저녁때가 되면 나라 안의 모든 마을에서 남녀가 떼를 지어 함께 노래하고 춤을 추었다"고 중국의 옛 문헌 《위지(魏志)》에 적혀 있다. 이렇듯 일상적으로 남녀가 함께 어울려서 노래하며 춤을 추고 놀았다는 사실은 이미 남녀간 생활의 평등을 뜻한다. 그래서 한국이 아직 제도적으로 봉건사회가 되기 이전의 남녀관계는 대체로 자유롭고 평등하였을 것으로, 남자들은 농사와 사냥, 전쟁에 나가고 여자들은 집 안에서 길쌈하고 아이를 기르며 살림을 맡는 구실을 자연스럽게 해 나갔을 것이다.

그런데 종교적 의식에서 제주(祭主)는 여자가 되었으니 바로 무당(무녀)이었다. 그러므로 사회 분위기로 보아서는 여자가 오히려 우위에 있었다고 하겠다.

고구려의 결혼제도를 살펴보면 그런 점이 구체적으로 나타난다. 기록에 의할 것 같으면,

"남녀가 서로 좋아지면 배필로 정하고 남자의 집에서 여자의 집에 돼지와 술을 보낸다."(《북사[北史]》)

"결혼하기로 언약이 되면 여자 집에서는 본채 뒤에 작은 집을 하나 짓고 사위집이라고 했다. 그러고 나면 저녁때 신랑이 신부 집

문 밖에 와서 꿇어 절하면서 신부와 함께 자게 해 주기를 빈다. 이렇게 여러 번 빌어야 신부의 부모는 마침내 신랑을 그 사위집에 들게 한다. 그곳에서 자식을 낳아 자라면 비로소 사위는 아내를 데리고 제 집으로 돌아갔다."(《위지》)
라고 전하고 있어 여성의 우세를 엿보게 한다.

한편 연애나 자유결혼이 행복된 결말로 그려져 있는 많은 기록들로 보아 고대(古代) 한국 사회가 남녀관계를 꽤 개방적으로 보았다는 것을 알 수 있다. 《삼국유사》에 나오는 통일신라의 주역인 무열왕 김춘추가 김유신의 누이 문희와 자유결혼에 이르기까지의 일화나 고승(高僧) 원효와 요석공주가 국학(國學)의 원조(元祖) 설총을 낳은 일사(逸事) 등이 이를 말해 준다.

또한 신라에는 선덕·진덕(眞德)·진성 세 여왕이 있어 여성이 직접 통치자로 군림하여 온 시기가 있으니, 이런 것들로 미루어 보아도 고대 한국의 여성의 지위는 결코 낮은 편이 아니었다 하겠다.

중세 여성의 수난

한국의 중세(中世) 왕조인 고려는 1231년 원나라 칭기즈칸의 군사에게 침략당하기 시작한 후부터 나라와 온 겨레가 시달림을 받았다. 이 땅 여성들에게도 색다른 화가 밀어닥쳤으니, 고려 원종(元宗) 15년에 원나라에서 남편 없는 여자 1백40명을 보내라는 사절이 왔으며, 충렬왕(忠烈王) 2년에도 5백 명을 요구하였고, 그 후 충선(忠宣)·충숙(忠肅)·충혜(忠惠) 왕 때에도 계속하여 고려 처녀들을 보내라고 강요하였다. 이와 같은 시대 상황 때문에 고려 상류사회에서는 딸을 낳으면 비밀로 하고 친척에게까지도 상면(相面)을 시키지 않는 풍조가 생겼다 하니 이 강제적 국지결혼을 얼마나 두려워했던가를 미루어 짐작할 수 있다.

　그 이후 조선에 이르러서도 이민족(異民族)의 저러한 여성들의 국제적 강제 이송이 때마다 있었을 뿐 아니라 또 다른 사태가 여성들을 위축되게 하였다. 즉 조선의 왕가에서는 신부를 구할 때 먼저 전국의 처녀들에게 금혼령(禁婚令)을 내렸다. 그러면 온 나라 양가의 딸들은 정해진 날에 좋건 싫건 자기 나이와 이름을 써서 들고 궁중에 들어가 지정된 장소 자기 앉은 자리 앞에 부친의 이름까지 써 붙이고 면접시험을 치렀다. 이것을 첫 간택(揀擇)이라 하고 재간택, 삼간택까지 올라가 뽑히면 본인의 의사가 있든 없든 왕가에 시집을 가야 했다. 이를 기피한 예를 들면, 인조(仁祖)가 세자(世子)의 아내, 즉 며느리를 고를 때 서울 양반 권(權)씨 집 딸이 자색도 아름답고 덕(德)이 있어 보여 간택에서 마지막 뽑힐 단계에 이르렀었다. 그런데 그 권 낭자는 최후 순간에서 돌연 함부로 웃고 차려 놓은 음식도 손가락으로 집어 먹는 등 해괴한 거동을 했기 때문에 광기가 있다고 낙제를 시켰다. 그 뒤 그 처녀는 평가(平家)에 시집을 가 아주 현숙하기로 이름 높은 부인이 되었는데 이 소문을 들은 왕은,

　"내가 그 처녀의 계교에 속았구나."
하고 탄식했다고 한다. 언뜻 생각하면 왕자비(王子妃)의 자리가 탐날지 모르나 비극적 위험이 많은 왕실에 출가하는 것은 일종의 모험이요, 그러므로 자기 신분에 걸맞은 자연스러운 혼인을 하려는 것이 일반 처녀들의 소망이었고 또 이것이 현명한 선택이 아니겠는가?

　이렇듯 고려와 조선을 거쳐 내려오면서 한국 여성들은 국내외의 강압에 의하여 옛날에 지니던 자유롭고 발랄한 기상과 생활을 박탈당하고 강제 이송, 강제 결혼 등을 당하는 지극히 불행한 처지에 떨어지고 말았다. 이와 같은 현실에다 유교의 고루한 여성관이 여

성과 사회를 완전히 차단하는 역할을 하였다. 그래서 '내외(內外)'의 풍속이 하나의 여성 예절로 정착되기까지 한 것이다.

1920년대까지만 하여도 한국 가정에서는 여자가 남자 손님이나 남자 친척에게 대해서까지도 나서서 마주 이야기하거나 바라보는 것이 금지되어 왔으며 이런 풍습의 잔재는 오늘날에도 상당히 남아 있다. 지금은 거의 드문 일이지만 지난날에는 남자 손님이 어느 집을 방문했을 때 그 집에 여자만 있을 경우 주가은 간접법으로 대화해야 했다.

즉 손님은 대문 밖에 서서,

"이리 오너라! 거기 아무도 없느냐? 윗마을 김 주사(主事)가 오셨다고 여쭈어라."

하면 그 집안 주인은 방에서 문도 열지 않고,

"지금 사랑 양반은 출타하시고 안 계시다고 여쭈어라."

고 간접적 대답을 하는 것이다. 이렇게 되면 그 손님은 두말 더 못하고 돌아서 가야 했다. 지금도 시골에서는 가정 부인이 외간 남성 앞에 직접 나서기를 매우 주저하며 마주 바라보거나 대화하기를 꺼린다.

이와 같은 풍속은 앞서 말한 대로 그 실제적 동기는 중세 한국 여성이 겪은 수난에 있고 여기에다 '남녀칠세부동석(男女七歲不同席)'과 같은 유교의 여성 폐쇄적인 일면이 영향한 것이다.

조선 여성과 내훈

한국의 마지막 왕조인 조선에 와서는 여성이 마땅히 지니고 간직하고 지켜야 할 생활규범이 나름대로 완성을 본다. 이것은 한국 여성의 국운과 비례하는 수난의 역사와는 별도로 보아야 하며 우리 사회 의례와 풍속이 확립 정돈되어 가는 데 따른 한 결과라고 하겠다. 이러한 여성들의 생활지침이나 교훈서 중에 이른바 반가(班家, 양반집)의 여성을 대상으로 쓴 《내훈(內訓)》이란 책이 있다. 다음에 소개하는 것은 성종(成宗)의 모후(母后)인 소혜왕후(昭惠王后)가 지은 한글본 《내훈》의 원문에서 가려 뽑아 옮긴 것으로, 문장을 다소 현대적 표현으로 다듬었다.

말씨: 마음에 감춘 것이 정이요 입 밖에 내면 말인데, 말은 영광과 욕됨의 근본이다. 크게는 나라를 뒤엎고 그 집안을 망치며, 작게는 가족을 이간시키는 것이므로 어진 여자는 말을 삼간다. 혹 높은 어른 앞에서나 조용한 곳에서라도 대꾸하는 말이나 아첨하는 말을 하지 말아야 한다.

몸가짐: 남자와 섞여서 앉지 말며, 옷걸이를 한데 하지 말며, 수건과 빗을 함께 쓰지 말며, 친히 옷을 입혀 주지 말며, 시아재비와 주거니 받거니 이야기하지 말며, 바깥 말을 문 안에 들이지 말고 집안 이야기를 밖에 내보내지 말며, 결혼 후에는 볼일 없이 나다니지 말아야 한다. 성(城) 위에 올라가서 손짓으로 가리키지 말며, 소리 내어 부르지 말며, 남의 집에 구태여 들어가지 말며, 문 앞에 두 사람의 신발이 있으면 들어오라고 하기 전에는 방에 들어가지 말며, 말이 없으면 절대로 들어가서는 안 된다. 문에 들어설 때는 시선을 반드시 아래로 향해서 보고, 방 안을 휘둘러보지 말며, 원래 문이 열려 있거든 들어가서도 문을 닫지 말고, 원래 문이 닫혀 있거든 들어가서도 문을 닫고, 뒤에 또 들어올 사람이 있으면 닫지 않는 것이다. 남의 신을 밟지 말며, 남의 자리를 밟지 말며, 치마를 걷어들고 가에 가서 앉는 법이다. 보는 시선은 치솟아 오르면 거만한 것 같고, 허리띠가 아래로 처지면 시름이 있는 것 같고, 비뚤게

매면 간사해 보인다.

대인(對人): 남을 항상 공경하는 마음을 갖고, 대해서는 엄숙하면서 생각하는 표정이어야 하며, 말을 가라앉혀서 해야 한다. 오만은 결코 길지 못하며, 사욕(邪慾)은 마음껏 취할 길이 없으며, 뜻은 원만하기 힘들며, 즐거움은 극도에 달하지 못한다. 그러므로 어진 사람은 가까이하되 공경하고, 두려워하되 또한 사랑하며, 사랑하면서도 옳지 못한 점은 알아내며, 미워하면서도 착한 점을 알아낸다. 재물을 구차하게 얻으려 말며, 어지러운 일을 해서 구태여 모면하려 하지 말며, 나눌 때 많이 가지려 하지 말며, 의심나는 일이 있어도 굳이 따지지 말며, 아무리 옳아도 여러 말 하지 말 일이다. 그윽한 데를 엿보지 말며, 곁의 사람에게 몸을 맞대지 말며, 지난날 알던 사람의 잘못을 말하지 말며, 장난기 있는 안색을 짓지 말며, 급한 걸음으로 오고 가지 말며, 그릇된 일에 참견하지 말며, 생기지 않은 일을 억측하지 말며, 남의 옷과 다 만든 그릇을 비판하지 말며, 몸짓으로 자기 말을 증명하려 들지 말아야 한다. 빈 것을 잡을 때도 가득한 것처럼 하고, 빈 곳에 들어설 때도 사람 있는 곳에 들어가듯 하라.

식사: 높은 어른을 모시고 잔치에서 밥을 먹을 때는 먼저 먹거나 나중까지 먹지 말며, 밥을 젓갈로 떠먹지 말며, 국물을 자꾸 마시지 말며, 적게 입에 떠 넣어 빨리 삼키며, 자주 씹되 입을 움직이지 말아야 한다. 다른 사람과 함께 밥을 먹을 때 너무 배부르게 먹지 말며, 밥을 숟갈로 덩어리 지우지 말며, 소리 내어 마시지 말며, 반찬의 **뼈**를 깨물어 먹지 말며, 먹던 고기를 그릇에 도로 놓지 말며, 구태여 남의 앞에 있는 것을 먹으려 하지 말며, 밥을 흘리지 말며, 마른 고기를 이로 베어 먹지 말며, 국을 그릇에서 다시 간을 맞추지 말며, 이를 쑤시지 말아야 한다.

효도: 부모 곁에 있을 때 부르거나 명하는 말씀이 있으면 곧 소리 내어 공손히 대답하고, 나아가고 물러갈 때 가로 걸으며 몸짓을 단정히 하여 삼가고, 나가고 들어설 때는 허리를 굽혀 읍하고, 감히 트림을 하거나, 한숨짓거나, 재채기를 하거나, 기침을 하거나, 하품을 하거나, 침을 뱉거나, 코를 풀거나, 기지개를 펴거나, 한쪽 발을 치켜들거나, 기대거나, 곁눈으로 보아서는 안 된다.

화목: 맏며느리와 아우며느리는 형제와 같고 그 정의 두터움은 다른 사람들이 따를 수 없는 것이다. 며느리 중에 어진 사람을 만나면 감동과 흠모하는 마음을 일으켜 힘껏 착하게 대해 함께 늙을 것을 기약하며, 혹 사나운 사람을 만나서 망령된 행동을 당해도 '내 잘못이다' 하고 사랑을 베풀 것이니, 두 굳어진 마음이 싸우면 반드시 하나는 꺾어질 것을 알고 부드러움으로 그 잘못을 고쳐 주어야 한다. 항상 내가 온유와 공경을 기르고 노기(怒氣)와 교만을 자제하며, 내가 먼저 은덕을 베풀되 그 돌아올 갚음을 바라지 말며, 조그만 이득을 다투어 친족 간에 덕을 잃지 말아야 한다.

위의 본보기로 든 《내훈》은 앞서도 말한 바와 같이 반가의 여성을 대상으로 쓴 것이다. 그런데 조선의 양반이란 현직의 문무관료(文武官僚)만을 가리킨 것이 아니고 그런 가문 출신의 재야 선비층을 포함한 호칭이다. 따라서 양반 하면 당시 사회의 지식인, 문화인 일반을 뜻하기도 한다. 이러한 선비 양반 집안에서는 대체로 《내훈》에 담긴바 여성의 예의규범이 이미 생활화되어 있어서 이것이 여성의 모범생활로 일반화되어 일반 서민들 가정에까지 보급됨으로써 한국 고유의 가정풍속을 형성하기에 이르렀다. 이렇게 여성에 의하여 만들어지고 지켜지고 간직된 한국의 가정풍속은 오늘에 이르기까지 대체로 그 원형이 전해 내려오고 있어 비록 현대사회에서 주창되는 여권(女權)과는 일치되지 못하는 요소가 있으나 그 기풍 속에 담긴 온유와 자제심과 음덕(陰德)은 한국 여성의 미덕으로 발휘되고 있으며 또 길이 보존되어야 할 것이다.

여성의 근로습속

아득한 옛날부터 한국 여성은 남성들 못지않지, 아니 남자보다 일을 많이 해 왔다. 무명, 베, 모시, 명주 등 옷감이 여성의 손으로 짜졌으며 장이 서는 날마다 나가서 물건을 팔고 사고 또 밭에 나가서 농작물을 가꾸는 일에도 언제나 한몫을 거들었다. 한편 집안 살림을 도맡아 음식을 만들고 침봉(針縫)을 하는 것은 으레 여성의 전담(專擔)이었다. 중국 역사 기록 《위지》, 《북사》에도,

"예(濊)·옥저(沃沮)·변한(弁韓)·진한(辰韓)·마한(馬韓) 땅에서 누에를 쳐 명주를 짜고 삼을 심어 베를 짰다."
고 적혀 있고 우리 전적(典籍) 《동경통지(東京通志)》에도,

"신라 유리왕(儒理王) 9년 봄에는 서라벌 안 6부(六部)를 둘로 갈라서 왕의 두 딸로 하여금 길쌈을 장려케 하였다. 그래서 마을의 여자들은 친분대로 패를 지어 7월 보름부터 삼 삼기를 시작한다. 아침 일찍이 뜰이 넓은 집으로 모여 일을 시작하면 밤이 되어야 끝내고 돌아간다. 이렇게 하기를 8월 보름까지 하고 그 성과를 따져서 이긴 쪽과 진 쪽을 가리니 그것은 일 잘하기 경기였다. 진 사람 집에서는 술과 음식을 차려서 이긴 사람들을 대접했다. 그 자리에서는 노래하고 춤추며 갖가지 놀이도 벌이는데 이것이 '가위놀이'였다."
고 전한다. 이렇게 한국 여성의 근로습속(勤勞習俗)은 예로부터 축제를 벌일 만큼 생기에 차 있었으며, 그러한 행사는 발전하고 보존

되어 오늘의 '한가위'라는 추석 명절을 즐기게 한다. 현재에도 시골 두메에서는 여성들이 신라 때처럼 누에를 치고 삼 삼기를 하고 베를 짠다. 또 면화(綿花)에서 따낸 솜으로 실을 뽑는데 이것을 물레질이라고 한다. 이 물레질은 부웅부웅 소리를 내며 돌아가는 물레바퀴에서 실을 뽑아 꾸리로 감는 것인데 시간이 오래 걸려서 한 집의 한두 여인이 해내기엔 지루하고 더딘 일이다. 그래서 물레질은 '품앗이'로 공동작업을 하게 된다. 품앗이는 말 그대로 일품을 앗는다는 뜻으로, 즉 서로가 일손을 빌리고 갚는 것이다. 한국의 촌락에서는 여성들의 노동을 임금을 주고 사는 예가 드물었으며, 품앗이라 해도 빌린 일손에 대해 대차(貸借)의 확연한 계산을 하는 것이 아니라 신의와 의리로서 노동의 협동을 해 나온 것이다. 이러한 품앗이는 현재도 한국 곳곳의 마을에서 여성들의 불문율의 협동작업으로 계속 전래되고 있다.

　농촌 여성의 노동으로 길쌈에 다음가는 작업은 방아찧기다. 요즈음은 현대식 정미기(精米機)가 보급되어 있지만 1930년대까지만 해도 방아로 곡식을 찧었으니, 지금도 두메 시골에는 디딜방앗간이 있다. 연자방아, 물레방아에 비하여 보다 널리 이용되었던 이 디딜방아는 대개 작은 마을에는 하나, 큰 마을에는 둘 정도가 있었는데, 이 방아질은 힘들고 시간이 걸리는 여성들의 고된 노동이었다. 보리 방아, 벼 방아, 고추 방아 등으로 추수기에는 밤을 새 가며 한다. 이런 밤에는 소나무 관솔불이든가 석유등을 켜 놓고 소위 밤방아질을 하게 되는데, 이것도 역시 서로가 품앗이로 하게 되므로 층층시하에 억눌려 일만 하고 지내는 젊은 농촌 여성들에게는 차라리 이런 밤이 흥겹기까지 하였다. 이 방아질 외에 맷돌질이라는 것도 있다. 둥글게 깎아서 만든 두 짝의 돌로 된 맷돌은 그 채를 잡고 혼자서 돌리는 것으로 콩, 팥을 가루로 만들고 급할 때는 벼 또는 보리의 껍질을 벗기기도 한다.

또 방아질, 맷돌질에다 절구질까지 합하면 옛날 농가에서는 탈곡(脫穀)·제분(製粉)의 작업이 여성의 손으로 이루어졌는데 실로 이것은 과중한 노동이었다. 그러나 한국 여성, 특히 농촌의 여성들은 이러한 수고를 가족의 봉양을 위하여 기꺼이 감내하여 왔다. 농업기구의 기계화가 대폭 보급된 오늘날의 농촌에 저러한 여성들의 육체적 혹사는 태반이 줄어들었지만 재래로부터 이어 온 한국 여성의 그 근면한 노동의 기풍만은 그대로 유지되고 있다.

여성의 오락

한국 여성의 대표적 놀이는 널뛰기와 그네뛰기다. 이 놀이들은 둘 다 약동하는 활달한 동작으로 이루어져 있다. 앞서 살펴본 대로 고대의 한국 여성이 남성과 대등하게 발랄한 생활을 누렸음에 비하여 중세 이후에는 내외법(內外法)과 노동에 얽매여 위축된 생활을 해 오는데 그것에 대한 반발로 좀 격렬하달 만한 이 놀이들이 성행해 왔는지도 모르겠다.

음력 정월 초하루부터 보름까지가 새해 명절인데 이때 여자들이 널뛰기놀이를 한다. 간혹 젊은 부인들도 섞이지만 대개는 7, 8세 소녀로부터 17, 18세까지의 처녀들이다. 사람이 디디고 설 만한 넓이의 길고 두꺼운 나무 널쪽 중간 밑에 짚단이나 가마니를 말아서 고여 놓는다. 널쪽 양쪽은 가운데를 고여 놓았으므로 30, 40센티미터쯤 뜨게 되는데 그 양쪽 끝에 두 명의 여자가 각각 올라서서 번갈아 발을 굴러 오르고 내린다. 장소는 바깥마당이 사용되기도 하나 양가(良家)에서는 대개 안마당을 쓰게 하였다. 그래서 널을 뛰는 두 여자가 공중으로 높이 솟을 때는 1, 2미터 높이까지 뛰어 솟아서 이때 여자의 몸매나 그 맵시를 담장 밖에서도 볼 수 있게 된다. 아름다운 색깔의 설빔 차림, 특히 처녀의 칠칠 늘어진 머리의 붉은 댕기와 부드러운 선의 치마폭이 맑은 하늘에 나부끼는 모습은 마을 총각들의 가슴을 설레게 한다. 또한 처녀들은 엄격한 '내외' 풍속으로 집 안에만 유폐된 생활에서 모처럼 담 밖의 세상을 넘겨다보고 또 자기 모습을 드러내는 흥분된 시간이기도 하였으리라. 오늘에 와서는 한국의 처녀들이 그런 폐색된 상황에서 벗어났지만 아직도 시골에서는 정초에 이 널뛰기놀이가 성행되고 있다.

그네뛰기는 널뛰기보다 한층 더 적극적으로, 장소부터도 공설(公設) 마당이나 야외로 정해진다. 5월 단오가 제철로 녹음이 싱싱한 들판의 큰 나무가 흔히 이용된다. 길고 굵은 새끼 밧줄을 두 가닥으로 높고 든든한 나뭇가지에 매어 늘이고 땅 쪽 끝에다 발판을 얹는다. 역시 젊은 부인네도 뛰지만 대개는 처녀들이 즐긴다. 발판에 올라선 처녀는 두 손으로 양쪽 밧줄을 잡고 천천히 발을 구르며 몸을 움직이기 시작하여 앞뒤로 흔들거리다가 나중에는 그넷줄이 공중에서 수평도 넘어 오를 만큼 날아오른다. 이 높이 또한 마을 총각들의 뜨거운 눈길을 모으게 한다. 한국의 대표적 고전소설인 〈춘향전〉에서 주인공 이도령과 춘향이 사랑을 맺는 계기도 이 단옷날의 그네가 마련해 준다.

"이날은 바로 오월 단옷날, 천중지가절(天中之佳節)이라 월매 딸 춘향이 시서(詩書), 음률이 능통하니 천중절을 모를쏘냐. 향단을 앞세우고 그네 뛰려 나올 적에 아름답고 고운 태도, 아장아장 흔들흔들, 장림 속 들어서니 황금 같은 꾀꼬리가 쌍거쌍래(雙去雙來) 날아든다. 섬섬옥수 넌짓 들어 그넷줄을 갈라 잡고,

'향단아 밀어라.'

한 번 굴러 힘을 주며 두 번 굴러 힘을 주니 나뭇잎은 몸을 따라

흔들흔들 오고 가고 녹음 속의 치마 바람결에 내비치니 구만장천 백운간(九萬長天白雲間)에 번갯불이 비치는 듯 선녀가 구름 타고 언덕 위에 내리는 듯 그 태도 그 형용 세상 인물이 아니었다. 이때 이도령 혼비중천(魂飛中天)하여 묻는다.

 '저 건너 버들가지 새로 오락가락 얼른얼른하는 게 무엇인지 자세히 보아라.'"(〈완판본춘향전〉에서)

 이것이 그네 뛰는 춘향을 멀리서 바라본 이 도령이 수작을 건네게 되는 직전의 장면이다. 이 〈춘향전〉의 연애 이야기를 어릴 적부터 들으며 자라나는 한국의 소녀들은 그네놀이에서 사랑의 정서를 저절로 맛보는 것이다. 이 외에도 부녀들이 공동으로 길쌈 경기를 벌이는 경상도의 '두레 길쌈'이라든가 호남 지방의 원무(圓舞) 형식의 여성 놀이인 '강강술래'라든가 또는 안동 지방에 전승해 오는 '놋다리밟기' 혹은 '인다리'로 불리는 한국 여성 특유의 놀이가 있지만, '널뛰기'나 '그네뛰기'처럼 오늘날까지 전국적으로 일반화되어 있지는 않다.

 이상 각 절(節)로 나누어 훑어본 대로 한국의 여성은 수천 년 이어져 온 민족의 역사 속에서 때로는 발랄한 생활을 누리기도 했고 때로는 쓰라린 수난을 겪기도 했고, 또 고유한 생활규범을 만들어 지니며 고된 근로에 감내하면서 그 속에서도 나름의 오락을 즐겨 온 것이다. 이러한 전통과 풍속 속에서 자라난 오늘의 한국 여성은 그 전통의 의미를 살려 가며 개방된 민주 사회에 참여하고 있다.

의례와 세시풍속

한국의 고유한 민속으로는 외형적인 것과 내재적인 것, 또는 사회적인 것과 가정적인 것 등 생활 전반에 걸쳐 여러 가지 양식과 전통이 있다. 그런데 그것들은 오늘날까지 보존 계승되어 오는 것도 있고 사회변천에 따라 쇠퇴 소멸한 것도 있으며 또 시대나 지역이나 신분에 따라 차이와 변이를 나타내고 있다.

그러나 여기서는 그 전반에 대해 언급할 수 없으므로 한국인 개인의 생애에 있어 가장 중요한 전기(轉機)마다 거행되는 의식의 통칭인 통과의례(通過儀禮)와 생활에 있어 공동으로 시행되는 연중행사인 통칭 세시풍속(歲時風俗)의 대략적인 것만 살펴볼까 한다.

통과의례

통과의례는 관(冠)·혼(婚)·상(喪)·제(祭), 네 가지로 구분한다.

첫째 '관례(冠禮)'란 어린이가 어른이 되는 의식으로서 요새로 말하면 성년식에 해당하는 것이다. 옛날 한국 소년 소녀들은 다함께 머리를 땋아 늘어뜨렸기 때문에 관례에서는 성인이 되는 상징으로 땋아서 내렸던 머리를 틀어 올려 남자의 경우는 관건(冠巾)을 씌우고 여자의 경우는 비녀를 꽂아 주는 의식을 행했다.

그 시기는 대체로 소년 소녀가 육체적으로나 정신적으로 성인이 되는 시기, 즉 15세에서 20세 사이에 각 가정의 결정에 따라 개인적으로 행해졌다.

그리고 이 의식을 집전(執典)하는 사람을 빈(賓)이라고 해서 학식과 덕망이 높고 가정적으로도 결함이 없는 사람을 택했으며, 특히 남자의 경우는 삼가례(三加禮)라고 하여 갓을 세 번이나 다시 씌우고 예복도 달리 갈아입히는 등 복잡하고도 엄숙한 절차를 밟았다.

또 집례자(執禮者)는 식전에서 축문을 낭독하는데,

"오늘로 길일(吉日)을 택하여 비로소 어른이 되는 그대는 이제부터 유치한 뜻을 버리고 어른으로서의 덕(德)을 이루라."

는 내용으로 어른이 된 의무와 권위가 강조되었던 것이다.

이 의식이 끝나면 가장(家長)과 함께 선조의 신주(神主)를 모신 사당(祠堂)에 참배하여 고제(告祭)를 올리고 그다음엔 집안에서 잔치를 벌인다.

이러한 관례의 의식이 행해지기 시작한 것을 문헌에서 보면 고려 고종(高宗) 16년(1229) 왕실에서 비롯하나 어느 때부터 일반에게 보급되었는지는 상고(詳考)할 만한 자료가 없다.

또 이 의식의 유래는 중국을 기원으로 하나 우리 신라의 화랑제도를 일종의 특수 계층의 성년식에 해당하는 것이라고 보는 학자도 있다.

그런데 조선 말엽에 와서는 조혼(早婚) 관습이 유행하면서 관례는 그 연령이 내려져 마치 결혼의 전제(前提) 행사처럼 되었고 점차 관례와 혼례가 동시에 이루어지게 되었다. 즉 지금부터 50년 전만 하여도 한국 가정에서는 자녀들의 육체적 성숙 여하나 그들의 의사는 무시된 채 부모들의 결정에 의하여 15세 전 또는 10세 전에 결혼을 하는 폐습이 얼마든지 있었으니, 사정이 이렇게 되면 혼례를 치르기 위하여는 자연히 머리를 틀어 올리고 어른이 되므로 관례는 생략되고 바로 혼례에 나아가게끔 된 것이다.

여기에다 더욱 남자는 을미년(1895) 단발령(斷髮令)으로 관례의 중심 의식인 머리를 올려 상투를 트는 그 두발이 없어졌으니 실질적으로 불가능해졌다. 이래서 관례는 현재 기록상의 유물이 되고 말았으며 지금은 서양식대로 '성년의 날'이 제정되어 있다.

'혼례'는 예로부터 육례(六禮)를 갖춘다고 일러져 납채(納采)·문명(問名)·납길(納吉)·납폐(納幣)·청기(請期)·친영(親迎)의 여섯 가지 절차로 되어 있었지만, 당초부터 일반 가정에서는 이 순서가 고스란히 이행되지는 않고 보통 혼의(婚議)·납채·납폐·친영 등 네 가지 절차로 거행되어 왔다. '혼의'는 신랑 신부 두 집이 서로 혼인을 하기로 합의를 보는 소위 약혼으로서, 이는 흔히 직업적인 중매가 나서는 경우가 많았으며 거의가 결혼 당사자들 의향은 도외시된 채 두 집의 어른들이 일방적으로 결정하는 것이 개화기까지의 관습이었다.

'납채'는 신랑 집에서 먼저 신부 집에다 신랑의 사주(四柱)와 함께 허혼(許婚)을 감사한다는 편지를 보내면 신부 집에서는 택일을 하여 회답을 보내는 것으로 양가는 이 사실을 각기 사당에 고했다. 그러나 이것은 표면상 절차로서 이미 중매인을 통해 두 집은 신랑 신부의 사주를 교환하여 궁합의 길흉(吉凶)을 점쳐 보고 나서의 결정인 것이다.

'납폐'는 결혼식인 '친영' 전에 신랑 집에서 신부 집에 채단을 보내면서 납폐문(納幣文)이라는 편지를 보내는 것으로, 채단의 다과(多寡)나 물목(物目)은 지방과 신분에 따라서 다르다.

다음은 혼례에서 가장 중요한 절차인 '친영'으로, 즉 신랑이 친히 신부를 맞이해 온다는 뜻이다.

신랑은 이날 아침 일찍 일어나서 사당에 혼인하게 된 사실을 고하고 아버지에게 인사를 하면 아버지는,

"이제 아내를 얻어서 종사(宗嗣)를 잇게 하라."
는 말과 간단한 훈시(訓示)를 내린다.

그 후 신랑은 예복인 사모관대(紗帽冠帶)로 차림을 하고 신부 집으로 향한다. 흔히 말이나 가마(신랑용)를 타며, 상객(上客)이라고 하여 신랑의 삼촌이나 친척 중의 중년(中年)이 한 사람 함께 가게 된다. 또 이 신랑의 거동은 그 신분이나 가문의 형세가 부귀함에 따라 시종과 마부 등 행렬이 호사스러웠다.

한편 이때 신랑을 맞게 되는 신부 집에서도 아침 일찍 사당에 고하고 부모께 인사를 하면 부모는 딸에게,

"삼가고 삼가서 규문(閨門)에 욕됨이 없게 하라."는 훈계를 한다.

이윽고 신랑이 신부 집 근처에 당도하면 신부 집으로 직행하지 않고 근처에 집을 빌려서 잠시 들어가 쉰다. 이 집을 '사처'라고 하는데, 요새도 시골에서 구식결혼을 할 때는 보통 이 '사처'에서 사모관대의 예복차림을 한다.

정해진 시간이 되면 안내역인 안부(雁夫)의 인도로 신부 집으로 가서 먼저 나무로 만든 기러기 목안(木雁)을 바친다. 이 기러기를 바치는 예식이 혼례에서 중요하기 때문에 혼례를 '전안례(奠雁禮)'라고도 하고 그것을 거행하는 장소를 '전안청(奠雁廳)'이라고 한다. 기러기는 금슬(琴瑟)이 두터운 새로 알려져 있기 때문에 이를 상징하는 것이다.

이 '전안례'를 좀더 자세히 설명하면, 신랑이 나무 기러기를 안고 식장인 전안청에 이르면 장인 될 주인이 먼저 대청에 올라가서 서편(西便)을 향해 서고 신랑은 서편 계단으로 올라가 북편(北便)을 향하여 기러기를 바닥에 놓는다. 그러면 주인을 모시고 있던 시자(侍者)가 기러기를 받는데, 요새는 흔히 장모될 사람이 받아서 치마에 싸 가지고 안방으로 들어간다. 이때 신랑은 장인에게 두 번 절

하는데 장인은 이에 답례하지 않는다. 이렇게 전안이 끝나면 가운데 큰상을 놓고 주례자의 지시로 신랑과 족두리에 원삼을 입은 신부가 마주 큰절을 하는데 이것을 '상견례(相見禮)'라 한다. 그리고 청실, 홍실을 드리운 '합환(合歡)'의 술잔을 신랑 신부가 돌려 마시게 함으로써 신부 집에서의 의식은 일단 끝난다.

그러고 나서 신랑은 말을 타고 신부는 가마를 타고 신랑 집으로 향하는데, 이때 신부는 수모(手母)가 안내하게 되며 이 행렬의 선두에는 초롱을 든 하인이 서고 다음은 신랑, 신부, 후행(後行)의 순서가 된다.

저렇듯 주요 의식은 대체로 신부 집에서 마치고 신랑 집에서는 잔치만 벌이는데 신부는 시집에 와서 시부모님을 비롯한 시댁 어른들께 첫 절을 하고 폐백(幣帛), 즉 선물을 드린 후 소위 큰상을 받는다. 또 혼례에는 모여든 축하객들의 민속적 유희가 곁들이는데 '폐백털기' '신방지키기' '신랑달기' 등으로 결국 잔치의 흥을 돋우기 위한 놀이다.

'상례(喪禮)'의 순서도 초종(初終)·염습(殮襲)·성복(成服)·문상(問喪)·치장(治葬)·반혼후(反魂後)의 제의(祭儀) 등 여섯 가지로 대별할 수 있으나 그 사이에 세세한 절차가 많다.

어느 사람의 운명할 시간이 다가오면 가족들은 그 병자를 정침(正寢)이나 대청으로 옮기고 자손이 모두 모여서 병자의 손발을 잡고 숨을 거두는 것을 지켜보는데, 이것을 '임종'이라고 하여 어버이의 임종을 못하면 큰 불효로 생각해 왔다.

이래서 완전히 숨이 끊어지면 망자(亡者)의 웃옷을 하인이 가지고 앞지붕으로 해서 용마루에 올라가 왼손으로 옷깃을 잡고 오른손으로 옷의 허리를 잡고 흔들면서 죽은 이의 주소와 또는 관직명과 이름을 부른다. 그리고 그 옷을 가져다가 시체의 가슴 위에 얹는다.

이것을 '고복(皐復)' 또는 '초혼(招魂)'이라고 하는데, 죽은 사람의 나간 혼을 다시 불러 재생시키려는 뜻이다. 이즈막에는 이것도 약식화하여 마당에서 그냥 초혼을 하고 옷만을 지붕 위로 던진다. '고복'이 끝나면 시체가 굳기 전에 반듯이 펴서 손발을 끈으로 묶어 놓고 풀솜으로 입과 코 등을 막고 시송판에다 짚단으로 만든 베개를 세 개 고이고 그 위에 시체를 놓는데 이것을 '수세 걷는다'고 이른다. 그러고는 홑이불로 시체를 덮고 병풍으로 우선 가려 놓는다.

한편 이때 자손들은 곡을 하고 머리를 풀며 비단옷이나 반지, 목걸이 등 장식품을 벗어(지금은 남자가 머리 풀 것이 없고 여자도 비녀를 사용하지 않으므로 나무비녀 쓰는 일이 없어졌다) 흰옷으로 바꾸어 입고 장례 준비, 즉 '발상(發喪)'을 서두른다. 그래서 장례의 각 직책이 정해지니 상주는 맏아들, 주부(主婦)는 죽은 사람의 아내가 되는데, 만일 맏아들이 없으면 장손(長孫)이 상주가 되고 미망인이 없으면 상주의 아내가 주부가 된다. 또한 상례를 주관할 호상(護喪)을 세우는데 친척이나 상주의 친구 중에서 상례에 밝은 사람으로 선정한다.

호상은 즉시 친척과 친지들에게 부고를 띄우는데 그 서식(書式)은 현재와 별반 차이가 없고 순 한문(漢文)투이며 발인일시(發靷日時)나 상주 외에 자손 이름이 기입되지 않았다.

이렇게 부고 발송이 끝나면 '염습(殮襲)'에 들어가는데 '습(襲)'이란 시체를 목욕시키고 일체의 의복을 갈아입히는 것이요, 염(殮)이란 시체를 묶어 관(棺)에 넣는 데까지의 절차를 이름으로, 옛날에는 습은 사망 당일, 소렴(小殮)은 그 이튿날, 대렴(大殮)은 3일째 되는 날에 행해졌으나 지금은 '염습'한다고 하여 준비되는 대로 한번에 해 버린다.

'염습'이 끝나면 상제들이 복제(服制)에 따라 상복(喪服)을 정식으로 입게 되는데 이것을 '성복(成服)'이라고 한다. 상제 복장의 대강을 들어 보면 베로 만든 건(巾)과 관(冠)을 받쳐서 머리에 쓰는데 이것을 효건(孝巾)이라고 하고 그 위에다 베에 종이를 붙이고 칡을 넣어 세게 주름을 잡아 만든 '굴건'을 새끼띠, 즉 수질(首絰)에 달아서 머리에 띠고 베로 만든 중단의(中單衣)를 받쳐서 제복(祭服)인 최복(衰服)을 입고 거기다 허리에 새끼띠, 즉 요질(腰絰)을 둘러서 맨다. 또한 무명으로 만든 바지저고리와 버선을 신고 '행등(행전)'을 매고 짚신을 신으며 상장(喪杖)이라 하여 대나무로 만든 지팡이를 짚고 여자들은 베로 만든 치마 '최상'을 입는다.

그러나 이것은 참최복(斬衰服), 즉 부조(父祖)나 남편 사망 시에 해당하는 상복이요, 모계(母系)나 삼촌, 형제자매, 일가친척들의 원근(遠近)에 따라 그 제복(祭服)이나 제기(祭期)가 다른데 대체로 그 베옷감의 질이 조악할수록 그 상례가 직접적인 것이 된다.

이렇게 성복을 한 후 저녁 제사를 마치면 조객(弔客)들의 문상을 받게 된다. 조객은 자기 집에서 상가(喪家)에 이를 때까지 일체 잡담 같은 것을 피해야 하며 조상의 순서는 조객이 시신을 모신 영좌(靈座) 앞에 나아가 분향 후 곡을 한 다음 두 번 절하고 상주(喪主)에게로 와서 절을 하며 조위(弔慰)의 말을 간단히 하면 상주는 울면서 맞절을 한다.

그사이 호상소(護喪所)에서는 풍수(風水)에게 의뢰하여 장지(葬地)를 정하고 '치장(治葬)'의 일시(日時)도 택해 둔다. 옛날에는 대부(大夫, 벼슬하는 사람)는 석 달, 선비는 한 달 만에야 장례를 지냈으나 지금은 3일, 5일, 길어야 7일이 보통이다.

그리고 발인 때도 그에 앞서 신주(神主)를 만들어 혼백과 함께 영좌에 두고서 상제들과 복제인들이 관을 이끌고 가묘(家廟) 사당에 고한 후 관을 내갔는데, 지금은 신주도 만들지 않고 혼백도 없이 지방(紙榜)으로 대신하는 것이 보통이요, 바로 관을 들고 마당에 나가 상여 앞에다 영좌를 만들고 발인제(發靷祭)를 지낸다.

그다음 상여에 관을 얹고 장지로 출발하는데 상여는 출발 전에 집을 향하여 두 번 절하며 이때 상제들도 울면서 그 상여에 맞절을 한다.

장의 행렬은 명정(銘旌)-영거(靈車)-만장(輓章)-공포(功布)-상여(喪輿)-운삽(雲翣)-불삽(黻翣)-상주(喪主)-무복지친(無服之親)-빈객(賓客)의 순서가 되며, 옛날에는 방상(方相)이라고 해서 여종(女從)이 앞에 섰으나 지금은 없어져 버렸다.

이때 장지에서는 벌써 광중(壙中)을 파서 묘지를 만들고 상여가 산에 도착하면 또다시 그 옆에 영좌를 설치해서 조객들의 조문을 받은 후 하관 시간이 되면 상제들이 상여에서 관을 들어내서 운반해다 광중에 넣는다.

하관이 끝나면 회를 섞은 흙을 먼저 넣고 다진 다음 보통 흙으로 덮어 다지고 광중이 다 메워지면 평토제(平土祭)를 지내는데 지방에 따라서는 '봉분'이 다 된 후에 이 제사를 올리기도 한다. 그리고도 상제들은 산에서 산역(山役)이 마쳐질 때까지 계속 영좌 앞에 서서 곡을 하며 조상을 받는다.

'치장'이 끝나면 장지에서 영거를 모시고 집에 돌아와 신주와 혼백상자를 영좌에 봉안하고 상주 이하가 모두 모여서 곡을 하는데 이것은 반혼(反魂)의 의식으로 반곡(反哭)이라고 한다. 그리고 시체를 땅에 묻었으므로 그 혼(魂)이 방황할 것을 염려하여 우제(虞祭)라는 제사를 지내는데, 초우(初虞)는 장례 당일 지내고, 재우(再虞)는 처음 맞는 유일(柔日), 을(乙)·정(丁)·기(己)·신(辛)·계(癸)에 지내며, 삼우(三虞)는 재우 뒤의 강일(剛日), 갑(甲)·병(丙)·무(戊)·경(庚)·임(壬)을 당해 지낸다. 그러나 지금은 대개 매장한 지 사흘 만에 묘소에 가서 제사를 지내고 이것을 삼우제(三虞祭)라 부른다.

또 이 삼우를 지낸 뒤 강일에 졸곡(卒哭)이라는 제사가 있는데 이것을 마치면 무시(無時)로 곡하던 것을 그치고 비로소 문상 왔던 사람들에게 사례문(謝禮文)을 보낸다.

이와 같은 초상(初喪)을 치른 지 1년 후 지내는 제사를 소상(小祥)이라 하고 2년 만에 거행하는 제사를 대상(大祥)이라고 한다. 이 대상까지가 상례(喪禮)에 속한다. 대상이 끝나면 신주는 가묘 사당으로 옮겨지고 영좌인 '상청'을 뜯으며 상제들은 그제야 상복을 벗는다.

옛날에 효자·열녀들은 대상 때까지 묘소에다 장막을 치고 그곳에서 침식을 했다 하니 그 효성의 지극함을 알 수 있다.

'제례(祭禮)'는 조상에 향한 제의(祭儀)와 그 밖의 산신(山神)·성황신(城隍神)에 대한 제의로 나눌 수 있으나 여기서는 조상에 대한 제의만을 언급하겠는데 이 조상 제사는 사당제(祠堂祭)·시제(時祭)·절사(節祀)·기제(忌祭) 등으로 분별한다.

첫째, 사당은 앞서도 말한바 조상의 혼백을 모셔 두는 곳으로 지금은 대부분 없어졌으나 옛날 한국 가정에서는 신앙의 본당이었다. 이것 역시 위에서 설명한 대로 사람이 죽으면 대상까지 다 상청 영좌에서 산 사람과 똑같이 조석(朝夕) 상식(常食)을 받들어 올리지만 대상이 지나면 신주를 사당으로 모시게 되는데 사당에는 4대조(四代祖), 즉 고조(高祖)까지의 신주를 모시고 그 이상은 '시제'나 '절사'로 받들게 된다.

그래서 이 조상신의 봉안처(奉安處)인 사당에 자손들은 가정의 사소한 일이라도 고했으니 관혼례(冠婚禮)를 비롯하여 관직의 승진·전보는 물론 심지어는 가장이 하룻밤 집을 비우게 되는 경우에도 반드시 그 이유를 사당에 고하고 출입을 했던 것이다. 그리고 초하루, 보름과 각 명절에는 주인이 성복(成服)하고 제사를 지냈다. 제사의 절차는 그 제물(祭物)의 배설(排設)에 이르기까지 일정한 형식이 있어 까다롭지만 결국은 산 사람 섬기듯 정성을 들이는 것이요, 제사를 드리기 위해서는 심신(心身)을 재계(齋戒)하고 부정(不淨)한 것을 오관(五官)에서 피해야 한다.

그다음 '시제(時祭)'는 본디 춘하추동 사계(四季)의 중간 달 정일(丁日)이나 해일(亥日)을 골라 고조(高祖) 이하 각 조상에게 사당에서 지내는 제사를 말함인데, 일반적으로 지금은 고조 이상의 조상신에게 1년에 한 번(대개 음력 10월) 산소에 자손들이 모여서 지내는 묘제(墓祭)를 시제라고 부른다. 이 묘제에 쓰는 제물은 그 가문에 제전(祭田)이 있어서 그것을 경작하는 사람이 준비하며 제사의 주관은 종손(宗孫)이 한다.

'절사(節祀)'는 고례(古禮)엔 없었다고 하나 한식(寒食)·추석 등 명절을 당하여 산소에 가서 지내는 직계 선조에 대한 제사로서 날이 궂으면 집안에서 제사를 지내고 산소에는 성묘만 한다. 그런데 이즈막에는 이 '절사'의 성묘가 유행하여 그날 묘소의 보수나 벌초가 행해진다.

'기제(忌祭)'는 대상인 2년상이 지나고 나서 그다음 해부터 망인(亡人)의 사망 전일(前日) 저녁에 지내는 제사로서 역시 이것은 고조까지만 지내므로 흔히 사대봉사(四代奉祀)라고 한다.

이상에서 약술한 관혼상제 사례(四禮) 외에도 한국인의 생애에는 여러 가지 축의(祝儀)가 있다. 탄생 1주년을 기념하는 첫돌잔치, 60의 회갑(回甲)잔치, 70의 고희연(古稀宴), 결혼 60돌의 회혼례(回婚禮), 벼슬하는 사람들에게 과거에 급제한 지 60돌인 회방연(回榜宴) 등이 그것이다.

세시풍속

 한국인은 오랫동안 음력을 써 왔기 때문에 양력을 공적으로 쓰게 된 오늘날에 와서도 명절이나 그에 따른 행사를 음력으로 따져 쇠는 관습이 있고 또 한국민은 농경생활을 위주로 하여 왔기 때문에 세시풍속도 그 중심으로 이루어졌다.
 먼저 정월 초하루는 '설' 또는 '설날'이라 하여 가장 큰 명절이다. 설이란 우리 고어(古語)로는 근신한다는 뜻이 있어 한자로 '신일(愼日)'이라 쓰는데, 한 해가 시작되는 날이니 몸과 마음을 삼가고 새로운 정신과 몸가짐으로 새해를 맞아 모든 소원을 이루고 재난을 막자는 데서 지어진 이름이다.
 이날 모든 사람은 일을 쉬고 누구나 제일 좋은 새 옷, 즉 '설빔'으로 갈아입고 온 가족이 일찍 일어나 먼저 조상에 대한 차례(茶禮)를 지낸 후 가족 어른들에게 새해 첫인사인 세배(歲拜)를 한다. 세배가 끝나면 차례를 지낸 세찬(歲饌)으로 식사를 한 후 이번에는 일가친척과 이웃 어른들에게 세배를 나선다.
 설날에서 열이틀 동안은 십이간지(十二干支)의 동물 명칭에 따른 여러 가지 행사가 있는데 예를 들면 소날인 축일(丑日)에는 소나 말에게 일을 시키지 않고 나물과 콩을 삶아 먹여서 수고를 위로하며, 용날인 진일(辰日)에는 주부들이 남보다 일찍 일어나 우물물을 길어 두려고 애쓴다. 이는 속설에 하늘에 사는 용이 이날 새벽 지상에 내려와 우물 속에 알을 낳는다고 되어 있어 그 용알이 든 우물물을 먼저 길어다가 밥을 지어 먹으면 당년 운이 좋아 풍작을 거두게 된다는 것이다. 또 '설'의 오락으로는 윷놀이, 연날리기, 널뛰기 등 놀이가 있으며 한편 손쉬운 점복(占卜)이나 입춘일(立春日)에 '축' 등을 써 붙인다.

정월 15일은 대보름이라고 하여 또 하나의 명절로서 그날 아침에는 온 가족이 부럼이라고 껍질이 단단한 밤, 호두, 잣, 은행 등을 까먹고 약밥, 오곡밥, '귀밝이술' 등을 먹고 마신다. 이것은 일 년 동안 건강에 대한 축원과 주술(呪術)로서 서체(暑滯)를 막기 위한 '더위팔기' 같은 장난도 하고 또 저녁에는 달맞이`, 다리밟기, 횃불싸움, 그 외에도 지신(地神)밟기, 줄다리기, 사자놀이, 산제(山祭), 동신제(洞神祭) 등을 지낸다. 이런 놀이들은 그해의 풍흉(豊凶)이나 화복(禍福)을 점치고 축원하는 축제 행사들이다.

2월 초하루는 대청소를 하고 농가에서는 머슴을 위로하는 날이다. '좀의 알떨이'를 한다 하여 집 안팎과 세간을 깨끗이 쓸고 닦으며 머슴들로 하여금 곧 들이닥칠 농사 준비를 앞두고 하루를 즐겁게 쉬게 하기 위하여 주인집에서는 주효(酒肴)를 차리고 머슴들은 농악을 울리며 하루를 노래와 춤으로 즐기게 한다.

또 대체로 2월 중에 한식일이 드니 이것은 옛날의 종교적 이유로 일 년에 한 번 궁중에서 새 불을 만들어 민간에 돌려 쓰게 하는데 거기에 앞서 묵은해에 써 오던 불을 금지하였기 때문에 그날은 불이 없어, 지어 두었던 밥을 찬[寒] 채로 먹게 되어서 한식일이 정해졌다고 한다. 중국 고사에서 나온 다른 전설도 있지만 그 유래야 여하간 한식에는 천지에 봄기운이 돌아 싹이 돋그 꽃이 피므로 옛일이 그리워지는 때라 이날은 조상의 무덤을 찾아가 제사를 지내고 그 분묘가 지난겨울에 상하고 헐었으면 이를 보수도 하고 개사초(改莎草)라고 하여 잔디가 잘 자라지 않았으면 덧입히고 그 둘레에 나무도 심는다.

3월 3일은 '삼짇날'이라 부르며 강남 갔던 제비가 옛집을 찾아 돌아온다고 한다. 이 무렵이면 날씨도 화창하고 산과 들에는 꽃들이 만발한다. 그래서 사람들은 무리를 지어 산수(山水)를 찾아 야유

회를 벌이는데 특히 한국 산에 많이 피는 진달래꽃 등으로 전을 만들어 즐겨 먹었으니 이를 화전(花煎)놀이라 한다.

4월 8일 '초파일'은 석가모니 탄생일로 처음에는 절간에서만 경축하던 것이 고려 이래로 일반 민속화된 명절의 하나가 되었다.

신도들은 뿔뿔이 각 절을 찾아 재(齋)를 올리고 연등(燃燈)을 하는데, 각 가정에서도 집안 아이들의 수효대로 형형색색의 등을 만들어 달아 신도들의 연등행렬이나 유등(流燈)행사에 호응한다.

5월 5일은 단오로, 활기 띠는 명절의 하나다. 음양설(陰陽說)에 의하면 기수(奇數)는 양수(陽數)요, 우수(偶數)는 음수(陰數)로서 양수가 겹치는 날인 가령 3월 3일, 5월 5일, 9월 9일 등을 가절(佳節)로 여겼는데, 그중에서도 단오는 햇빛이나 만물의 양기(陽氣)가 가장 강하고 왕성한 때라고 하여 천중절(天中節)이라고 불렀다. 또 이 날을 수리[戌衣]라고도 하여 쑥을 뜯어서 떡을 만들어 먹고 창포(菖蒲)를 삶아서 그 물에 머리를 감으며 그 뿌리로 비녀와 노리개를 만들어 가지는데 이것은 역시 구마기복(驅魔祈福)의 원시신앙에서 나온 풍속이다. 또 이날 남자들은 씨름대회를 하고 여자들은 그네뛰기 경기 같은 야외에서의 활발한 놀이를 벌인다.

6월 15일은 유두(流頭)라고 한다. 즉 '동유두목욕(東流頭沐浴)'에서 나온 약칭으로 맑은 개울을 찾아가 목욕을 하고 머리를 감으며 하루를 청유(淸遊)함으로써 한여름의 더위나 질병에 대비하려는 뜻이 담긴 날이다. 또 이 무렵에는 신채(新菜)가 나기 시작하므로 외, 참외, 수박, 풋과실 등을 따고 국수와 떡을 만들어 사당에 먼저 제사 지내고 먹는바 이를 유두천신(流頭薦新)이라고 하는데, 이렇듯 한국인은 조상의 은혜를 매사매시(每事每時)에 잊지 않는 추원보본사상(追遠報本思想)이 강했다.

7월 7일은 칠석(七夕), 하늘에 있는 견우성과 직녀성이 일 년에

단 한 번 만난다는 애처로운 전설의 날이다. 즉,

"천상세계의 견우와 직녀 두 별은 너무나 사랑에 빠져 각자의 소임마저 등한히 하므로 하느님은 그 책벌로서 은하수를 가운데 놓고 둘을 동서로 갈라놓았다. 그래서 두 별은 애타게 만나고 싶지만 은하수 때문에 마주 바라볼 뿐 어쩔 도리가 없었다. 이 딱한 정상을 안 지상의 까치와 까마귀들은 자진해서 일 년에 한 번씩 하늘에 올라가 은하수에 다리를 놓으니 이것이 오작교(烏鵲橋)요, 이래서 견우와 직녀는 사랑의 회포를 풀지만 그것도 잠깐 사이요, 새벽닭이 울고 동천(東天)이 밝으면 또다시 이별을 해야 한다는 사연이다."

저렇기 때문에 칠석날 지상에는 까치와 까마귀가 병든 낙오자 외에는 전부 자취를 감추며, 보통 이날 저녁에는 비가 내리는데 그것은 견우와 직녀가 상봉하는 기쁨의 눈물이요 이튿날 새벽에 비가 오면 그것은 그들의 이별의 눈물이라고들 한다.

이때는 대개 장마철이라 가정에서는 이날 의복이나 장서(藏書)를 내다가 일광소독(日光消毒)을 하고 처녀들은 바느질 솜씨가 늘기를 저 두 별에게 빌고, 소년들은 그들의 사랑을 제목으로 작시(作詩)놀이를 하는 풍속이 있었다.

8월 15일은 추석 또는 한가위[嘉俳日]라 해서 요새 말로 하면 추수감사절이다. 덥지도 춥지도 않은 때에다 달 밝은 가을밤이요, 거기다가 추수도 하게 되니 저절로 흥겨운 날이다. 이날은 설날과 같이 새 옷을 입고 신곡(新穀)으로 음식을 만들어 먹으며 일을 쉬고 즐기는데, 역시 각기 가정에서는 차례를 지내고 성묘를 한다. 한편 이날 오락행사로 옛날에는 남자는 활쏘기, 여자는 길쌈내기 등을 했으나 이즈막에는 씨름, 그네 등이 유행한다.

9월 9일은 앞에서 말한바 양수(陽數)가 겹친 그해 마지막의 가일(佳日)이다. 이때는 국화가 한창이므로 서로 완상회(玩賞會)를 열어 청하기도 하고 봄의 진달래꽃전과 같이 국화전에다 국화술을 만들어 가을의 미각을 즐기며 산간(山間)으로 단풍 구경을 나선다.

10월은 상달[霜月]로 제사나 굿이 성행하는 달이다. 대체로 보름을 전후하여 시제(時祭)를 지내고 길복 성주제(城主祭, 성주굿), 마제(馬祭, 馬日) 등으로 각 가정의 안택(安宅)을 비는 제사와 굿을 한다.

이 굿은 물론 원시종교적 행사이기도 하지만 한편 오락적 기능도 크게 작용하고 있으니, 즉 평시에 일에 쫓기고 외출을 못하던 한국 부녀자들에게는 굿 구경 다니기가 큰 향락이요, 취미였던 것이다. 또 이달은 한국의 빼놓을 수 없는 상용부식(常用副食) 김치를 담그는 달이기도 하다.

11월에는 동지(冬至)가 든다. 즉 밤이 가장 길고 낮이 가장 짧은 날로서 11월을 가리켜 동짓달이라고 부른다.

동짓날에는 어느 가정에서나 아침식사는 팥죽을 쑤어 먹는데 역시 먼저 사당에 바쳐 차례를 지내고 팥죽을 방, 마루, 광 같은 데 한 그릇씩 떠다 놓고는 대문이나 벽 같은 데는 수저로 떠서 뿌린 후 그다음에들 먹는다. 이렇게 하는 것은 팥죽의 붉은빛을 사귀(邪鬼)들이 무서워한다고 여기는 데서 나온 것이다.

12월 말일은 '섣달그믐' 또는 제석(除夕), 제야(除夜)라 부른다. 지난 일 년간 거래(去來)의 종결을 짓는 날이니 빚 갚기, 빚 받기 등 모두 이날을 넘겨서는 안 된다. 그리고 설을 준비하는 날이니 남자들은 집 안팎을 청소하고 주부들은 설빔, 세찬 준비를 마치며 저녁에는 사당에 절하고 또 연소자들은 가족 어른들에게 해를 보내는 인사를 드리는바 이것을 묵은세배라고 한다.

또한 이날 밤에는 방·정지·부뚜막·곳간·변소 할 것 없이 집안 구석구석에 불을 밝혀 놓고 될 수 있으면 자지 않고 날을 새우는데 이것을 수세(守歲)라 한다. 이렇게 하는 것은 속설(俗說)에 부엌을 맡은 조왕신(竈王神)이 이 밤, 사람이 자는 동안 하늘에 올라가서 옥황상제(玉皇上帝)에게 자기네 집의 지난해 동안의 과실(過失)을 고해바쳐 벌을 주게 하기 때문에 그 귀신이 하늘로 올라갈 틈을 주지 않기 위해서라고 한다.

그래서 흔히들 어린이들에게 섣달 그믐밤 잠을 자면 눈썹이 희어진다고 위협 비슷한 말을 하는데, 그래도 잠자는 애가 있으면 그의 눈썹에 백분(白粉) 같은 흰 가루를 발라 놓고 설날 아침에 눈썹이 셌다고 놀려 준다.

한편 궁중에서는 섣달 그믐밤에 나례(儺禮)라 해서 신라 때의 처용 전설에서 유래한 가면무(假面舞) 의식이 있었는데 폭죽이나 대포를 쏘았다고 하며, 농촌에서는 매귀(埋鬼)라 하여 농악을 치며 각 집을 돌아다니는데, 이것은 모두 마귀를 쫓고 사해를 신성하게 맞이하려는 간절한 뜻이 깃든 행사다.

이상에서 한국의 의례(儀禮)와 세시풍속 대강을 훑어보았을 때 한국은 역시 동방예의지국이라고 칭송받을 만큼 예법이나 습속이 오히려 번거로우리만큼 발달했음을 알 수 있다. 또 그 내용에 있어서는 첫째, 추원보본사상이 강해서 조령(祖靈)을 숭상하고 부모효도를 하는 것이 개인생활의 근본이요, 둘째, 원시종교적인 신앙이지만 제화초복(除禍招福)의 행위로서 신의(神意)를 얻기에 노력하는 것을 곧 생활의 여가와 그 놀이로 삼아 공동으로 누려 왔음을 알 수 있다.

저러한 요소 속에는 중국 문물의 영향에서 온 범동양적(汎東洋的) 면도 있지만 한국인의 고유한 사고(思考)나 생활을 형성하는 데 결정적 요소가 되어 왔으니, 지금은 대부분이 쇠퇴하고 간소화되고 또 변혁되고 있지만 그 정신만은 우리 생활에 깊이 뿌리박혀서 살아남았다고 하겠다.

국악과 전승무용

국악

한국의 고대음악은 다른 민족들의 경위와 마찬가지로 원시적인 종교의식과 더불어서 발생했다.

기원전 한국 부족국가들의 거족적 제전(祭典)이었던 부여(夫餘)의 12월 '영고(迎鼓)', 고구려의 10월 '동맹(東盟)', 예(濊)의 10월 '무천(舞天)' 등에는 음식을 갖추어 놓고 온 나라 온 마을 사람들이 한데 모여 노래와 춤을 즐기었으며, 남쪽에 자리 잡고 있던 마한(馬韓)에서도 5월 파종(播種) 뒤나 10월 추수 후에는 신령(神靈)에게 제사를 지내는 풍습이 있었는데, 그때도 마을 사람들이 한데 모여 노래하고 춤추었다고 기록(《위지》)이 전한다.

그런데 저러한 원시음악의 악기로는 종교적인 제구(祭具)도 겸해서 영(鈴)·고(鼓)·금(琴)·적(笛) 등이 이미 사용되었던 것을 문헌의 여러 가지 간접적 기록으로 알 수 있는데, 이때 특히 변한(弁韓)에는 중국의 슬(瑟)이나 축(筑)과 다른 고유의 현악기가 있어 독특한 음률을 가졌다고 밝혀져 있다.

삼국시대 들어서는 중국을 비롯한 외국과의 교류가 빈번해짐에 따라 한국 음악의 현저한 발전이 이루어진다.

특히 고구려는 건국 역사가 오래고 국토 자체가 대륙에 연접(連接)해 있었기 때문에 중국과 서역(西域, 현재 중앙아시아로부터 서방

아시아 및 인도, 그리스 등도 포함해서 말함)의 악기와 그 연예(演藝)가 일찍 수입됨으로써 음악의 발달이 가장 앞서 있었다. 그래서 비록 악기는 주로 외래의 것이었지만 고구려 고유의 민족음악이 성립되었던 것으로, 수(隋)와 당(唐) 시대에 중국서 연주되던 본토 음악과 외국 음악의 종목 중 고구려 음악은 칠부기(七部伎)·구부기(九部伎) 등에 자리를 차지하게 되는데(《隋書》·《唐書》) 여기서 기(伎)란 노래와 춤, 경극(輕劇), 곡예(曲藝) 등 연예 전반을 뜻하는 것이다. 기록 《통전(通典)》을 보면 고려기(高麗伎, 고구려 연예를 칭함)에 사용된 악기는 20여 종이고 그 종목이 당초에 얼마나 있었는지는 모르나 점점 줄어서 당(唐)의 무후(武后, 624~705) 때는 25곡이 남아 있었다고 하며 그 악사들의 연주복장도 화려했던 것으로 세밀히 묘사되어 있다.

또한 고구려 음악의 특기할 것은 장수왕(長壽王, 재위 413~491) 때 재상인 왕산악(王山岳)에 의한 거문고의 발명이다. 그 유래의 전하는 바로는 당시 중국의 진(晋)나라에서 칠현금(七絃琴)을 보내왔는데 왕산악은 이것을 연구하고 나서,

"이 음률은 중국에 적합하지 우리나라에는 부적당하다."
고 여김으로써 그 칠현금과 재래(변진[弁辰, 변한]의 현악기)의 것 등을 참고하여 개조하고 스스로 곡을 창작하였다. 그런데 이 새 악기로 새 곡을 탔더니 검은 학이 날아와서 그 음악어 맞춰 춤을 추므로 그 이름을 현학금(玄鶴琴)이라 불렀는데 이것이 뒷날 줄어서 현금(玄琴), 즉 거문고가 되었다고 한다.

백제는 그 문화에 대한 기록이 적어서 음악도 많은 것을 알아내기 힘드나 대체로 고구려가 중국 북조(北朝)의 음악, 즉 서량악(西凉樂)에 영향을 받은 데 대하여 남조(南朝)의 음악. 즉 청악(淸樂)을 받아들였다고 보겠다. 그러나 백제 음악도 중국의 송(宋, 420~

478), 북위(北魏, 386~534), 북주(北周, 557~581) 등 여러 나라에 고구려악 못지않게 소개되었던 것으로 미루어 보아 그 나름의 규모나 독창적 발달이 있었으리라는 것을 알 수 있다. 특히 백제의 악기 중 공후(箜篌)는 중앙아시아에서 수입된 아시리아식 하프로 인정되는데 이것이 일본에 전해져서는 '구다라고토', 즉 백제금(百濟琴)으로 알려졌다. 이 공후는 중국은 물론 고구려에서도 사용되었으나 백제 악기로 되어 있는 것을 보면 이 악기가 백제 음악에서 가장 중용(重用)되고 또 성행되었던 것으로 여겨진다.

또한 우리가 백제 음악을 논할 때 빼놓을 수 없는 것은 6세기 중반부터 백제의 악사들이 일본에 건너가서 음악을 가르침으로써 일본 음악을 개발하였고 특히 7세기 초(612)에는 미마지(味摩之)라는 백제인이 일본에 건너가서 기악(伎樂)을 가르친 점으로, 일본 기록(《日本書紀》)에 밝혀져 있다. 여기의 기악이란 중국 남부 오(吳)나라에서 수입된 불교 계통의 가면무용극으로 한국에는 후세에 '산대도감(山臺都監)놀이' 등에 전승되고 있다. 저렇듯 일본에 전해진 백제의 공후 두 개는 현재도 나라[奈良] 쇼소인[正倉院]에 보존되어 있으며 가면은 도다이지[東大寺] 등 여러 절에 보관되어 있다. 또한 당시 백제악(百濟樂)에 대한 일본에서의 우세를 엿보자면 나라시대 일본의 아악직제(雅樂職制)에는 고려악이 8명, 신라악이 4명인 데 비해 백제악은 26명이라고 규정되어 있던 것만 보아도 가히 짐작할 수 있다.

신라는 외국 문화를 고구려와 백제보다 늦게 수입하여 삼국통일 전에는 고유의 종교음악 〈도솔가〉와 같은 무악(巫樂)과 곡예(曲藝·보기[寶伎]·사자기[獅子伎] 같은 잡희[雜戲])와 각 지방의 민요 등을 포함하는 향악(鄕樂)만이 있었고 그 노래와 춤의 반주 악기도 가야금뿐으로, 외래 악기는 없었던 것으로 알려지고 있다. 이 가야금은 변한의 한 나라였던 가야(伽倻)의 가실왕(嘉實王, 550년 전후)이 중국의 쟁(箏)을 본떠 만든 것으로, 그 나라 이름이 붙여진 것이다. 그리고 가실왕은,

"여러 나라(지방을 뜻함)에 방언(方言)도 서로 다르거늘 음률이 어찌 같을 수 있겠느냐."

고 하면서 악사 우륵(于勒)을 시켜 12곡을 짓게 하였는데, 그래서 이 곡들은 음악의 지방색을 살렸다는 것이다.

가야국이 망하자 우륵은 가야금을 가지고 신라 진흥왕(眞興王, 재위 540~576)에게 투항하였다. 왕은 이를 받아들여 국원(國原, 지금의 충주)에 편안히 살게 하면서 법지(法知)·계고(階古)·만덕(萬德) 세 사람에게 노래와 가야금과 춤 등을 전수케 하였는데, 그들은 뒤에 우륵의 12곡을 축소하여 5곡으로 만들어 이를 신라의 대악, 즉 궁중악으로 삼았다고 한다.

삼국통일 이후 신라는 고구려와 백제의 음악 유산을 계승하는 한편 동맹국이던 당의 음악을 도입하고 또한 불교의 융성과 함께 범패(梵唄)의 전래(830)로 음악의 다양한 발전을 크게 이루게 되는데, 또한 이를 잘 소화하여 민족적 특색을 살리고 있다. 이 시기의 악기로는 삼현(三絃: 거문고·가야금·비파)과 삼죽(三竹: 대금[大笒]·중금[中笒]·소금[小笒])이 중심이 되고 그 밖에도 박판(拍板)·대고(大鼓) 등 많은 악기들이 사용되고 있는데, 특기할 것은 거문고·가야금은 물론이지만 외래 악기인 비파도 향비파(鄕琵琶)라고 해서 개조변곡(改造變曲)을 했다든지 중국의 적(笛)도 대중소(大中小)로 변조해서 우리 음률에 맞게 창안(創案)한 점으로, 이 대[竹]로 만든 횡취악기(橫吹樂器)에는 신문왕(神文王)의 만파식적(萬波息笛)과 같은 전설이 따르기도 한다. 신라의 저명한 음악가들로는 앞에서 소개한 우륵과 그 세 제자를 비롯하여 산속에 숨어 거문고를 연구

하기 50년 만에 신조(新調) 30곡을 지었다는 옥보고(玉寶高)와 그 계승자 속명득(續命得)·귀금(貴金)·안장(安長) 등과 또 떡방아 찧는 소리를 음률화하여 대악(碓樂)을 만들었다는 속칭 백결 선생 등이 있어 오직 음악예술에 생애를 외골수로 바친 갖가지 일화들을 남겨 놓고 있다.

이러한 신라 음악의 후세에 알려진 곡목 수로는 거문고에는 평조(平調)·우조(羽調) 두 가지에 187곡, 가야금에는 하림조(河臨調)·눈죽조(嫩竹調)에 185곡, 비파에는 궁조(宮調)·칠현조(七絃調)·봉황조(鳳凰調) 세 가지에 212곡이 있었고, 적(笛)에는 평조(平調)·황종조(黃鍾調)·이아조(二雅調)·월조(越調)·반섭조(般涉調)·출조(出調)·준조(俊調) 등 칠조(七調)에, 대금(大笒)이 324곡, 중금(中笒)이 245곡, 소금(小笒)이 298곡이나 있었다(《삼국사기》)고 하니 비록 그 음곡이 하나도 전해지지 못해 유감이지만 그 시대의 음악의 융성을 알 수 있다.

또 신라에는 진흥왕 때부터 정부에 음성서(音聲署)라는 기관을 두어 조하(朝賀)·연례(宴禮)·제향(祭享) 등의 음악을 맡아 보았는데 그 후 역대조(歷代朝)에서 이름은 바뀌고 허다한 변천을 거듭하여 오늘의 국립국악원의 창시가 된다. 한편 당시 선량(選良)들의 수양단체인 화랑도에는 음악이 그 덕목의 하나로 장려되어 벌써 이때 화랑들의 지방 순회음악회가 열렸다 한다. 또 그 화랑들이 주재하는 국선도(國仙徒, 풍류도)의 팔관회(八關會)는 민중적 최대의 음악행사이기도 하였다.

고려 음악은 초기에 있어선 신라로부터 물려받은 향악이 주류로서 국가적 행사인 팔관회나 불사(佛事)인 연등회(燃燈會)에서는 그 의식이 끝나면 전래의 가무백희(歌舞百戱)를 즐긴 것으로 전해진다. 그런데 예종(睿宗, 재위 1105~1122) 때 중국 송(宋)의 대성아악

(大晟雅樂)이 그 악기와 함께 들어온 후부터는 유교의 진흥과 더불어 아악의 전성시대를 이룬다. 그래서 고유 악기나 작곡에 거의 창안은 없고 오직 악장(樂章, 건국[國祖] 찬가)과 가사(歌詞)의 창작, 악제(樂制)와 그 편성에 정비와 발전을 본다.

그래서 고려 음악은 아악·당악(唐樂)·향악(鄕樂)으로 구분되는데 아악은 중국의 정악(正樂), 즉 궁중에서 제례나 연회 때 쓰는 음악을 가리키고 당악은 당송(唐宋)을 걸쳐 들어온 속악(俗樂), 즉 중국의 대중음악을 가리키며, 향악은 전래해 오는 고유의 우리 음악으로 당시의 것이 오늘날에도 악보로 전하는 〈풍입송(風入松)〉·〈야심사(夜深詞)〉·〈자하동(紫霞洞)〉·〈한림별곡(翰林別曲)〉·〈서경별곡(西京別曲)〉·〈정석가(鄭石歌)〉·〈가시리〉·〈사모곡(思母曲)〉 등 18곡이 모두 이 속에 든다. 그러나 이런 향악에는 중국 속악의 혼입(混入)이나 영향을 받은 것도 없지 않다.

조선은 건국하자 유교를 국교(國敎)로 정한 까닭에 예악(禮樂)이 국정(國政)의 요체가 되었지만 국초(國初)에는 태조의 창업(創業)을 찬양하는 악장(樂章)들과 약간의 무용곡이 이루어졌을 뿐 고려 음악이 거의 그대로 습용(襲用)되고 있었다. 그러다가 한국 역조(歷朝) 왕 중에 가장 위대한 군주로 추앙받는 세종(재위 1418~1450)에 이르러 국민문화 전반의 완비기운(完備機運)에 따라 아악기(雅樂器)의 국내 제작 및 개량 보완과 연주법 및 제도의 정비와 국풍음률(國風音律), 즉 향악의 창작과 기보법(記譜法)의 창안 및 악보의 간행 등 실로 한국 음악의 획기적 시대를 맞는다.

세종은 거문고를 잘 타고 스스로 작사 작곡을 하리만큼 음악에 정통하였을 뿐 아니라 당시 아악의 박연(朴堧), 향악의 맹사성(孟思誠) 같은 음악 전반의 천재들을 만나 저러한 대업(大業)을 이루게 되었다.

좀더 구체적으로 설명하면 아악의 정비는 그 창시(創始)인 주(周)의 제도에 오히려 본고장인 중국보다도 더 완벽을 기하기에 이르렀다. 향악의 창작으로는 첫째, 그때까지도 종묘제향악(宗廟祭享樂)으로 중국의 아악을 채용하던 것을 폐하고 정대업(定大業) 15성(聲)과 보태평(保太平) 11성(聲)의 신곡(新曲)을 만들어 이를 대체했다. 세종은 이보다 앞서,

"아악은 본래 우리나라 음악이 아니니 평소에 익히 듣던 음악을 제사음악으로 쓰는 것이 마땅할 것이다. 우리나라 사람은 살아생전에는 향악을 듣고 죽으면 아악을 연주하니 어찌된 셈이냐."(《세종실록》)

라고 말하여 민족 고유음악의 애호정신을 명백히 하고 있는 것이다. 이 외에도 〈여민락(與民樂)〉·〈봉래의(鳳來儀)〉·〈치화평(致和平)〉·〈취풍향(醉豊享)〉 등 여러 가곡이 이루어졌고 특히 저 가곡들의 가사인 《용비어천가》 등은 그때 창제된 한글(한문 가사도 있음)로 만들어졌다. 또 우리 음악사상 특기할 것은 정간보(井間譜)라는 기보법을 창안하여 그때까지 음의 장단(長短)을 표시하지 못하던 율자보(律字譜)와 육보(肉譜)를 대신함으로써 동양 최초의 유량악보(有量樂譜)를 갖게 된 점이다. 한편 각종 음악의 악보를 간행하는 등 이 시기로 아악의 토착화와 더불어 한국 음악의 독자적 면목을 갖추게 된다.

그 뒤 성종(成宗, 재위 1469~1494)에 와서는 한국 고유음악의 총집대성인 《악학궤범(樂學軌範)》 9권 3책이 저작되었는데, 이 책은 각종 음악의 이론과 제도, 성용(聲容, 가사와 무용을 말함)의 절차, 악기와 악복(樂服)의 제작법 등에 이르기까지 그림을 곁들여 가면서 소상하게 설명한 음악서로, 한국 최고의 악전(樂典)일 뿐 아니라 동양 고전음악의 가장 구비된 문헌인 것이다.

조선 중엽 이후부터는 민간음악으로 상류층에는 가곡(歌曲), 가사(歌詞), 시조(時調)가 가악(歌樂, 즉 성악[聲樂])으로서 확립되고 일반 서민층에는 판소리와 각 지방의 잡가, 민요 등이 대두되어 오늘날까지 우리 대중음악에 큰 분야를 차지하고 있다.

이상으로 우리 국악의 발자취를 시대적 구분으로 개관하고, 이제 우리 국악의 현황을 살펴보면 먼저 국립국악원에 남아 있는 우리 아악의 악기와 악곡은 다음과 같다.

우리 악기의 분류법은 그 제조된 재료에 따르는데, 금속(金屬) 11종, 석속(石屬) 2종, 사속(絲屬) 13종, 죽속(竹屬) 13종, 포속(匏屬) 1종, 토속(土屬) 3종, 혁속(革屬) 18종, 목속(木屬) 3종, 합계 64종이다.

악곡은 제악(祭樂) 91곡, 연례악(宴禮樂) 112곡, 가곡 24곡, 가사 12곡, 시조 3곡, 합계 242곡으로 이것은 향악·당악·아악을 가산(加算)한 것이다. 이들 악곡에는 각 악기의 독주도 있고 합주도 있으며 관악·현악만이 따로 된 것도 있고, 행진곡·실내악·무용곡도 있고 3, 4분의 짧은 곡도 있으나 한 시간 이상 두 시간이나 걸리는 긴 곡도 있고 대합주의 교향곡도 있다. 앞서도 말했지만 한국의 아악은 그 본고장인 중국보다도 더 잘 계승 발전되어 오늘에 와서는 전 동양의 고전음악을 대표한다고 해도 결코 과언이 아닌데, 그 한 예로 중국의 세계적 석학 임어당(林語堂) 박사는 1971년 서울서 열린 국제 펜대회에 와서 우리의 아악과 무용을 보고 너무나 감격하여 눈물을 흘렸다고 술회하고 있다.

다음은 우리 민속음악으로서 첫째, 판소리는 조선 중엽 이후 남부 지방에서 발생한 창극조(唱劇調)의 음악으로 본래 열두 마당(12편)이 있었으나 현재는 〈춘향가〉·〈심청전〉·〈박타령(흥부가)〉·〈토끼타령(수궁가)〉·〈화용도(華容道, 적벽가)〉의 다섯 마당만 남아 있는데 〈춘향가〉·〈심청전〉 같은 것은 한 마당을 완창(完唱)하자면 4, 5시간씩이나 걸린다. 또 판소리에는 북이 유일의 반주지만 고수(鼓手)는 장단을 맞추는 외에 입으로 '좋지' '으이' '좋다' 등 이른바 추임새[助興辭]를 먹여 창자(唱者, 가수)의 흥을 돋우고 다음 구절을 유발하는 중요한 역할을 하는 까닭에 "일고수(一鼓手) 이명창(二名唱)"이라는 말마저 있다. 한편 창자는 노래를 하면서 '발림[科]', 즉 간단한 연기를 하고 '아니리[白]', 즉 내레이션을 섞어 가면서 극적 효과를 발휘한다. 간단히 말하면 한국 고유의 단역(單役) 오페라라고 할 것이다.

그리고 전승되는 한국의 대중가요로는 각 지방의 잡가, 민요 등인데 그 민요를 유형별로 보면 노동요(勞動謠), 길쌈요, 타령, 열녀가(烈女歌) 등이 있고, 한편 그 잡가와 민요에는 앉아서 부르는 좌창(坐唱)과 서서 부르는 입창(立唱)이 있다.

좌창은 서울의 12잡가를 비롯하여 공명가(孔明歌), 초한가(楚漢歌), 서도잡가(西道雜歌)와 대부분의 민요가 여기에 들고, 입창에는 서울 지방의 산타령, 서도입창(西道立唱), 남도의 보렴, 화초사거리, 그리고 민요로는 경복궁타령, 양산도, 방아타령 등이 있다. 특히 이 잡가나 민요는 각 고장의 풍토와 풍습, 또 그 고장 사람들의 생활감정에 의해 각각 특색을 지니니, '아리랑' 하나만 해도 경기도와 강원도 아리랑이 다르고 경상도 밀양아리랑과 전라도 진도아리랑이 다른 것이다.

또 대중의 기악(器樂)으로는 산조(散調)와 농악 등이 있는데 산조는 거문고나 가야금과 같은 현악기의 독주로서 진양조[緩], 중모리[中], 자진모리[速]의 삼악장 형식으로 된 소곡(小曲)들로 격정과 진정(鎭靜)의 대조로 '죄었다 풀었다' 하며 희로애락의 감정표현을 주로 삼고, 농악은 징·꽹과리·장구 등 타악기에 의해서 연출되는

리듬만으로 성립되는 음악으로 12채[變奏]가 있다.

이상의 대중 가악(歌樂)이나 기악(器樂)들은 저 삼한시대로부터 흘러 내려온 고유한 음악 전통과 그 정서 속에서 걸러지고 걸러져 자연적으로 발생되고 또 발전된 것으로서 우리 국악의 대가 성경린(成慶麟)의 말을 빌리면,

"한국민은 나무꾼 소년이 지게 목발만 두드려도 그것이 곧 흥겨운 '리듬'으로 나타나고 달구질을 해도 여기에 장단 맞춰 노래가 나온다."
고 한 우수한 음악적 감수성의 소산인 것이다.

전승무용

옛날 동양에서는 시가(詩歌)와 음악과 무용이 삼위일체가 된 것을 일컬어 악(樂)이라 하였다.

기록들을 보면 한국 무용은 부족국가시대 제천의식(祭天儀式) 때의 집단적인 합창에 더불은 군무(群舞)에서 비롯한다. 그 한 예를 마한의 풍속에서 보면,

"마한에서는 5월 파종 뒤와 10월 추수가 끝나면 신령에게 제사를 지내는데 무리를 지어 노래하고 춤을 추고 술을 마시며 낮밤을 쉬지 않는다. 그 춤은 수십 명이 함께 일어나고 서로 따르고 땅을 밟고 뛰고 내리고 손과 발이 서로 응하는데 그 장단은 탁무(鐸舞, 고대 중국의 그룹 댄스)와 비슷하다."《위지》
고 하였다. 이러한 가무(歌舞)의 형식은 오늘날에도 그 유풍을 농악에서 찾아볼 수 있는 바이다.

삼국시대에 이르면 무용은 좀더 본격적인 발전을 보아 고구려에는 지서무(芝栖舞)·호선무(胡旋舞)·고려무(高麗舞)라 이름 붙은 춤

들이 있었는데 이 춤들은 당나라 궁정에서 갈채를 받았다는 역사적 기록이 있다. 즉 당시(唐詩)의 거성들인 백낙천(白樂天)이 호선무를, 이백(李白)이 고려무(고구려무)를 시로 읊어 고대 한국 무용의 아름다움을 후세에까지 여실하게 전해 주고 있는 것이다. 참고로 이백의 〈고려무〉라 제(題)한 시를 번역해 보면,

    금화(金花) 절풍모(折風帽) 쓰고
    백마(白馬)로 더디 도네
    번득이는 너른 소매
    해동(海東) 새가 온 듯하이.

하고 간결미려(簡潔美麗)하게 묘사되어 있는데 이 시는 후에 춤을 추면서 병창(並唱)하게 되었다.

  백제에서는 특이한 무용이 발달하였던 것으로 앞서 음악에서도 언급한바 미마지는 오나라에 가서 기악을 배워 가지고 와서 우리 나라의 가면무용극 산대도감놀이를 창시하였을 뿐 아니라 이를 다시 일본에 소개하여 기악무(伎樂舞)를 전파케 하였다.

  신라에는 고유의 풍류도에 따라 향가와 아악 등을 만들었으며 거기에다 주술적 신앙을 가졌는데, 그것에 유래한 마귀를 쫓는 춤으로 뒤에 상술할 처용무가 오늘날까지 전승되어 한국 고전무용의 중요한 자리를 차지하고 있으며, 이 외에도 곡예에 속하는 오기(五伎, 최치원의 향악잡영[鄕樂雜詠])라든가 무무(武舞), 검무(劍舞) 등이 있었던 것으로 전한다.

  고려조는 그 초기엔 삼국시대 무용을 답습하였으나 송나라로부터 무악(舞樂), 즉 궁정연례용(宮廷宴禮用) 무용과 아악과 함께 일무(佾舞), 즉 궁정제례용 무용이 들어온 후부터는 음악에서처럼 중

국 고전무용의 풍미(風靡)시대를 이룬다.

　조선에 와서는 역시 세종 때 무악의 정리와 신작(新作)에 온 힘을 기울였고, 세조(世祖, 재위 1455~1468) 또한 이 보완에 힘써 국악편에서 전술(前述)한 성종 때에 만든 《악학궤범》에는 당악정재(唐樂呈才)와 향악정재(鄕樂呈才, 궁중무[宮中舞]도 음악에서처럼 이렇게 구별함)의 홀기(笏記, 양식과 절차)를 전부 실었을 뿐 아니라 무복(舞服, 무용의상)과 의물(儀物, 무용도구)까지를 그림으로 곁들여 소상하게 설명해 놓음으로써 그때까지의 궁중무용의 모습을 요연(瞭然)하게 전해 준다.

　조선 후기에 이르러 익종(翼宗, 순조 대리청정 1827~1830)은 한국이 낳은 희귀한 안무가로서 그가 세자 때 부왕과 모후(母后)를 위하여 만든 많은 정재(呈才)춤 중 춘앵전(春鶯囀)은 특히 유명하며 그 외에도 가작(佳作)이 20여 편에 달하는데, 이것은 국립국악원에 현존하는 정재춤 50여 종 중 그 반수가 된다.

　이상으로 간략하나마 무용의 발자취를 훑고 나서 이제 우리의 전승무용을 편의상 궁정무용인 고전무용과 대중의 민속무용으로 나눠 그 현황을 살펴보기로 한다.

고전무용

　재래의 궁정무용인 일무(佾舞)와 당악정재, 향악정재를 다 이 속에 포함하는데 일무는 궁중제사에 쓰는 군무(群舞)로 문무(文舞)와 무무(武舞)의 구별이 있어 문무는 영신(迎神)·전폐(奠幣)·초헌례(初獻禮)에 추고, 무무는 아헌례(亞獻禮)·종헌례(終獻禮)에 춘다. 그런데 공자(孔子)를 모신 문묘석전(文廟釋奠)에는 아직까지도 중국의 고식(古式)대로 거행되나 조선 역대 왕의 위패를 모신 종묘제향에는 세종 때 창작한 우리의 춤을 그 악곡과 더불어 사용한다.

다음 궁중무(연례[宴禮])는 순수한 춤만이 아니라 가창(歌唱)과 결합되어 있으며 당악무(唐樂舞)에는 반드시 선도역(先導役)인 죽간자(竹竿子)가 있고 또 한문으로 된 구호(口號)나 가사(歌詞)나 치어(致語, 내레이션) 등을 부르는데, 향악무(鄕樂舞)에는 죽간자가 없고 가창도 우리말로 된 것을 부르는 것이 특색이다.

현재 국립국악원에 보존되고 있는 궁중무는 고려무·포구악(抛毬樂)·처용무·무고(舞鼓)·춘앵전·봉래의 등 51종인데, 이 춤들은 삼국시대로부터 조선 말에 이르기까지 천여 년 동안의 유산으로서 오직 유감인 것은 이 궁중무가 장단(반주)에 아악만이 사용되는 점이다. 그러나 이것은 국악편에서 말한 대로 아악이라 하여도 중국으로부터의 답습만이 아니라 그 속에는 우리의 창작과 개작이 이루어져 우리 민족 정취에 맞게끔 하였으므로 이것 역시 우리의 예술자산으로 간주해도 무방할 것이다.

그러면 아래에 악앙무(樂仰舞)의 대표적인 두세 가지를 그 유래와 함께 소개해 보기로 한다.

'처용무'는 그 기원을 신라에 두고 궁중에서 섣달 그믐밤에 온갖 사신(邪神)을 쫓는 의식인 나례(儺禮)와 연례(宴禮)에 추어 온 괴이하고도 호방한 무용극이다. 동서남북의 사방(四方)과 중앙을 상징하는 파랑[靑: 동], 하양[白: 서], 빨강[紅: 남], 검정[黑: 북], 노랑[黃: 중앙] 의상을 입고 처용의 탈을 쓰고 무대에 나가 한 줄로 벌려 서거나 사방(四方)을 짓기도 하며 가창과 주악(奏樂)에 맞춰 춤을 춘다.《삼국유사》를 보면,

"처용은 신라 헌강왕(재위 875~886) 때 사람으로 그 아내가 매우 아름다웠다. 그런데 하루는 역신이 그 부인의 미모를 탐내어 사람으로 변용하고 처용이 없는 사이를 틈타 그 아낙과 정을 통하다가 외출에서 돌아온 그에게 발각된다. 그러나 호방하고 관대한 처용

은 그 불륜의 현장을 보고도 노여워하지 않고 다음과 같은 노래를 부르며 춤을 추면서 도로 방문 밖으로 나와 버리는 것이다.

> 동경(東京) 밝은 달 아래 밤새도록 노니다가
> 들어와 내 자리를 보니 다리가 넷이어라.
> 둘은 내 것이어니와 둘은 뉘 것인가?
> 본디 내 것이다만 이제 빼앗겼으니 어쩌랴.

이러한 처용의 태도에 역신은 너무도 감격하여 그의 앞에 본 모상이 되어 무릎을 꿇고 말하기를,
'당신은 제가 부인에게 저지른 못된 짓을 보고도 노하지 않으시고 그렇듯 너그러이 용서하시니 송구하기 그지없소이다. 그래서 저는 앞으로 당신의 형상을 그려 놓은 것만 보아도 그 문에는 얼씬도 않겠습니다.'
라고 하였다. 그 뒤로는 나라 안의 사람들이 처용의 형상을 문에 그려 붙여서 마귀를 쫓는 풍속이 생겼다."

이 설화는 신라에서 사악을 물리침에 있어서도 이를 풍류로서 대하였다는 예로, 이러한 유풍(遺風)과 그 정신이 궁중에서까지 존중됨으로써 무용화되어 역대로 실연(實演) 전승되어 온 것은 우리 민족의 인간관이나 예술관의 고유한 면목을 밝히는 데 하나의 중요한 재료와 근거가 될 것이다.

'무고'라는 춤에 대해서는 고려 충렬왕(재위 1274~1308) 시중(侍中) 이혼(李混)이 영해(寧海)에서 귀양살이할 적에 하루는 바다 위에 뜬 뗏목[浮査]을 얻어 큰 북을 만들었는데 그 소리가 굉장히 컸으므로 이 북을 두드리고 춤을 추기 비롯했으며 그래서 무고(舞鼓)라는 이름이 생기었다고 한다. 이 춤은 북을 앞에 놓고 원무(元舞)

4명, 그 뒷줄에 협무(挾舞) 4명이 처음에는 빈손으로 춘다. 다음 원무는 북채를 두 손에 들고 시종 북을 에워싸며 마치 꽃봉오리 위에 하늘거리는 나비 모양 어르고, 두드리고, 도는 동안 협무는 가화(假花, 造花)를 두 손에 들고 그 둘레에서 논(춘)다.

'봉래의'는 조선 세종대왕이 태조의 창업과 그 공덕을 추앙하는 뜻에서 친히 지었다는 춤이다. 죽간자 2명과 원무 8명으로 구성되는데 춤이 시작되고 끝날 때는 죽간자가 구호를 부르고 춤 중간에는 가창이 곁들인다. 특히 가사는 한글로 된 《용비어천가》의 여러 장(章)을 부르는데 가사의 한 절을 소개하면 이렇다.

"뿌리 깊은 나무는 바람에 아니 흔들리네, 꽃 좋고 열매 맺느니.
샘이 깊은 물은 가뭄에 아니 그치네, 내를 이루어 바다로 가느니."

민속무용

민속무용은 대체로 작자와 제작 연대를 알 수 없다. 그러나 그 내용이 일반 대중의 생활감정을 순수하게 표현한 점에서, 또 기법에 있어서도 고전무용의 획일적인 형식을 타파하고, 추는 사람의 개인적인 창의가 살려지는 점에서 보다 더 생생한 예술성을 지닌다 하겠다. 더욱이 고전무용이 호화로운 의상과 의물(儀物) 등으로 이념을 추상화하고 있음에 비하여 민속무용은 육체로 과감하게 생활을 구상화(具象化)하고 있다.

반주 음악도 매우 단순하고 소박한 것으로 보이나 거기에는 민중 속에서 우러나오며 맥맥이 흘러 온 고유의 선율들인 염불, 타령, 세마치 굿거리장단이나 남도(南道)의 진양조, 중모리, 자진모리 등 산조 장단의 전부와 무악계(巫樂系)의 살풀이장단 등을 모두 갖추고 있어 오히려 다양성과 생동력을 지니고 있다.

또 고전무용은 그 웅장한 구성과 아름다운 가창이 따라서 기교적이지만, 민속무용은 자연스러운 예술적 충동을 살려서 그저 멋지게 추어 넘기는 데 생명이 있는 것이다.

이러한 민속무용의 범위를 잡자면 한마디로 궁중무용이던 일무나 정재를 제외한 우리 전승무용의 전부로서 각 고장의 농악인 두레놀이를 비롯해 산대도감놀이, 봉산탈춤, 오광대(五廣大)놀이 등 가면무용극도 이 속에 들고 승무(僧舞), 살풀이춤, 한량무(閑良舞), 남무(男舞), 북청 사자무(北靑獅子舞), 강강술래, 안동(安東) 놋다리, 쾌지나칭칭나네, 배뱅이굿, 그리고 장구춤, 부채춤, 곱사춤 등 다채다양한데 그중에서 몇 가지만을 소개한다.

'산대도감놀이'는 백제가 중국에서 수입한 불교 가면극에서 연원하는 것으로, 산대(山臺)라 함은 가설무대를 뜻한다.

그래서 서울에 본거를 두었던 산대를 본산대(本山臺)라 하고 양주(楊洲) 지방의 것을 별산대(別山臺)라고 했는데 지금은 그 별산대인 양주 산대놀이가 원형(原型)을 전해 명맥이 이어져 온다. 여기에 사용되는 가면은 모두 22개로, 가면들이 형용하고 있는 것은 샌님(양반), 먹중(승려), 신할아비(첩오입쟁이) 외에 건달, 익살꾼 등이다.

내용은 지배계급인 양반에 향한 모욕과 타락한 파계승에 대한 풍자, 처첩(妻妾) 간의 갈등, 서민생활의 고통, 인생의 무상감, 사신(邪神)에 대한 배척 등이 주제가 된다. 대사(臺詞)와 더불어 북·징 등의 장단에 맞추어 추는 이 가면무는 서민생활의 고통이나 욕구불만을 발산시키는 데 적극적 방편이 되었을 것이다. 같은 계통의 봉산탈춤이나 오광대놀이도 주제와 악곡 등이 대체로 비슷하다.

'승무'는 춤은 민속무용과 고전무용의 기법을 함께 지니고 있어 한국 전승무용의 정화(精華)라 하겠다.

기원은 신라 혹은 고려인지 시대도 명확하지 않고 유서도 밝혀지지 않으나 불교의식 무용에서 파생한 것으로 짐작된다. 현재 추는

승무 내용을 보면 찬불(讚佛)이나 승려의 성스러운 수도생활이 표현되어 있지 않고 신앙이나 수도생활의 회의, 또는 그 내면적 갈등이 표현되어 있는데, 그래서 오히려 심화된 예술작품이라 하겠다. 여담이지만 이런 것을 해방 전 한때 불교 종단(佛敎宗團)에서는 승무가 반종교적이라며 무대상연금지 운동을 벌인 일까지 있었다.

이 춤은 흰 고깔에 흑장삼(黑長衫)을 입고 붉은 가사를 맨 황홀한 모습으로 추는데 춤의 중간과 끝에는 북을 두드린다. 여하간 앞서도 말한 대로 승무는 우리 무용기법이 집약된 춤으로서 승무를 체득하면 한국 무용의 일반을 이해한다고들 말한다.

또 '두레놀이'가 있는데, 두레라 함은 상고시대부터 내려오는 부락단위의 민간협동체로서 농악대를 두레패라고 한다. 오늘날도 이 두레패의 악무(樂舞)는 농촌 각 지방에서 명절과 모 심을 때와 추수기에 성행한다.

두레패의 편성은 마을마다 일정하지 않지만 대개 20여 명 내외이며 '농자천하지대본(農者天下之大本)'이라고 쓴 농기(農旗) 아래 모여 지휘자격인 상쇠재비가 이끄는 대로 뛰면서 발을 구르고 진(陳)을 벌이고 머리에 쓴 벙거지 끝에 달린 긴띠(종이)를 돌리며 손에 쥔 북, 징, 꽹과리, 장구, 손북, 자바라, 호적(胡笛) 등을 연주하면서 돌아간다. 이들의 흥취가 고조에 달하면 무동 서기의 묘기까지 벌인다.

'강강술래'는 전라도 특히 남쪽 해안 지방에서 달 밝은 밤을 가려 마을 부녀자들이 손에 손을 잡고 돌아가는 원무다. 강강술래의 후렴이 달린 노래를 합창하는데, 강강은 둥근 원을 만들어 돈다는 이 고장의 사투리요, 술래는 술래잡기, 즉 도적을 잡는다는 뜻이다. 처음에는 느린 장단으로 천천히 돌아가다가 흥이 오르면 노래도 율동도 따라 빨라지면서 한껏 춤이 난만(爛漫)해진다.

이 춤은 임진왜란 때 명장 이충무공(李忠武公)이 지방 부녀자들을 훈련시켜 사기를 돋우게 한 데서 비롯한다는 설이 있지만 그 기원은 오히려 먼 옛날부터 전해 온 민속놀이의 하나라고 여겨진다.

이상으로 한국의 고전무용과 민속무용을 간추려 살펴보았다. 이제 마금으로 한국 무용의 특성을 들어 보면, 첫째는 율동의 자연스러움으로 한국 무용에는 조작적인 기형의 과장된 동작이 없고 자발적인 흥취에 맡겨 자연스럽고도 균형 이룬 율동을 보인다. 둘째는 대체로 상체의 동작은 섬세하고 우아한 표현을 하고 하체의 동작에서는 발 구르기 등 약동적인 표현을 지니고 있어 부드러움과 강함의 조화를 이룬다. 그러한 특성이 한국 무용을 세계적 우수한 무용으로 상탄(賞嘆)을 받게 하는 것이다.

건국신화

어느 민족이든 그 첫출발은 흔히 신화로 장식된다. 그래서 신화는 곧 그 민족의 원시 공동생활의 소산이니만큼, 어찌 보면 황당무계하기만 한 이야기 가운데도 그 민족의 원초의 생활과 지식과 꿈(이상)이 반영 묘사되어 있다. 한국 민족에게 기록으로 전승해 오는 신화 중에는 이스라엘의 창세(創世)신화나 노아 홍수신화, 그리스의 개벽설화(開闢說話) 같은 우주신화는 없고 민족시조(始祖)들의 탄생이나 창업을 서술한 국조(國祖)신화만이 남아 있다.

이와 같은 현상은 그러한 우주 창세 신화가 우리에게 아주 없었다거나 우리 신화 자체가 빈곤해서라기보다는 첫째, 고대문헌의 유실에서 오는 기록상의 빈곤이라 하겠으니 왜냐하면 아직도 민간에 전승되고 있는 구비설화라든가 또는 저 신라시대의 전설·민담의 풍성을 엿보게 하는 《삼국유사》의 기록들만 보아도 우리의 고대신화가 좀더 다양 찬란했을 것이 능히 짐작되고도 남는다. 그런데 그것들이 문자상으로 정착 보존되지 못한 또 하나의 사정으로는 당시 이를 기술할 수 있는 사람이란 곧 한학자들이었기 때문에 그들의 유교로 인한 합리주의적이요, 현실주의적인 사상이 저러한 신화를 도외시하였거나 변질시켜 놓았기 때문에 더 많은 것들이 절멸되었으리라고 생각된다.

한국사에 전승되고 있는 국조신화의 중요한 것들을 쳐들면 신시(神市)시대의 단군신화(檀君神話), 고구려의 주몽(朱蒙)신화, 신라의 혁거세(赫居世)신화, 석탈해(昔脫解)신화, 긴알지(金閼智)신화, 그리고 가락(駕洛)의 김수로(金首露)신화와 고려의 왕건(王建)신화 등 일곱 가지다.

그중 신이 주인공이 되고 있는 엄밀한 의미의 신화는 단군신화로서, 오랜 역사를 통하여 그 주인공은 유일의 민족신으로 숭앙되어 올 뿐 아니라 그 신화의 내용은 한국 민족의 사상이나 정서나 생활의 바탕을 이루고 있으며, 나아가서는 한국민에게 천부적 우수민족으로서의 자각과 결속과 긍지를 부어 왔다.

단군신화에 관한 문헌으로는 《삼국유사》를 비롯하여 《제왕운기(帝王韻紀)》, 《응제시주(應製詩註)》, 《고려사(高麗史)》, 《세종실록(世宗實錄)》, 《신증동국여지승람(新增東國輿地勝覽)》, 《동국통감(東國通鑑)》 등인데 거기에 나타난 기록은 지극히 단편적일 뿐 아니라 더 옛날 전적(典籍)들의 인용으로 그 출전(出典)을 제가끔 밝히고 있지만 현재로선 어느 시대 어떤 저술인지 알 길이 없다.

여기에 소개하려는 《삼국유사》의 기록만 해도 물론 원전(原典)이나 원문 전부가 아닐 뿐 아니라 저자 일연(一然)이 승려이기 때문에 불교적으로 덧붙이고 고치고 빼서 그 원형이 훼상되었겠지만 그래도 우리나라 민족신화에 관한 가장 오래된 문헌으로서 절대적인 가치를 지니고 있다. 이제 한문으로 된 그 원문을 국역(國譯)하면 다음과 같다.

"고기(古記)에 이르되 옛날에 환인(桓因, 제석[帝釋]을 말함이다)의 서자(庶子) 환웅(桓雄)이 뜻을 천하에 두고 인간세상을 탐내었다. 이를 안 아버지가 삼위(三危) 태백(太伯)을 내려다보니 가히 홍익(弘益)인간 할 만하므로 천부인(天符印) 세 개를 주어 보내서 다스리게 하였다. 환웅이 무리 3천을 거느리고 태백산 마루(지금의 묘향산) 신단수(神壇樹) 아래 내려와서 그곳을 신시(神市)라고 하였으니 바로 이분을 환웅천왕(桓雄天王)이라 한다. 그는 풍백(風伯)과 우사(雨師)와 운사(雲師)를 거느리고 곡(穀)·명(命)·병(病)·형(刑)·선악(善惡) 등 무릇 인간의 360여 사(事)를 주관하여 세상을 다스리고 가르쳤다. 그때에 한 곰과 한 범이 같은 굴에 함께 살고 있었는데 항상 신성한 환웅에게 빌기를 사람이 되게 하여 주십사고 하였다.

이에 그는 그들에게 신령스러운 쑥 한 엮음과 마늘 스무 개를 주면서 이르기를 '이것을 먹고 백날 동안 햇빛을 보지 않으면 사람이 될 수 있으리라' 하였다.

곰과 범은 그것을 받아먹었는데, 곰은 기(忌)를 잘 지키기 삼칠(三七)일 만에 여자가 되고 범은 이를 지키지 못하여 사람이 되지 못하였다.

여자가 된 곰은 혼인해 주는 이가 없으므로 때마다 신단수 아래 가서 아이 배기를 비니 환웅이 사람으로 화신(化身)하여 그녀와 결혼함으로써 아들을 낳으니 그를 이름 하여 단군왕검(檀君王儉)이라 하였다. 그는 당나라 요임금이 즉위한 지 50년인 경인(庚寅)년에 평양성에 국도(國都)를 정하고 비로소 국호를 조선(朝鮮)이라 일컬었다. 단군은 그 후 도읍을 백악산(白岳山) 아사달(阿斯達), 또는 궁홀산(弓忽山) 금미달(今彌達) 등지에 옮기면서 어국(御國)이 1500년에 달하였더니 주(周)나라 호왕(虎王)이 즉위하여 기자(箕子)를 조선왕에 봉하매 그는 마침내 장당경(藏唐京)이라는 곳에 옮았으며 그 후에 다시 아사달에 돌아와 숨어 있다가 산신(山神)이 되었는데 그 수명이 1908세였다."

우선 이야기의 줄거리를 따라 이 신화에 쓰인 중요한 단어나 숙어나 어구가 지니는 의미를 민속적 또는 역사적으로 음미해 보자.

고기(古記)에 이르되

이 신화가《삼국유사》작가의 창작이 아니고 고사의 기록을 인용하였음이 이로써 명백해지니 단군신화는 더 먼 옛날부터 우리 민족에게 전승되어 올 뿐만 아니라 문자로서 정착되어 있었음을 표시하고 있다. 앞서도 말한바 단군신화에 관한 모든 문들이 제가끔 그 출전을《고기(古記)》·《단군본기(檀君本紀)》·《단군고기(檀君古記)》·《단군기(檀君記)》등으로 밝히고 있는데, 이것들이 어느 때 것인지, 서로 별개의 저서인지 또는 동일한 저술의 이명(異名)인지 현재로선 알 수 없고 다만 그 인용된 내용이나 자구(字句)가 서로 비슷하므로 고대서적의 성질상 동일의 저술이 여러 사람의 손에서 손으로 전사(傳寫)되는 동안 오기(誤記)도 생기고 내용에도 개찬(改竄)이 일어났을 가능성이 짙다 하겠다.

환인(제석을 말함이다)

환인(桓因)이란 지금의 우리말 '하느님'에 해당하는 고대어를 한자로 사음(寫音)한 것이 틀림없다. 그래서 승려인 일연은 천상계(天上界)의 임금을 뜻하는 제석(帝釋)이란 불교적인 용어를 써서 주를 달았고, 유학도들의 저술인《제왕운기》나《세종실록》등의 단군신화 대목에는 환인에게 역시 하늘의 주재자(主宰者)를 뜻하는 한문용어 상제(上帝)라는 주가 붙여 있다. 또한 환(桓)의 자음(字音) '환'은 우리말로 광명을 뜻하므로 이것은 옛날 우리 민족의 태양신을 직접 표현하는 말이거나 혹은 그 숭배를 나타내는 말로 전문가들은 풀이하고 있다.

서자 환웅

보통 현대어로는 본실(本室)이 아닌 첩의 몸에서 난 아들을 서자(庶子)라고 부르나 여기서는 맏아들이 아닌 즉 몇째 아들이라는 뜻이다. 동양에서 오늘의 이르기까지의 관념으로는 맏아들은 그 부조(父祖)의 소업(所業)을 계승해야 하므로 하느님의 아들 역시도 맏이는 하늘나라를 계승해서 책임져야 할 것이니 인간세상으로 내려올 수 없다는 생각에서 이렇게 써진 것이리라. 그러니까 환웅은 하느님의 아들 중 하나로서 하늘나라보다 지상에 관심을 갖고 인격신(人格神)으로서 인간세상에 강림하는 것이다. 동북아시아 일대의 고대 농경사회에서는 이 우주를 하늘과 땅과 사람, 천지인(天地人)의 삼계(三界)로 구분하고 그 각계의 주재자로서 하늘에는 천신(天神), 땅에는 지신(地神), 인간세상에는 조신(祖神)을 믿고 받들었는데 그 조상신(祖上神)은 천신에 의하여 탄생한 인격신으로서 하늘에서 내려왔다고 믿었다. 한편 일부에서는 사회발달사적으로 보아 환웅의 웅(雄)을 '암'에 대한 '수'로 해석하며 이것을 모계사회에서 부계사회로 넘어가는 남성신(男性神)의 등장으로 여기기도 한다.

삼위 태백

삼위(三危)는 옛날 중국 서북쪽에 있는 명산의 이름으로 알려지고 태백(太伯)은 우리나라 도처에 있는 성산(聖山)의 명칭으로 태백의 태(太)는 '매우' '크다'는 뜻이요 '백(伯)' 혹은 백(白)은 원래 신명(神明)을 뜻하는 고어(古語) '볽은' '볽'의 사음(寫音)이다. 그러므로 백(白)자가 붙은 산은 성산으로서 우리 고대인들이 하느님과 인간의 교섭처로 생각하고 신앙의 대상으로 삼았다. 그래서 이러한 백산(白山) 중에도 최고의 산인 백두산(白頭山)이 태백의 현실적 위치로 정설(定說)이 되어 왔고 또 한편 이 백두산에 대한 고대 동북아시아 주민의 뿌리 깊은 숭배는 기록 도처에 나타나 있다. 물론 그 위치에 대한 이설(異說)이 분분하여 일연(一然)의 주대로 평북 영변(寧邊)의 묘향산이라고도 하고 혹은 오늘의 북만주 하얼빈(哈爾濱)의 완달산(完達山)이라고도 하고 여기의 쾌백을 관직명(官職名)으로까지 해석하는 학자가 있으나 앞뒤 문의(文意)로 보아 당시 우리 선민(先民)들의 활동무대인 서쪽 끝, 즉 삼위로부터 동쪽 끝, 곧 태백까지를 두루(내려) 살펴보았다는 해석이 타당할 것이다.

천부인 세 개

원시사회에 있어서 어떤 특정한 인물이나 씨족의 그 신령성을 표시하기 위한 징표물로서 특히 그 사회를 영도하는 인물에게는 그의 신위(神威)와 영력(靈力)을 나타내는 상징물이다. 이것은 각 나라 신화 전설과 무속(巫俗)에 흔한 바로서 오샛말로 하면 하느님의 신임장(信任狀)에 해당하는 것이리라. 우리 무속에는 예로부터 신물(神物)로 검(劍)·방울[鈴]·북[鼓] 등을 써 오니 천부인(天符印) 역시 그런 것이 아닌가 짐작된다. 또 자의(字意)로 보아서 필자의 한 가상으로는 저 '모세'의 십계명같이 세상을 다스리는 세 가지 원칙이 우리 원시의 글자로 표시된 것일 수도 있지 않을까 생각해 본다.

무리 3천을 거느림

한문글자 그대로 부하 3천 명을 인솔하였다는 말인데, 신화 그대로 해석하면 하느님의 아들인 환웅이 천상족(天上族)인 우리 조상 3천 명과 함께 하늘에서 내려오는 것이 된다. 이것을 역사학적으로 고찰하면 우리의 선민(先民) 환씨(桓氏)부족이 그 지도자 환웅의 영도하에 다른 지역으로부터 개척 이주(移住)해 왔음을 뜻한다.

신단수

고대 자연종교에서는 예배 장소로서 자연석 무더기나 토담을 만드니 이것이 곧 신단이다. 신단에는 신을 표시하는 신수(神樹)나 신역(神域)의 경계를 표시하는 신림(神林)을 가꾸니, 이것은 아직도 우리 민간에 남아 있는 풍습이다. 이러한 신단수가 원시사회에서는 제정(祭政)의 성지(聖地)로서 중요한 의의가 있다.

신시

천상족으로 자처하는 우리 선민들이 '어느' 땅에 '내려'와서 세상살림을 처음 차린 곳이니 신시(神市)라고 이름 지었음은 당연하다 하겠다. 따라서 우리 민족의 고향이요 우리 국가의 발상지인 것이다. 그리스의 올림포스 산정, 인도의 설산(雪山), 중국의 태산(泰山)이 그 민족의 성소(聖所)인 것과 다찬가지다.

풍백·우사·운사

신정체제(神政體制)에서 가장 높은 관직명으로 보는 것이 타당하리라. 그들은 아마 주술사로서의 면목을 갖추었을 것이다. 고대인에게는 일월성신(日月星辰)이나 산천초목과 같은 자연현상보다 그들의 생명과 생활을 직접 위협하는 질풍(疾風)·폭우(暴雨)·신뢰(迅雷) 등이 더욱 경이(驚異)와 외포(畏怖)의 대상이었다. 그래서 이 자연계를 조절하는 책임이 그 군장(君長)에게 지워져 있었음을 말해준다. 이것은 아직도 그 고을의 행정책임자가 기우(祈雨)·기양(祈陽)의 제주(祭主)가 되는 풍습으로도 잘 알 수 있다.

주곡(主穀)·**주명**(主命)·**주병**(主病)·**주형**(主刑)·**주선악**(主善惡) 등 **360여의 인간사**

신정국가(神政國家)의 원수(元首)인 환웅천왕이 정치에 기본이 되는 농업·생명·건강·법률·도덕의 5대 부문을 완전히 관장하고 있었음을 말함이요, 360여의 인간사(人間事)라 함은 일 년 내 빠짐없이 날마다 일어나는 인간만사를 다스리고 가르쳤다는 것으로, 정치의 구체적인 시행을 뜻한다. 또 360이란 숫자에서 이미 필자 일연은 태양력(太陽曆)을 알고 있었던 것으로 해석된다.

곰과 범이 같은 굴에 함께 살다

동북아시아의 원시 미개 부족들 사이에는 동물이나 식물을 신성시하고 이를 숭배의 대상으로 삼은 예가 많다. 그래서 특정 동물이나 식물을 자기의 씨족과 혈연관계가 있다고 믿어 이를 숭배·제사하는 한편 그것을 혈연단체의 칭호로 삼는 풍습이 있었다. 특히 고대 군사조직에 많이들 사용하였는데 오늘날에도 그 신앙의 내용은 변했지만 군대에서 맹호(猛虎)부대니 백마(白馬)사단이니 하고 이름 짓는 것이나 마찬가지다. 즉 저러한 소위 토템신앙의 두 부족이 환웅천왕이 건설한 신시 주변에 살고 있어 그들은 곰과 범을 숭상하고 그것을 자기들의 칭호로 삼았을 것이며 또 그들은 혈거부족(穴居部族)이었을 것이다. 저러한 미개 부족들이 우리 선민들과 동화되기를 원한 것이니(사람이 되기를 빌다) 흔히들 이것으로 우리 선민이 당시 곰과 범 토템을 지녔었다고 바로 추정하는 것은 잘못이고 우리 조상들은 이미 그때 월등 개화된 문화족으로 군림하였음을 이 대목으로 오히려 더 잘 알 수 있다. 오직 이 곰과 범의 비유 대목은 하느님의 아들 환웅에게 인솔된 우리 조상 천상족의 강세설(降世說)과 더불어 곰이 건국의 성모(聖母)가 되는 이 신화의 백미로서 신화의 다른 부분이 거의 합리적인 기록임에 비해 이 부분은 비교적 원시형태를 보존함으로써 이 신화의 유구성(悠久性)을 증명해 주고 있다.

쑥과 마늘과 기

고대 동양 사람들은 신을 비롯해 사람·동물·식물 등 만물이 상통하여 현실에서도 서로 다른 모양으로 바꾸어 변할 수 있다고 생각하였다. 이것이 동양적인 범신사상(汎神思想)의 원초적인 형태다. 이렇게 변화하는 데는 신령력(神靈力)의 주술이 필요하고 거기에는 어떤 마력을 가진 물질, 즉 주약(呪藥)이 사용되었다. 즉 곰·범 두 부족의 동화에 있어 행해진 주술적 의식에 사용된 주약이 곧 쑥과 마늘이었을 것이다. 지금도 이 쑥과 마늘은 민간요법에 사용되는 중요한 약재들이다.

그다음 기(忌)는 곧 금기(禁忌, 터부)를 말하는 것으로 원시민의 외포(畏怖)에서 오는 신앙적 금제(禁制)가 부족사회에 확대되어 도덕과 법률 또는 의례준칙(儀禮遵則)의 대용(代用) 또는 그 기원이 되었다. 그래서 역시 앞서 말한 인접(隣接) 부족을 복속 동화시킴에 있어 행해진 의식으로서의 심신재계(心身齋戒)의 준칙일 것이다. 한국 부인들은 지금도 해산(解産) 후 3·7일, 즉 스무날 동안 남들을 들이지 않고 근신하는 전통을 가지고 있으며 어린애가 백날이 되면 잔치를 벌이는 풍습도 있다.

사람으로 화신하여 결혼하다

논리상 하느님의 아들, 즉 신이 그대로는 지상족(地上族)과 결혼할 수 없으므로 결국 사람의 몸으로 변하여 결혼하였다는 것이다. 즉 선민(選民)의 군장(君長)으로서 새로운 피치자(被治者)가 된 곰족 출신과의 이족혼(異族婚)을 솔선 결행한 것을 상징하는 것으로 이것 역시 저 홍익인간의 이상을 몸소 실천한 것이 된다.

어국(御國)이 1500년

단군신화에 있어 이 대목부터는 신화라기보다는 역사적 서술에 불과한데 오히려 논리적으로는 앞서의 신화대목보다 모순을 더 가지고 비합리적이다. 그래서 어떤 학자는 단군신화가 본디 독립된 두 가지 자료로서 부자연하게 결합되었다고 본다. 여기 나라를 다스리기 1500년이라 함은 물론 단군 임금 개인의 치세(治世)기간이 아니라 단군조선의 사직(社稷), 즉 정권의 존속기간을 말함이다.

근세에 발견되어 단군신화를 오직 역사적 실기(實記)로만 보려는 학자들에게 주목을 받는 《단기고사(檀奇古史)》나 《규원사화(揆園史話)》 등에는 단군조선 역대 왕 47세(世)의 이름과 재위연한(在位年限), 그 치적(治績) 등이 밝혀져 있다.

산신

이것은 우리나라 고래(古來)부터의 주신(主神)을 유일신(唯一神)으로 한 독특한 다신관(多神觀)에 유래하는 것으로 산신(山神)은 산악(山岳) 숭배에서 오는 국토수호신적 성격을 갖는다. 그래서 민족의 시조가 산으로 내려왔고 그 산에서 탄생한 국조(國祖)는 산으로 돌아가 이 지상에 영생불사(永生不死)하면서 이 민족과 국가를 가호(加護)한다고 믿고 바라는 것이다.

수명이 1908세

이것 역시 앞서 말한 대로 비상식적이지만 단군임금이 나라를 다스리기 1500년이라 하였으니 그것을 합리화한 숫자가 아닌가 한다. 이러한 시조들의 수명의 과장은 동양의 전설은 물론 서양에도 그 예가(구약[舊約] 등) 얼마든지 있다.

이상으로 신화에 나타난 어구나 문맥을 민속적 역사적으로 고찰해 볼 때 우리 민족이 원시시대부터 지녀 온 여러 갈래의 전설의 요소가 하나로 응결되어 국조의 단군신화로 성장 발전된 것이 명백하다. 또한 그 발전 과정에는 여러 가지 고유의 민족사상이 짜여 넣어졌을 것도 넉넉히 짐작이 간다.

그러면 이제 단군신화의 구성요소에 나타나는 고대 한민족에게 움터 있는 사상이나 그들이 만들어 낸 이념의 지향은 어떤 것이었는지 종합 정리해 보자. 그러나 신화는 원래 그 민족의 세계관이나 인간관이나 사회관이 미분화(未分化) 상태로 있는 것이므로 이것을 개별 사상으로 분류하기 어려운 일이요, 또 이 글에서는 그럴 필요도 없어 오직 이 신화에 제시된 우리 선민(先民)들의 의식(意識) 내용이나 사상의 특성을 그 어떤 학문적 방법과 체계를 갖추지 않고 추려 본다.

첫째는 무엇보다 먼저 이 신화는 우리 민족과 국가의 신성성(神聖性)과 그 우월성을 과시하고 있다. 즉 한국의 시조 단군은 인간으로서 특출한 영웅이나 위대한 인물이 아니라 하늘에서 내려온 천자(天子)의 아들, 즉 천손(天孫)이며 우리 국민 역시도 하늘에서 함께 내려온 간선(揀選)받은 민족이라는 민족자존사상이 제시되어 있다.

둘째는 이 신화의 골자로는 알타이족의 하나인 우리 선민들이 동진(東進)하여 백두산을 중심으로 만주와 남쪽 한반도를 합한 큰 영토에서 이부족(異部族)과의 정치적 사회적 통합으로 민족 최초의 통할권을 형성하여 가는 역사적 사실이 반영되어 있다. 그런데 보편적으로 이러한 이주개척형(移住開拓型) 설화에는 무력적 투쟁과 정복이 이야기의 줄거리가 되며 또 그러한 성격을 띠는데 단군신화는 오직 농경민으로서의 구체적인 개척과 이부족과의 교혼(交婚)에 의한 동화(同化)가 이루어진다. 이것은 곧 우리 민족성 자체의 온건 유화한 성격과 평화애호정신을 나타내고 있는데 우리 역사상에는 자진해서 다른 민족을 무력으로 침략한 적이 한 번도 없다는 사실이 이를 반증해 줄 것이다.

셋째는 이 신화의 비유 속에서 가장 흥미로운 것은 하느님의 아들 환웅도, 짐승인 곰이나 범도 다같이 인간세상을 탐내고 부러워함으로써 인간이 되는 것이다. 이것으로서 우리 민족의 고유한 긍정적인 인간관, 즉 인본주의적(人本主義的) 사상을 엿볼 수 있다. 더욱이나 이런 신적(환웅)인 것과 동물적(곰)인 것과의 조화(교혼)로써 이루어진(탄생) 인간이, 즉 인간의 이상상(理想像)이라는 점, 또 그 동물적인 것에다(곰에게) 금기를 부여함으로써 '초극(超克)하여야 할 존재'(니체)로서의 인간관이 표시되어 있는데 이것은 현대적으로 보아도 인간 본질의 진수(眞髓)를 찌른 것이다.

넷째, 이 신화에는 원시적인 '애니미즘' '샤머니즘' '토테미즘'적 요소나 그 잔영이 남아 있고 또 불교, 유교와 도교의 색채마저 혼합되어 있다고 보여진다. 그런데 앞서도 말한 우리의 독특한 주일신적(主一神的) 다신(多神)사상에다 본향(本鄕)에의 환원사상이 없는 것이 특색이다. 즉 전세(前世)나 후세(後世) 관념이 없이 오직 현세주의적 사상만이 강렬하게 나타나고 있다. 우리 민족의 고유 발상(發想)은 고대로부터 천인합일(天人合一)의 수직적인 세계관을 갖고 홍익인간이라는 철저한 인본주의적 기치를 내걸고 지상천국(地上天國) 건설을 다짐하고 있는 것이다. 이것은 오늘날 민족종교인 천도교(天道敎, 동학)의 인내천(人乃天)사상도 바로 그 발전인 것이다.

다섯째는 우리 민족의 역사가 유구하다는 점이 과시되어 있으니 단군의 개국은 중국의 성군(聖君)이라는 요제(堯帝)와 동시대로 B.C. 2333년이 된다. 또한 단군은 기자(箕子)에게 그 왕위를 선양(禪讓)함으로써 당시 천명사상(天命思想)에 따른 정권의 평화적 교체를 이룩하였다는 것도 우리 민족의 민주적 성품의 발로라고 하겠다.

이상으로 단군신화의 민속적·역사적 또는 이념적 개관을 끝내고 마금으로 이 신화가 우리 민족에게 끼친 영향과 가치에 대해 언급해 보면, 우리는 그 옛날부터 오늘날까지 통일된 단일민족으로서의 자존과 자부심, 즉 민족주체의식과 자주정신을 길러 왔으며 이러한 의식과 긍지로 인해 대외적으로 민족적 위기에 봉착할 때마다 국조단군숭배열도 따라서 고조되었다. 일례로 고려조나 조선

왕조가 외침과 국난을 당했을 때 단군숭배에서 민족의식의 자존과 자각을 고취하였고 한말(韓末)에 사직이 기울어질 때는 자주독립 운동의 사상적 기반이 되었으며 일제하에서는 만주로 중국으로 망명한 사가(史家)들과 지사(志士)들 사이에서 대종교(大倧敎)로까지 발전하였다. 해방 후도 이 정신은 한국민으로 하여금 연호(年號)를 수년 전까지 단군기원(紀元)으로 쓰게 하였으며, 지금도 단군의 건국을 기념하는 개천절(開天節)을 국경일로 정하고 홍익인간을 교육이념으로 삼고 있는 것만을 보아도 한국민에게 이 신화가 지니는 그 절대적 영향과 가치를 알고도 남을 것이다.

 물론 단군신화를 실재(實在)하였던 사실(史實)로 모두 받아들이고 해석할 수는 없지만 그것은 우리 민족 사상이나 정서나 생활 속에 뿌리박고 있는 사상적 생활체니만큼 우리 민족성이나 고유사상의 원형을 살피기에는 가장 좋은 재료요, 또 그 첩경이다.

저작 연보

1946   북한 원산에서 시집 《응향》에 작품이 수록되어 필화를 입음.
1951   시집 《구상》(청구출판사) 펴냄.
1953   사회평론집 《민주고발》(남향문화사) 펴냄.
1956   시집 《초토의 시》(청구출판사) 펴냄.
1961   수상집 《침언부어(沈言浮語)》(민중서관) 펴냄.
1975   《구상 문학선》(성바오로출판사), 수상집 《영원 속의 오늘》(중앙출판공사) 펴냄.
1977   수필집 《우주인과 하모니카》(경미문화사), 신앙 에세이 《그리스도 폴의 강(江)》(성바오로출판사) 펴냄.
1979   묵상집 《나자렛 예수》(성바오로출판사) 펴냄.
1980   시집 《말씀의 실상》(성바오로출판사) 펴냄.
1981   시집 《까마귀》(홍성사), 시문집 《그분이 홀로서 가듯》(홍성사) 펴냄.
1982   수상집 《실존적 확신을 위하여》(홍성사), 동화 《우리 집 털보》(동화출판공사) 펴냄.
1984   자전 시집 《모과 옹두리에도 사연이》(현대문학사), 시선집 《드레퓌스의 벤취에서》(고려원) 펴냄.
1985   수상집 《한 촛불이라도 켜는 것이》(문음사), 서간집 《딸 자명에게 보낸 글발》(범양사), 《구상 연작시집》(시문학사) 펴냄.
1986   《구상 시전집》(서문당), 수상집 《삶의 보람과 기쁨》(자유문학사), 파리에서 불역(佛譯) 시선집 《타버린 땅(TERRE BRÛLÉE)》(THESAURUS) 펴냄.
1987   시집 《개똥밭》(자유문학사) 펴냄.
1988   수상집 《시와 삶의 노트》(자유문학사), 시집 《다시 한번 기회를 주신다면》(종로서적), 시론집 《현대시창작입문》(현대문학사), 이야기 시집 《저런 죽일 놈》(지성문화사) 펴냄.
1989   시화집 《유치찬란》(삼성출판사) 펴냄.
1990   한영대역(韓英對譯) 시선집 《신령한 새싹(Mysterious Buds)》(세명서관), 영역(英譯) 시화집 《유치찬란(Infant Splendor)》(삼성출판사), 런

	던에서 영역(英譯) 시선집 《타버린 땅(WASTELANDS OF FIRE)》 (FOREST BOOKS) 펴냄.
1991	런던에서 영역 연작시집 《강과 밭(A Korean Century-River & Fields)》(FOREST BOOKS) 펴냄. 시선집 《조화(造化) 속에서》(미래사) 펴냄.
1993	자전 시문집 《예술가의 삶》(혜화당) 펴냄.
1994	독일 아헨에서 독역(獨譯) 시선집 《드레퓌스의 벤치에서(Auf der Bank von Dreyfus)》(KARIN FISCHER VERLAG) 펴냄. 희곡·시나리오집 《황진이(黃眞伊)》(백산출판사) 펴냄.
1995	수필집 《우리 삶, 마음의 눈이 떠야》(세명서관) 펴냄.
1996	연작시선집 《오늘 속의 영원, 영원 속의 오늘》(미래문화사) 펴냄.
1997	프랑스 라 디페랑스 출판사로부터 세계 명시선의 하나로 선정되어 한불대역(韓佛對譯) 시선집 《오늘·영원(Aujourd'hui l'éternité)》(LA DIFFÉRENCE) 펴냄. 스톡홀름에서 스웨덴어역(譯) 시선집 《영원한 삶(Det eviga livet)》(VUDYA KITABAN) 펴냄. 영국 옥스퍼드 대학 출판부에서 출간한 《신성한 영감-예수의 삶을 그린 세계의 시》에 신앙시 4편이 수록됨.
1998	도쿄에서 일역(日譯) 《한국 3인 시집-구상·김남조·김광림(韓國三人詩集-具常/金南祚/金光林)》(土曜美術社出版販賣) 펴냄. 시집 《인류의 맹점에서》(문학사상사) 펴냄.
2000	한영대역 시선집 《초토의 시(Wasteland Poems)》(도서출판 답게) 펴냄. 이탈리아 시에나 대학교 비교문학연구소에서 영역 시선집 《구상 시선(Ku Sang Poems)》(University of Siena) 펴냄.
2001	신앙시집 《두이레 강아지만큼이라도 마음의 눈을 뜨게 하소서》(바오로딸) 펴냄.
2002	시선집 《홀로와 더불어》(황금북), 시선집 《구상》(문학사상사), 구상문학총서 제1권 자전 시문집 《모과 옹두리에도 사연이》(홍성사) 펴냄. 이탈리아 시에나 대학교 비교문학연구소에서 영역 시선집 《타버린 땅(Wastelands of Fire)》(University of Siena) 펴냄.
2004	구상문학총서 제2권 시선집 《오늘 속의 영원, 영원 속의 오늘》(홍성사), 제3권 연작시선집 《개똥밭》(홍성사), 한영대역 시집 《모과 옹두리에도 사연이(Even the Knots on Quince Trees)》(도서출판 답게) 펴냄.
2005	구상문학총서 제4권 희곡·TV드라마·시나리오 전집 《황진이》(홍

성사), 영역 시선집 《영원 속의 오늘(Eternity Today)》(서울셀렉션) 펴냄. 이탈리아에서 한국어·이탈리아어대역 시선집 《그리스도 폴의 강(Il fiume di Cristoforo)》(CAFOSCARINA) 펴냄.
2006 구상문학총서 제5권 시론집 《현대시창작입문》(홍성사) 펴냄.
2007 구상문학총서 제6권 에세이집 《시와 삶의 노트》(홍성사) 펴냄.
2008 구상문학총서 제7권 사회비평집 《민주고발》(홍성사), 제8권 신앙에세이·묵상집 《그분이 홀로서 가듯》(홍성사) 펴냄.
2009 구상 선생 탄신 90주년 〈구상문학상〉 제정 기념 시집 《그리스도 폴의 강》(홍성사) 펴냄.
2010 구상문학총서 제9권 에세이집 《침언부어(沈言浮語)》(홍성사), 제10권 에세이·동화·서간집 《삶의 보람과 기쁨》(홍성사) 펴냄.

일반 경력

학력
1938 덕원 성 베네딕도 수도원 부설 신학교 중등과 수료
1941 니혼대학 전문부 종교과 졸업

경력
언론계
1942-1945 북선매일신문 기자
1948-1950 연합신문 문화부장
1950-1953 국방부 기관지 승리일보 주간
1953-1957 영남일보 주필 겸 편집국장
1961-1965 경향신문 논설위원 겸 도쿄 지국장

교육계
1949-1953 서라벌예술학원 강사(서라벌예술대학 전신)
1952-1956 효성여자대학교 문리과대학 부교수
1956-1957 서울대학교 문리과대학 강사
1960-1961 서강대학교 문리과대학 강사
1970-1974 하와이대학교 극동어문학과 조교수
1982-1983 동 대학교 부교수
1985-1986 동 대학교 부설 동서문화연구소 예우작가
1973-1975 가톨릭대학 신학부 대학원 강사
1976-2000 중앙대학교 예술대학 및 대학원 대우교수
　　　　　(전임교수가 되지 않은 것은 2차의 폐수술로 정규 강의를 못 하고
　　　　　1주 4시간만 하였기 때문.)

공직
1986 제2차 아시아시인회의 서울대회장

1991 세계시인대회 명예대회장
1993 제5차 아시아시인회의 서울대회장

그 외
한국 최초 민권수호연맹 문화부장, 국방부 정책자문위원, 독립기념관 이사, 문예진흥원 이사, 대한민국 예술원 회원, 국제펜클럽 한국본부 고문, 한국문인협회 고문, 성천아카데미 명예원장 등 역임

상훈
1955 금성화랑 무공훈장
1957 서울시 문화상
1970 국민훈장 동백장
1980 대한민국 문학상 본상
1993 대한민국 예술원상
2004 금관 문화훈장